MAIMAI XINHAO

JINGZHUN PANDING GUPIAO JIAOYI SHIJI

# 买卖信号

## 精准判定股票交易时机

黄凤祁 著

SPM
南方出版传媒
广东经济出版社
—广州—

图书在版编目（CIP）数据

买卖信号：精准判定股票交易时机／黄凤祁著. —广州：广东经济出版社，2019.7
ISBN 978－7－5454－5777－3

Ⅰ.①买… Ⅱ.①黄… Ⅲ.①股票交易－基本知识 Ⅳ.①F830.91

中国版本图书馆 CIP 数据核字（2018）第 191072 号

出 版 人：李 鹏
责任编辑：蒋先润
责任技编：许伟斌
封面设计：回归线
买卖信号：精准判定股票交易时机
Maimai Xinhao：Jingzhun Panding Gupiao Jiaoyi Shiji

| | |
|---|---|
| 出版发行 | 广东经济出版社（广州市环市东路水荫路 11 号 11～12 楼） |
| 经销 | 全国新华书店 |
| 印刷 | 佛山市迎高彩印有限公司<br>（佛山市顺德区陈村镇广隆工业区兴业七路 9 号） |
| 开本 | 787 毫米×1092 毫米 1/16 |
| 印张 | 16.5 |
| 字数 | 270 000 字 |
| 版次 | 2019 年 7 月第 1 版 |
| 印次 | 2019 年 7 月第 1 次 |
| 书号 | ISBN 978－7－5454－5777－3 |
| 定价 | 49.80 元 |

如发现印装质量问题，影响阅读，请与承印厂联系调换。
发行部地址：广州市环市东路水荫路 11 号 11 楼
电话：（020）38306055 邮政编码：510075
邮购地址：广州市环市东路水荫路 11 号 11 楼
电话：（020）37601950 营销网址：**http://www.gebook.com**
广东经济出版社新浪官方微博：**http://e.weibo.com/gebook**
广东经济出版社常年法律顾问：胡志海律师

# 前 言

Preface

## 股票买卖信号是有迹可循的

很多入市不深的投资者在实战交易中，买卖股票往往凭借对股价涨跌直觉，或是观察短线涨跌的变化来确定。即使是不少对炒股技术有一定了解的投资者，买卖股票也是片面地通过指标变化来决定操作，其实这是不科学或是不全面的操作。

股票交易都是顺势而为，在趋势反转向上时买入、反转向下时卖出，所以买卖股票遵循的都是趋势的变化，完全是有迹可循的。只要掌握了趋势变化时的信号，就等于捕捉到了买卖股票的信号。

趋势有主要趋势、次要趋势、短暂趋势，对应的则是大趋势、小波段和超级短线的交易。所以，在捕捉到买卖股票的信号前，投资者一定要先搞清三种趋势的关系，才能做到按照不同趋势的交易级别进行交易，从而确定各种趋势反转时的买卖信号。

买卖信号的判断，就是基于对趋势反转变化的分析。

这种分析又是多方面的，比如最为直观的 K 线图分析，通过 K 线的向上与向下变化来寻找买卖信号，如单根 K 线的趋势变化和多根 K 线的趋势变化。

均线趋势，是通过股价移动平均成本的变化，来捕捉趋势的演变。

趋势线，主要是通过价格高低点的变化，来寻找趋势向上变化或向下变化所形成的趋势，也就是通常所说的对上升通道与下降通道的判断。上升通道形成之初为最佳的买入信号，其后回跌的止跌点，则为次要趋势结束的买入信号；下降通道形成之初为最佳的卖出信号，其后反弹的止涨点，则为次要趋势结束时的卖出信号。

成交量，是通过量能由小量变大量之初，持续阳量为趋势初转时的买入信号，其间缩量后阳量再放大，为次要趋势结束的买入信号。放大状态的阳量转为阴量，是趋势初转时的卖出信号；量能缩小后的阳量转阴量，又是次要趋势结束时的卖出信号。

技术指标，是通过一定数据的统计结果来捕捉趋势变化的指标。指标在高位区大角度向下或死叉，为主要趋势反转的最佳卖出信号，死叉不死为次要趋势结束时的买入信号；指标在低位大角度向上或金叉为主要趋势反转向上的买入信号，金叉不叉为次要趋势结束时的卖出信号。其中特殊的是布林线，布林通道向上、向上开口、开口型喇叭口为买入信号；布林通道向下、向下开口、收口型喇叭口为卖出信号。

盘口语言，是通过盘口显现的数据来分析短暂趋势的变化。高换手、量比为正比、递减式委卖形态为短期趋势向上的买入信号；高换手、量比为负比、递减式委买形态为短暂趋势向下的卖出信号。

这些买卖信号，只是单一的技术指标的信号，只有将其综合起来判断，买卖信号出现相吻合的趋向时，才能确认为准确的买卖信号。这是实战交易中稳健买卖股票的保障。

然而，当一只股票成为超级长牛股或短期翻倍股票时，其买卖信号又会出现不同程度的裂变。为此，我们专门列出一章，详细介绍超级牛股从选股到买入信号，再从启动信号到卖出信号时的情况，让投资者能够通过对超级牛股买卖信号的学习，真正捕捉到超级牛股的买卖信号，实现股票投资的高回报。

# 目 录

Contents

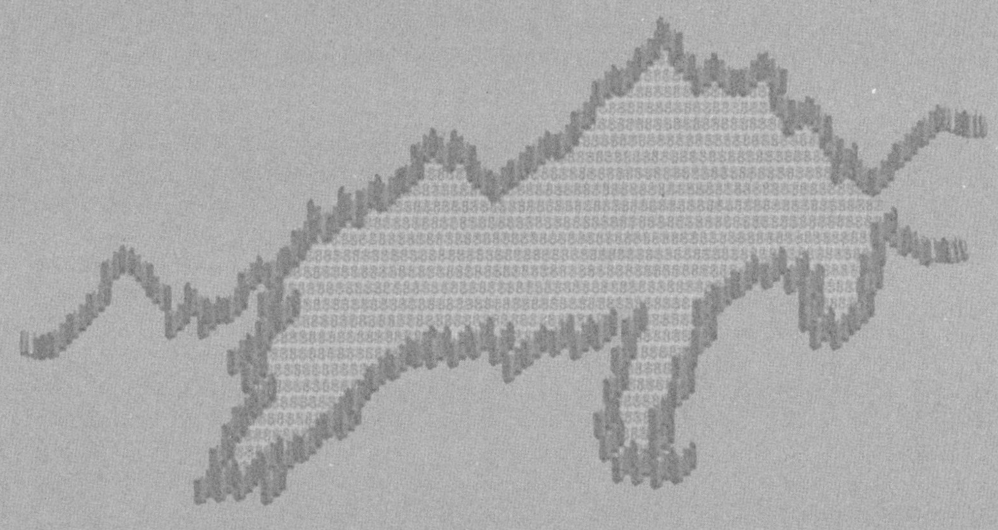

/ 第1章 /

# 趋势与交易：趋势变化决定股票买卖信号

因为股价有趋势上的不断变化，所以买卖股票的信号才会出现。捕捉买卖信号，实际上就是对趋势的把握。但由于趋势在运行中有着不同趋势类型的变化，如主要趋势或次要趋势的变化，在判断买卖点时也就有着不同的操作方法。基于此，判断股票买卖信号的方法，就是如何把握住各种趋势反转的时机。因此，交易之前，一定要先明白趋势的变化。

# 1.1　趋势与买卖信号的关系

只有趋势发生了变化，买卖信号才会明显地显现出来，因此说，识别买卖信号，其实就是捕捉趋势发生变化时的征兆。

## 1.1.1　趋势变化决定股票交易

当投资者进行股票交易时，一般情况下必定是看到其后股价会上涨才会买入，股价经过上涨转为下跌时才会卖出的。这是基于获利目的的正常交易，也更为准确地说明了一个问题：当趋势发生向上变化时，才会选择买入股票；当趋势出现反转向下变化时，才会选择卖出股票。

因此，股价趋势的变化，决定了投资者是否会对一只股票进行交易。这是一种基于获利目的的交易行为。不管最终投资者是否会实现获利，都是会基于这一目的进行操作的。所以说，股票交易的出现，基本上都是源于投资者对趋势变化的判断。

**案例解读**

图 1 - 1 是亿帆医药（002019）的 30 分钟图，在进入 A 区域后，当发现之前的下跌趋势出现变化，转为上涨趋势时，投资者才会在低位选择买入股票；当进入 B 区域后，股价的上涨趋势出现持续走弱的变化，投资者才会选择卖出股票。这就是根据趋势变化而进行交易的情况。

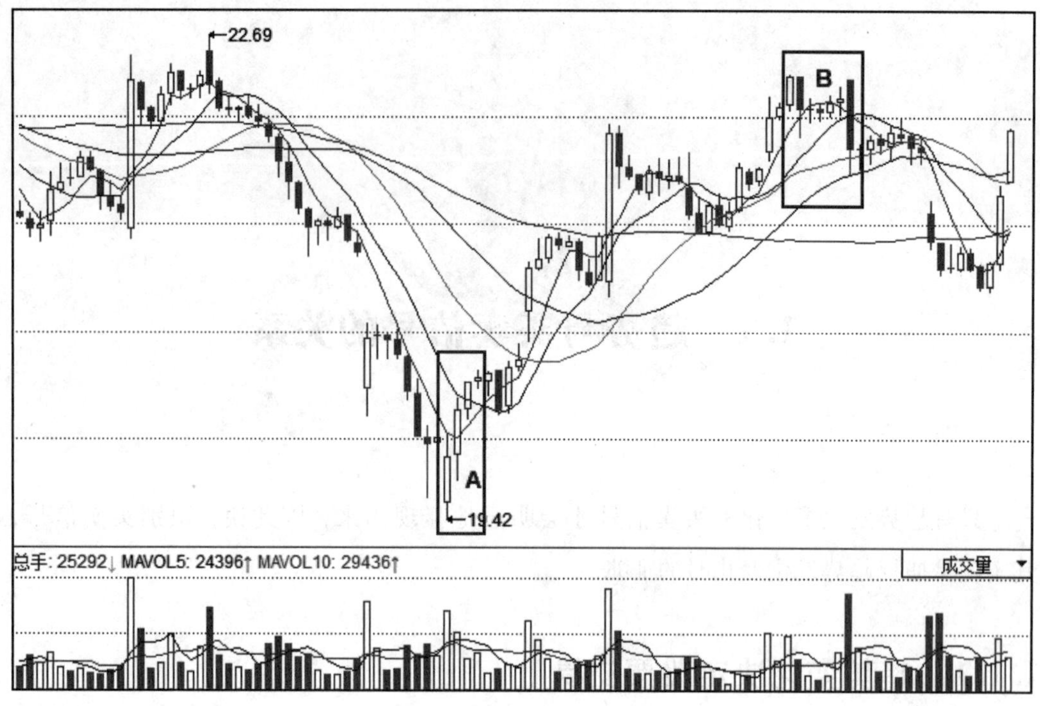


图 1－1　亿帆医药的 30 分钟图

实战要点

（1）股价趋势的变化，最终决定了投资者对一只股票的操盘选择。如图 1－1 所示，当趋势向上变化时，会选择买入股票；当趋势向下变化时，会选择卖出股票。

（2）当趋势变化不明朗时，大多数投资者会选择观望，因为赚钱效应变弱了。当上涨趋势不发生变化时，如图 1－1 中在 A 区域至 B 区域之间时，投资者会选择继续持股。

## 1.1.2　买卖信号显现是趋势变化的体现

在了解股票交易都是源于趋势即将或已经发生变化所引发的行为后，我们再来看股票的买卖信号的出现，它就必然是趋势发生变化时的征兆。也就是说，只有当趋势发生变化，无论是 K 线形态还是各种技术指标，都出现趋势反转的迹象时，才是操作股票的最佳时机。

当股价在下跌趋势或震荡趋势中出现向上运行的趋势征兆时，就是买入股票的信号；当股价在上涨趋势中发生反转向下运行的趋势征兆时，就是卖出股票的信号。无论投资者是出于中长线持股的目的，还是基于短线投资的目的介入一只股票，都是对中长期趋势或短期趋势变化出现时所作出的一种反应。

因此，如何捕捉有效的买卖信号，关键在于对股价趋势变化的正确判断。

案例解读

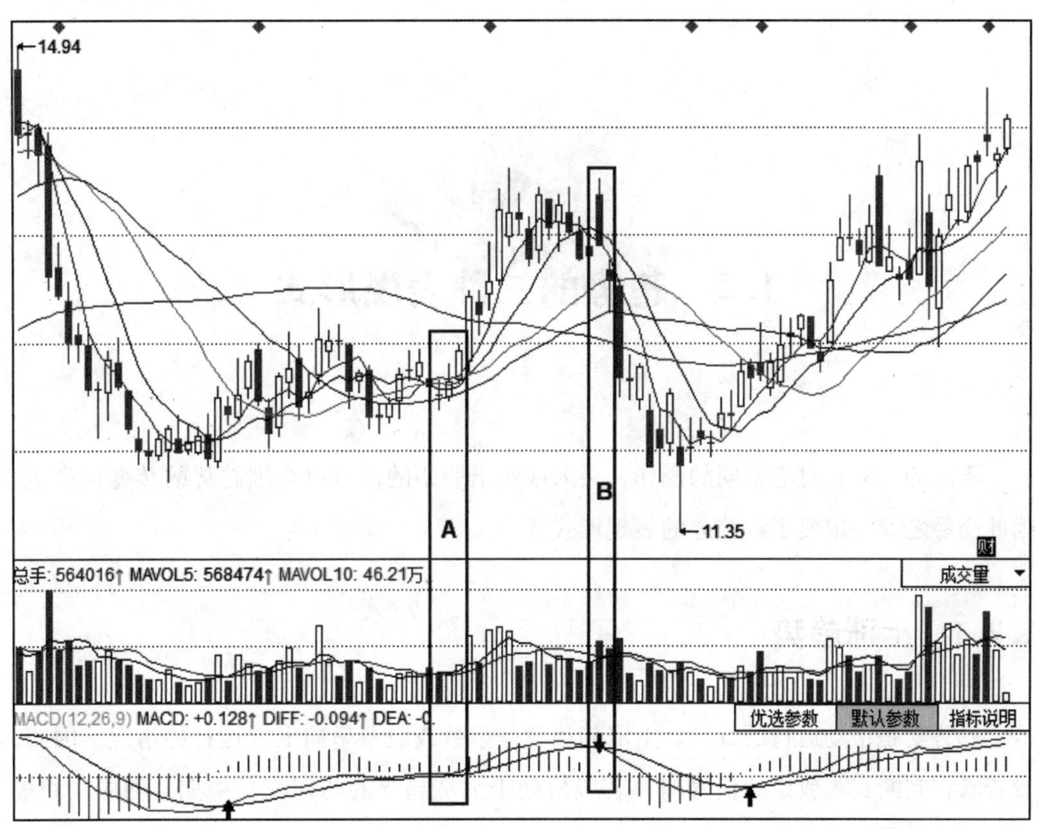


图1－2　苏宁易购的日线图

图1－2是苏宁易购（002024）的日线图，在弱势震荡行情中进入A区域后，短期趋势发生向上的变化，所以成交量出现持续阳量放大，股价上涨，技术指标中的MACD形成双线向上的形态，出现明显的买入股票的信号。但在进入B区域后，成交量出现持续放大的阴量，股价下跌，趋势转跌，MACD形成高位死叉的向下卖出信号。这一买一卖的信号，都是由于趋势发生了变化才出现的。

**实战要点**

（1）当趋势发生向上变化时，就会形成明显的量价齐升、技术指标向上的买入信号，如图 1－2 中 A 区域的情况。

（2）当趋势发生向下变化时，就会形成明显的量价齐跌、技术指标向下的卖出信号，如图 1－2 中 B 区域的情况。但是，如果出现技术指标与股价趋势上的背离趋势，背离结束时股价与指标同步向下，才是卖出股票的信号。

## 1.2　趋势的三种表现形式

不同的趋势，对应不同的操作，买入或卖出股票的信号也会因趋势的转变而产生，因此交易之前一定要了解趋势的表现形式。

### 1.2.1　上涨趋势

趋势就是市场运行的方向，上涨趋势就是指数或股票呈向上方运行的情况。因此，投资者在判断买入股票的信号时，若股价处于上涨趋势的初期或是中期，则应当积极采取买入股票的策略。

虽然大多数时候指数与盘中个股的趋势均保持方向一致，即大盘指数向上运行时，个股多为上涨趋势。然而，这种个股与大盘指数的同步现象不一定会时时出现，或是出现在每一只股票身上。因此，在判断上涨趋势的买入信号时，投资者应当在参照大盘指数的情况下，以具体个股形成的上涨趋势为准。

案例解读

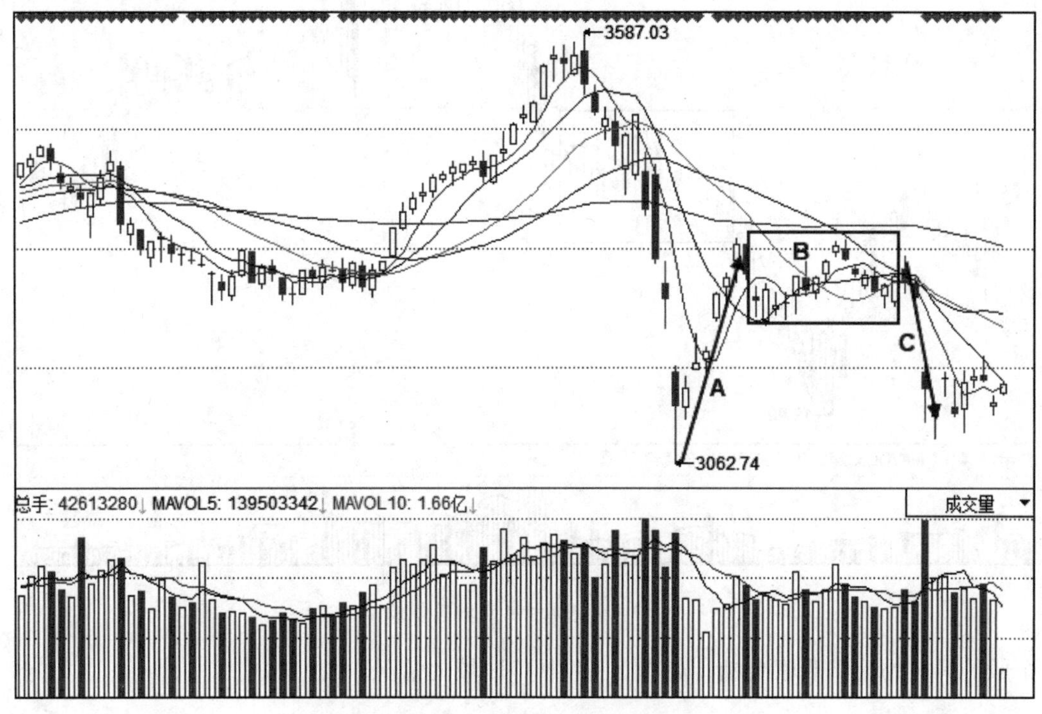


图 1－3　上证指数的日线图

图 1－3 是上证指数（000001）的日线图，在 2018 年 2 月 9 日至 27 日期间的 A 区域，大盘指数呈明显的指数向上运行的情况，形成上涨趋势。

图 1－4 是航天电器（002025）的日线图，同样在 2018 年 2 月 9 日至 27 日期间的 A 区域，这只股票也呈向上运行的情况，与大盘形成同步向上的上涨趋势。但是在其后的 B 区域，航天电器与大盘同样震荡后，进入 C 区域时，大盘出现向下运行，但航天电器依然呈向上运行的上涨趋势，这就是盘中个股与大盘指数的不同。

实战要点

（1）判断上涨趋势时，有大盘指数与盘中个股的区别，但上升趋势形成时，指数或股价必须呈明显的向上运行状态，如图 1－3 与图 1－4 中的 A 区域，或是图 1－4 中 C 区域的情况。

（2）投资者在寻找买入信号时，指数的上升趋势只是一种参考，关键还是要根据

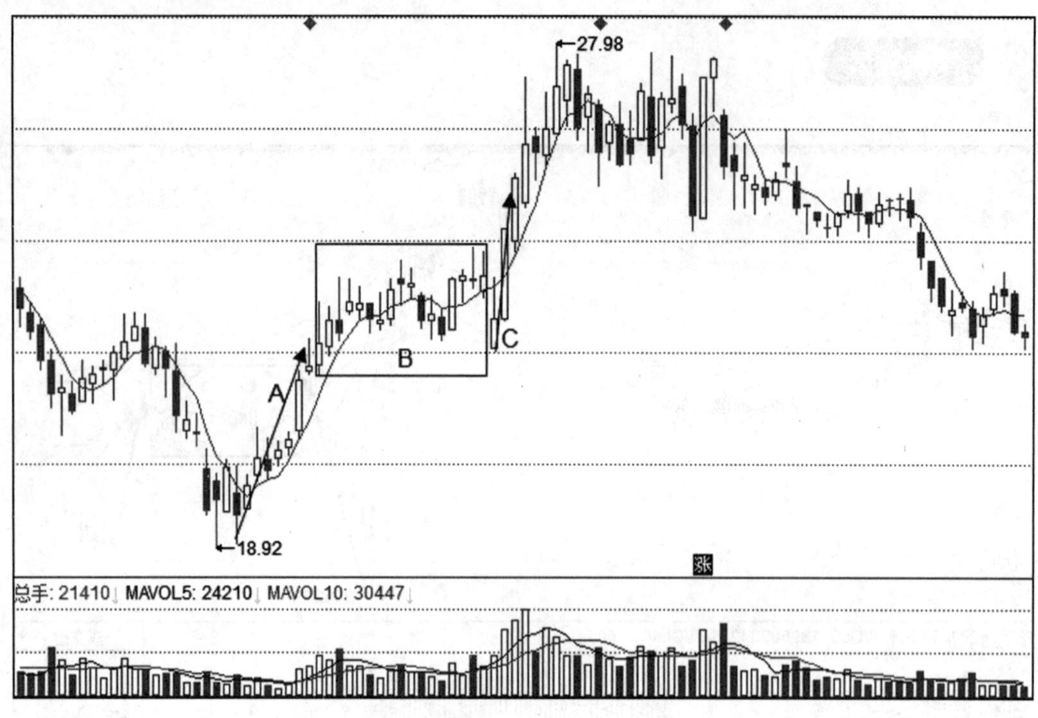


图 1-4　航天电器的日线图

个股的具体情况来观察判断，如图 1-4 中 C 区域的情况。

## 1.2.2　下跌趋势

下跌趋势，就是指数或个股呈向下方运行的形态。由于 A 股市场不支持买空操作，所以当股票形成下跌趋势时，应在下跌初期出现卖出信号时卖出股票，而下跌趋势途中，不应轻易买入股票，即使出现反弹，操作也要反应快，快进快出。这是由股价下跌趋势的特性决定的，只有发现趋势转为了上涨趋势时，方适合买入操作。

同样，在根据下跌趋势判断初期转跌的卖出信号时，或是判断下跌末期出现的买入信号时，和判断上涨趋势时是一样的，大盘指数的下跌趋势只是一种参考，具体情况仍然要根据个股的下跌趋势中的实际表现，来判断行情和进行股票买卖的操作。

案例解读

图 1-5 是上证指数（000001）的日线图，在 2018 年 1 月 29 日至 2 月 9 日期间，即 A 区域，指数呈明显的向下运行，形成明显的下跌趋势。

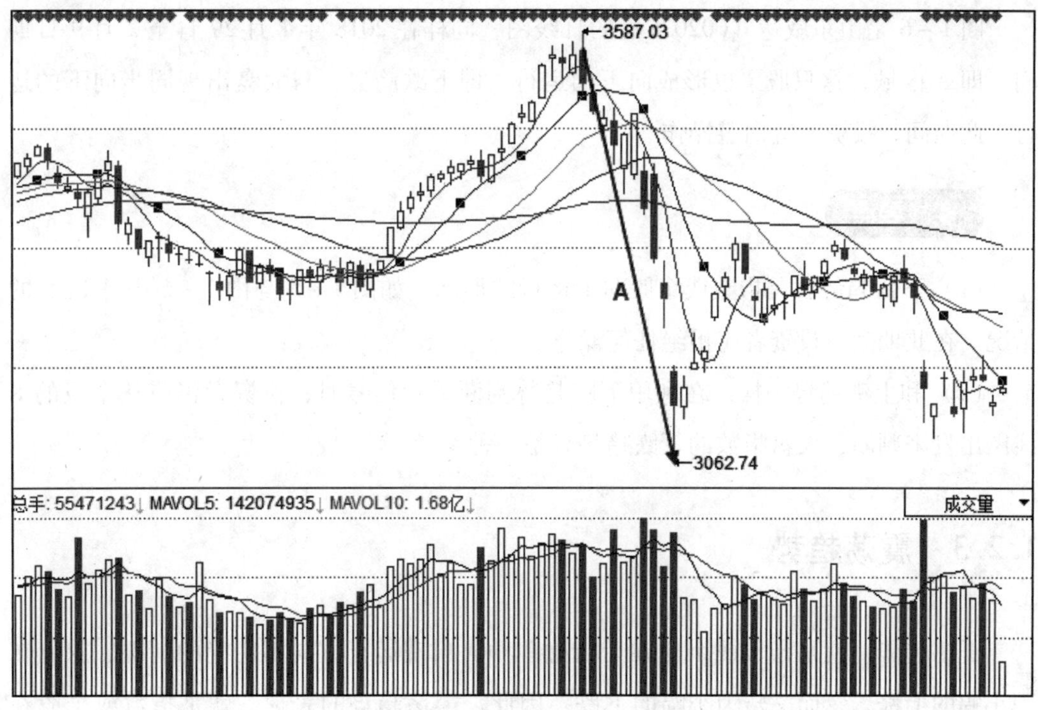


图 1－5　上证指数的日线图

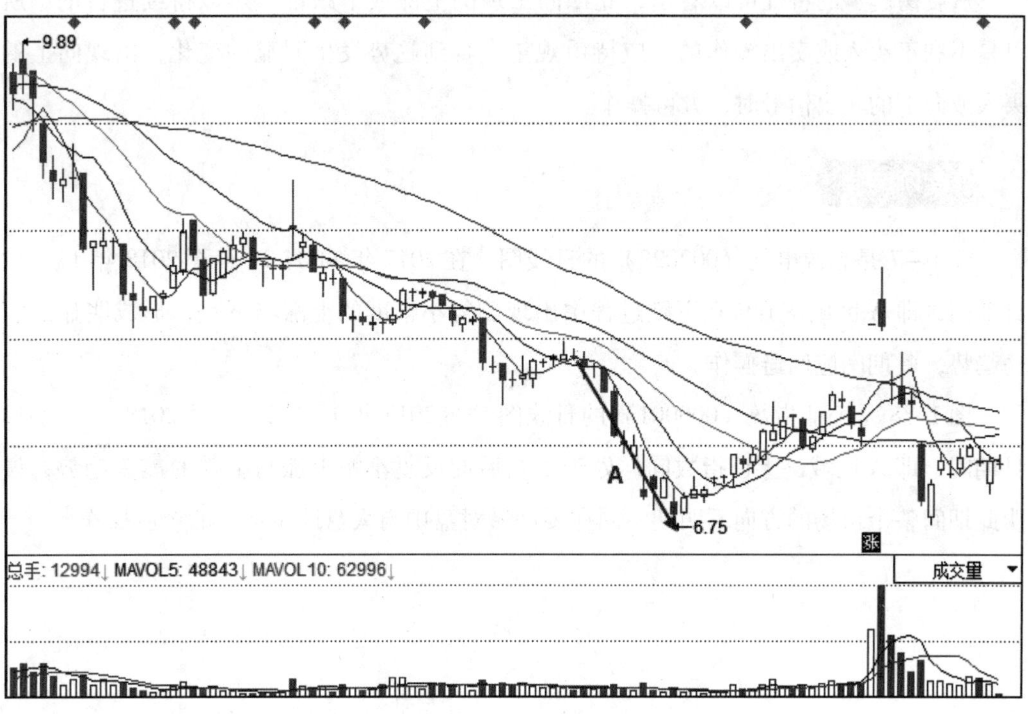


图 1－6　山东威达的日线图

图 1－6 是山东威达（002026）的日线图，同样在 2018 年 1 月 29 日至 2 月 9 日期间，即 A 区域，这只股票也形成向下的运行，即下跌趋势，与大盘出现同步向下的运行。此期间，投资者应回避操作。

**实战要点**

（1）下跌趋势就是指数或个股向下运行的形态，如图 1－5 与图 1－6 中 A 区域的情况。在此期间，投资者应拒绝任何操作。

（2）和上涨趋势一样，在利用下跌趋势判断买卖信号时，投资者仍应从个股的 K 线图出发来判断，大盘指数的下跌趋势只是一种参考。

### 1.2.3　震荡趋势

震荡趋势，就是指数或个股在运行过程中，出现运行方向不明确的情况，忽而转为小幅的上涨，忽而又转为小幅的下跌。因此，震荡趋势的表现，就是指数或个股在一定区间内小幅涨跌的重复出现。

从震荡趋势的特征可以看出，此期间出现的上涨或下跌都是难以持续进行的，所以是不利于买入或卖出操作的，应持币观望，直到趋势发生明显的变化，出现向上的买入或向下的卖出信号时，方可操作。

**案例解读**

图 1－7 是思源电气（002028）的日线图，在 2017 年 11 月 27 日至 2018 年 1 月 12 日期间，即 A 区域，股价在下跌过程中出现反复小幅度的上涨与下跌，形成明显的震荡趋势，此期间应回避操作。

图 1－8 是上证指数（000001）的日线图，在 2017 年 11 月 27 日至 2018 年 1 月 12 日期间，即 A 区域，上证指数同样处于下跌后的反复小幅上涨与下跌的震荡趋势，说明此期间整个市场的方向不明朗，同样要回避对盘中与大盘同步运行的个股操作。

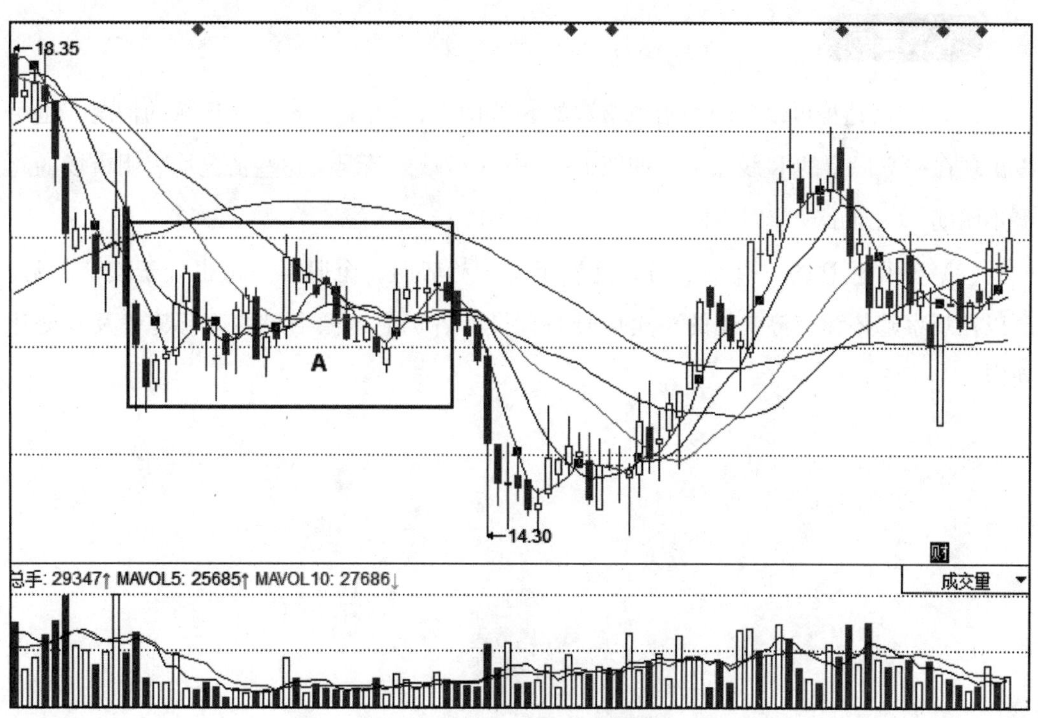


图1-7 思源电气的日线图

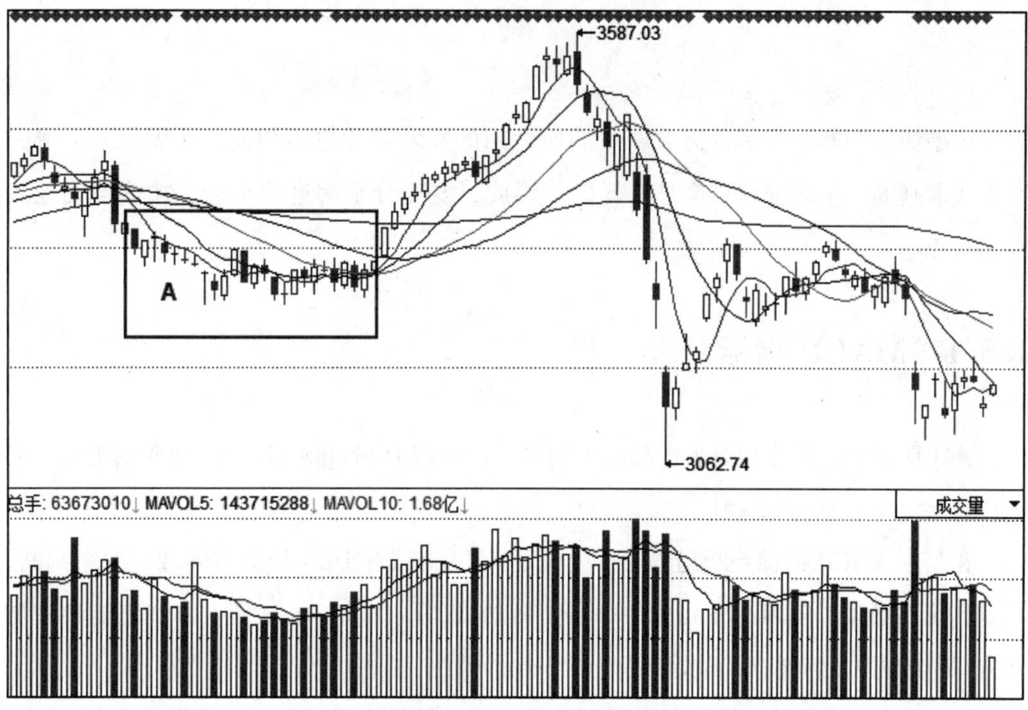


图1-8 上证指数的日线图

**实战要点**

(1) 震荡趋势可以出现在盘整指数的K线图上，如图1-8中A区域的情况，也可以出现在一只股票的K线图上，如图1-7中A区域的情况。这些情况均表明市场的趋势不明朗，一旦出现应回避操作。

(2) 值得注意的一点是，当大盘处于震荡趋势时，个股不一定也处于震荡趋势。所以在观察趋势和趋势变化的买卖信号时，投资者仍应遵循个股的运行趋势及其变化而定。

# 1.3 判断趋势的主要技术指标

对趋势的判断，有多种方式，我们所运用的技术指标也不相同，但无论采取哪一种方式来判断，最终的结果都是一样的。因此，要充分了解这些指标，才能准确地判断出趋势。

## 1.3.1 MACD 指标

MACD 指标，叫作指数平滑移动平均线，由快线 DIFF 与慢线 DEA 两条线组成，同时还有绿色与红色的能量柱。

在利用 MACD 指标判断趋势时，主要是从 DIFF 线和 DEA 线的方向和位置来判断。这里，我们必须了解 MACD 指标中一条特有的线，即 0 轴，也就是上方红色能量柱与下方绿色能量柱之间的那条水平线。

0 轴是多空势力的分界线，当 MACD 双线在 0 轴下方运行时，市场为空方主宰的市场，股价以下跌与弱势震荡为主，为下跌趋势和弱势整理状态；当 MACD 双线在 0 轴上方运行时，市场为多方主宰的市场，股价以上涨或强势震荡为主，为上涨趋势或强势整理状态。

因此，利用 MACD 判断趋势，关键在于观察 MACD 双线是在 0 轴上方还是下方运行。

案例解读

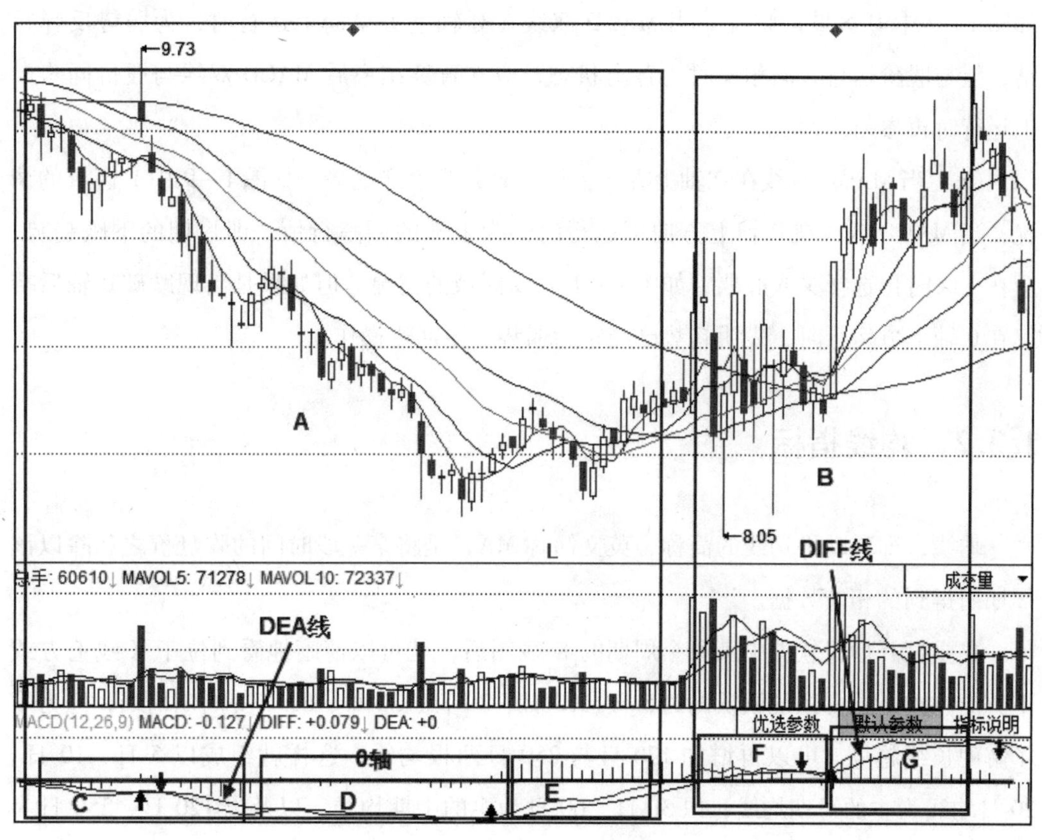


图 1－9　七匹狼的日线图

图 1－9 是七匹狼（002029）的日线图，其中，上方红色量能柱与下方绿色量能柱之间的那条水平线，即为 0 轴。在 A 区域，当 DIFF 线与 DEA 线都在 0 轴下方向下或震荡运行时，表明趋势为空头主宰的下跌趋势或弱势震荡趋势，此期间应回避操作。当进入 B 区域后，DIFF 线与 DEA 线双双向上突破 0 轴后出现在 0 轴上方的向上或震荡运行，为多方主宰的上涨趋势或强势震荡趋势，应积极参与行情。

实战要点

（1）在利用MACD双线判断趋势时，首先应准确判断出0轴的位置，即图1－9中所示的红色量能柱与绿色量能柱之间的水平线，而并非MACD指标区间的那条水平虚线。

（2）当MACD双线在0轴下方向下运行时，为弱势下跌趋势，如图1－9中C区域的情况；当MACD双线在0轴下方双线呈相距较近下的水平小幅震荡时，为震荡趋势，如图1－9中D区域的情况；当MACD双线在0轴下方呈向上运行时，为弱势反弹行情，但与股价运行方向相反时为背离状态，应在背离结束后MACD双线与股价同步向上运行时再参与。

（3）当MACD双线在0轴上方向上运行时，为上涨趋势，如图1－9中F区域的情况；当MACD双线在0轴上方向下运行时，为上涨的调整行情，即短期的下跌趋势，应在止跌时再选择买入股票，如图1－9中G区域的情况。但如果是出现跌破0轴后持续在0轴下方运行时，表明趋势已经转为弱势，应回避操作。

## 1.3.2 均线指标

均线，即移动平均线的简称，英文简称MA，是将某一段时间的收盘价之和除以该周期而得到的相应数据。

只要打开炒股软件中某一个周期的K线图后，就可以清晰地看到位于K线上方或下方的均线，通常系统默认的为5日、10日、20日、30日、60日等周期均线，但为了了解中长线趋势，可以再增加120日与250日两根均线。这样就组成以5日、10日、20日均线为主的短期均线，以30日、60日为主的中期均线，以及以120日、250日为主的长期均线。

在利用均线指标判断趋势时，从短期均线开始到中长期均线，依次由上向下排列，均线方向均向上发散运行，且股价始终位于5日均线上方并沿5日均线向上运行时，为上涨趋势；从长中期均线开始到短期均线，依次由上向下排列，均线方向均向下发散运行，且股价始终位于5日均线附近向下运行时，为下跌趋势。

在上涨趋势中，当短期均线呈向下运行时，为短期调整行情；当中期与短期均线均向下运行时，说明调整的幅度会加大。

在下跌趋势中，当短期均线向上运行时，为短线反弹行情；当中期均线也转为了向上运行时，表明反弹的力度会加大。

另外一种情形就是震荡趋势，当中短期均线之间出现相距较近的相互缠绕，即出现中短期均线缠绕时，为震荡趋势。值得注意的是，震荡趋势可以发生在上涨过程中，也可以发生在下跌过程中，但如果中短期均线与长期均线也发生缠绕时，则意味着整体大趋势将要发生改变。

案例解读

图1－10是海鸥住工（002084）的日线图，从中可以看出，从长期均线到中期与短期均线，呈依次由上向下排列的向下运行，所以趋势为下跌趋势，其中A区域出现短期均线的短时向上运行，为下跌趋势中的反弹行情。

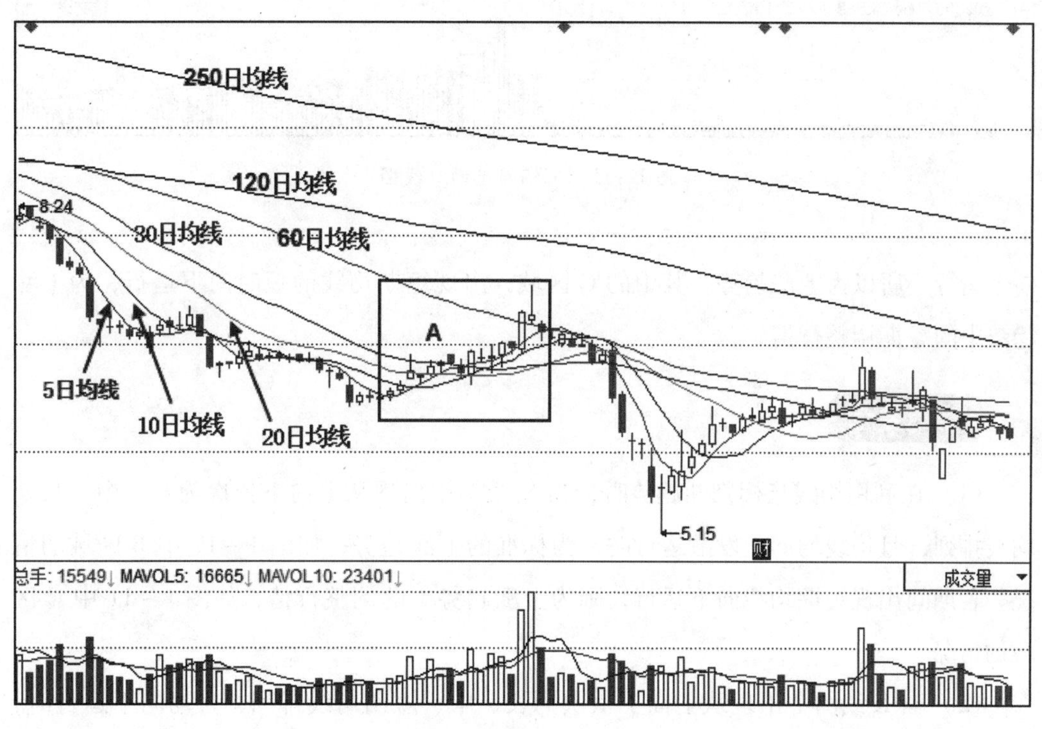


图1－10　海鸥住工的日线图

图1－11是三钢闽光（002110）的日线图，从图中可以看到，除了250日均线外，A区域各均线都出现相距较近的缠绕运行，所以为震荡趋势。到了B区域，形成短期均线在上、中长期均线在下，依次排列向上发散运行，且股价一直处于5日均线之上

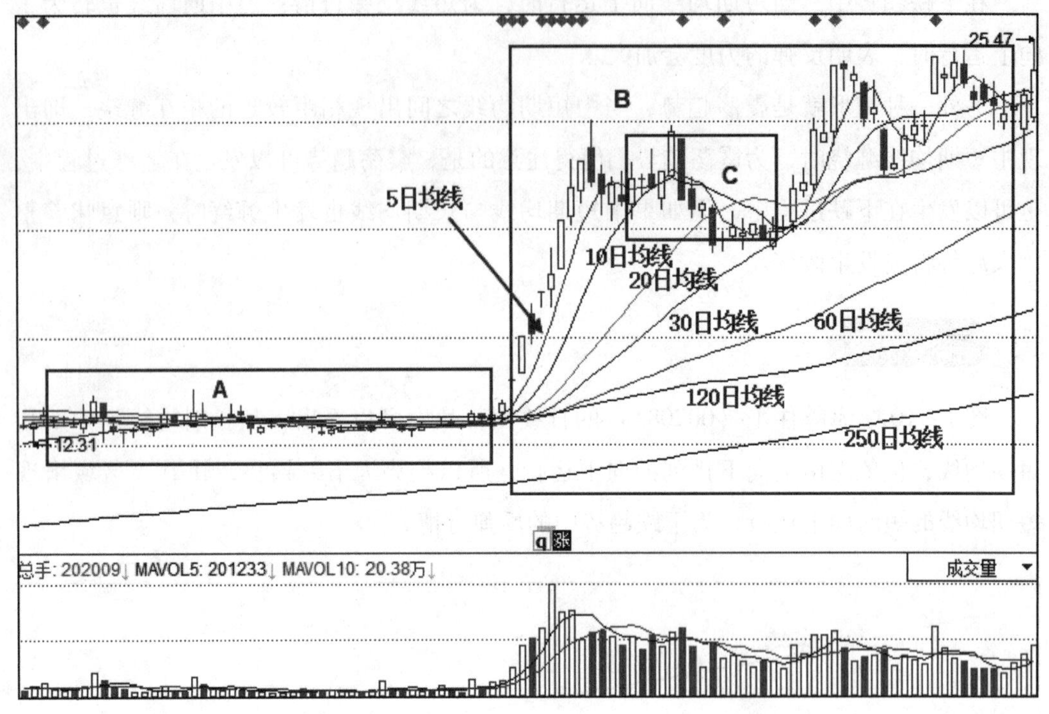


图 1-11　三钢闽光的日线图

向上运行，所以为上涨趋势。其中的 C 区域，出现短期均线的短时向下运行，为上涨趋势中的短期调整行情。

实战要点

（1）在利用均线指标判断趋势时，当 K 线图中出现从上向下依次为短、中、长期均线排列，且均线均向上发散运行时，为标准的上涨趋势，如图 1-11 中 B 区域的情况。若期间出现短期均线向下运行，则为上涨趋势中的调整行情，如图 1-11 中 C 区域的情况。

（2）当 K 线图中出现从上向下依次为长、中、短期均线排列，且均向下运行时，为下跌趋势，如图1-10中的情况。若期间出现如图 1-10 中 A 区域短期均线向上的情况，则为下跌趋势中的反弹行情。

（3）均线之间出现相距较近的相互缠绕时，为震荡趋势，但如果均线缠绕涉及长期 120 日均线或 250 日均线时，往往意味着后市即将出现趋势的反转变化，如图 1-11 中 A 区域的情况。

# 1.4　不同趋势与买卖信号的关系

趋势有主要趋势、次要趋势和短暂趋势，不同的趋势变化对应不同级别的买卖信号，只有了解了买卖依据的趋势，才能更为精确地判断出相关的买卖信号。

## 1.4.1　主要趋势为主的买卖信号

主要趋势就是指数或股票的中长期趋势的走向，即较长时间的指数或股价运行的方向，属于趋势运行的大方向，所以适合中长线持股的投资者。因为中长期趋势反映的是，指数或股票的长期运行趋势，所以观察 K 线图时，应当选择观察那些反映周期较长的 K 线图，比如日线、周线、月线，甚至是年线。

这是从主要趋势的时间性出发做出的操盘策略，操作中一定要遵循主要趋势的发展变化来买卖股票，也就是着眼于主要波段来操作。这时候，投资者发现主要趋势转为向上，各种指标也出现向上运行的信号时，即为买入股票的信号；当主要趋势由上涨转为下跌，各种指标发出向下的征兆时，就是卖出股票的信号；而如果主要趋势为下跌趋势时，应回避任何操作。

**案例解读**

图 1－12 是康旗股份（300061）的周线图，股价在弱势运行中进入 A 区域后，股价持续阳量上涨，MACD 双线平行后转为上行，中期均线转为平行略上行，短期均线持续上行，表明主要趋势发生向上反转，是买入股票的信号，应积极买入股票。但到了 B 区域后，股价再次上涨时未能刷新前高点即回落，表明上行无力，且中期均线放

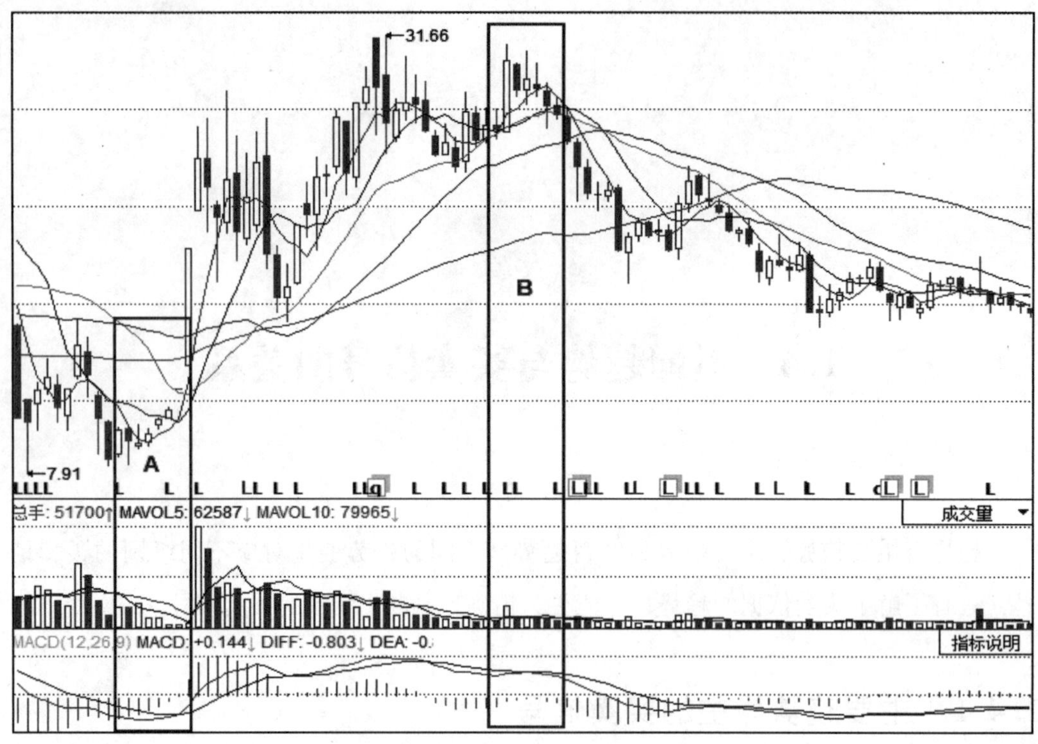


图 1－12 康旗股份的周线图

缓上行趋势，短期均线纷纷向下，MACD 双线明显由震荡转为向下运行，是主要趋势发生向下变化的开始，所以是卖出信号，应果断卖出股票。

**实战要点**

（1）在遵从主要趋势寻找买卖信号时，一定要从周期图的大趋势出发，如图 1－12 中的情况，就是以周线图上主要上涨趋势初始时的 A 区域为买点，主要上涨趋势结束时的 B 区域为卖点。

（2）根据主要趋势判断行情时，应从股价趋势和指标趋势综合判断买入和卖出的信号，只有发现主要趋势即将发生变化时，方可确认为买入或卖出信号，如图 1－12 中 A 区域与 B 区域的情况。

### 1.4.2 次要趋势为主的短线买卖信号

次要趋势，就是在主要趋势的基础上，出现短期的相反运行趋势。这也就决定了在以次要趋势为主的操作过程中，必须准确判断出主要趋势的方向，因为在主要趋势为下跌的过程中，次要趋势为反弹行情，往往时间较短，对趋势把握不熟练的投资者应减少操作，或保持观望。在上涨趋势中出现的次要趋势为短期调整行情时，投资者可积极参与。或者是在整个大的趋势为震荡行情时，若发现震荡幅度较大，也可以从中捕捉高低点的价差。

因此，在根据次要趋势操作时，往往是一种小波段的短线操作行为，捕捉的是股价的一种短期涨跌变化行为，所以观察 K 线图的周期同样不能过短，因为过短则无法看清主要趋势的发展。

在判断买卖信号时，可选择从量价结合，以及反映趋势变化较快速的 KDJ、CCI 等指标入手。当技术指标与量价支撑向上时，为买入股票的信号；当技术指标与量价支撑向下时，为卖出股票的信号。

**案例解读**

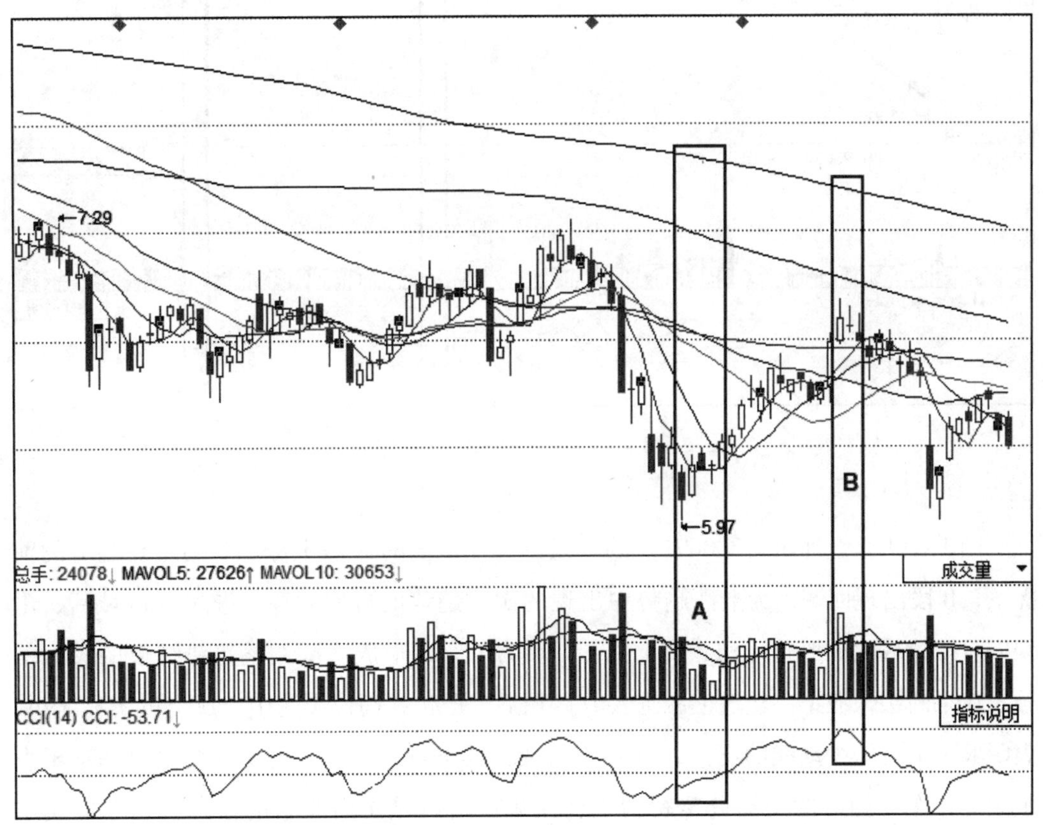


图 1－13　奥克股份的日线图

图 1－13 是奥克股份（300082）的日线图，在均线明显呈空头下跌趋势中，说明主要趋势为下跌。但进入 A 区域后，CCI 指标出现向上运行，股价出现持续阳量的上涨，表明反弹行情的次要趋势的买入信号出现，可控制好仓位适当参与。运行到 B 区域后，股价无法再继续上涨，成交量转为持续的阴量，CCI 指标转为冲高后的向下回落，表明次要趋势即反弹行情的结束，形成卖出信号，应果断卖出股票。

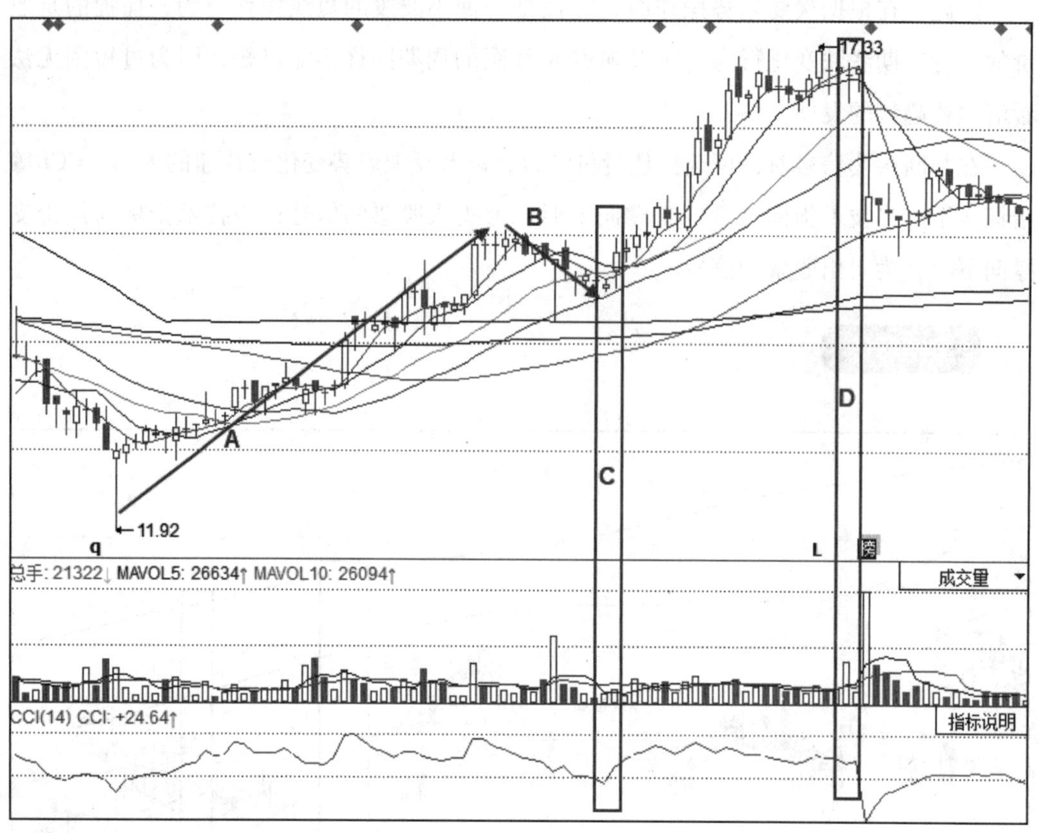


图 1－14　金通灵的日线图

图 1－14 是金通灵（300091）的日线图，在明显的 A 段上涨趋势为主要趋势的前提下，B 段出现回调，为上涨趋势中出现的次要趋势的短期调整，进入 C 区域后，出现阳量持续放大的股价上涨，CCI 由下行转为上行，形成次要调整趋势结束的买入信号，应果断买入股票。经过上涨进入 D 区域后，股价在高位震荡中，成交量明显缩小，表明股价上行缺少动能的支持，且 CCI 出现持续下行。此时，说明即使主要趋势不发生改变，次要趋势的短期调整行情也会到来，所以是卖出股票的信号，应选择卖出股票。

**实战要点**

（1）在根据次要趋势操作时，一定要先分清当前的主要趋势，方可根据次要趋势的变化，选择如何操作，如图 1 – 13 中的主要趋势为下跌，图 1 – 14 中的主要趋势为上涨。

（2）当主要趋势为上涨趋势时，对次要趋势的把握应该是短线调整结束时为买入信号，和股价与技术指标无力上涨时为卖出信号，如图 1 – 14 中 C 区域与 D 区域的情况。

（3）当主要趋势为下跌趋势时，对次要趋势的把握应该是短线反弹开始时为买入信号，和股价与技术指标无力上涨时为卖出信号，如图 1 – 13 中 A 区域与 B 区域的情况。

### 1.4.3　以短暂趋势为主的超级短线买卖信号

短暂趋势，就是股价的短线趋势波动。由于股价的短线趋势波动有时相对较大，有时又相对较小，所以观察时应从较短周期的 K 线图上来观察，才能掌握。在具体的操作时，即使是在主要趋势与次要趋势都十分明朗的情况下，股价的短时波动也经常出现。根据短暂趋势买卖股票，应当捕捉股价的异动，即超出常态的突然暴涨与突然暴跌，这是一种超级短线的操作行为。

基于股价短暂波动的这一特点，在捕捉股价这种波动趋势的变化时，应当结合盘口信息、量价的突然变化、短期技术指标的方向突变等特殊情况，来判断一只股票的买卖信号。比如，高换手率下，成交阳量的突然格外放大、股价快速上行等特征，为买入股票的信号；换手率相对较大，成交量保持当前放大水平下的阴量或突然放大的阴量，股价快速冲高后快速回落等特征，为卖出股票的信号。

**案例解读**

图 1 – 15 是高斯贝尔（002848）2018 年 1 月 11 日的分时图，从中我们可以看出，当日股价高开后，股价略上行在 A 区域出现小幅震荡，进入 B 区域，黄色的成交阳量出现快速放大和增长，成交量的线柱突然快速变长，MACD 指标中的 DIFF 线出现以大于 60 度水平角度的方式上行，形成 DIFF 线大角度上行。此时盘中的换手率也突然持

续放大，当日最高达到 13. 41%，这说明股价在短暂波动中出现向上异动的买入信号，应果断在封涨停前买入，而当日的涨停价为 16. 83 元。

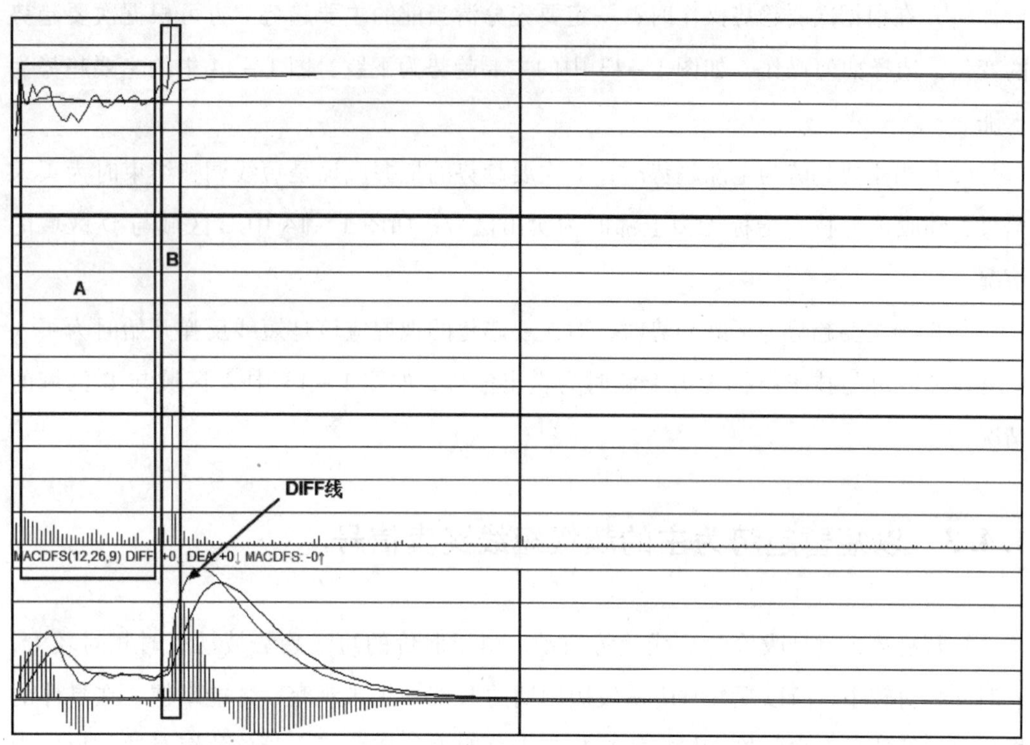


图 1 - 15　高斯贝尔 2018 年 1 月 11 日的分时图

高斯贝尔经由 2018 年 1 月 11 日股价出现的异动后，到了 2018 年 1 月 12 日这下一个交易日，如图 1 - 16 中所示，在分时图上，股价继续高开后出现快速上行。但到了 A 区域后，成交量柱在持续缩短的情况下，转为持续的绿色阴量柱线，MACD 双线在快速冲高后，DIFF 线以大于水平 60 度的角度向下与 DEA 线形成死叉。换手率在当日远远超过前一日的 13. 41%，最高达到 30. 39%，股价也持续快速下行，尤其在 B 区域的回落再次冲高时超过前期高点就转为下行，形成快速冲高回落异动的卖出信号，因此投资者此时应果断卖出股票。此时的股价为 18. 39 元左右，18. 39 元 - 16. 83 元 = 1. 26 元，每股盈利在 1 元之上。

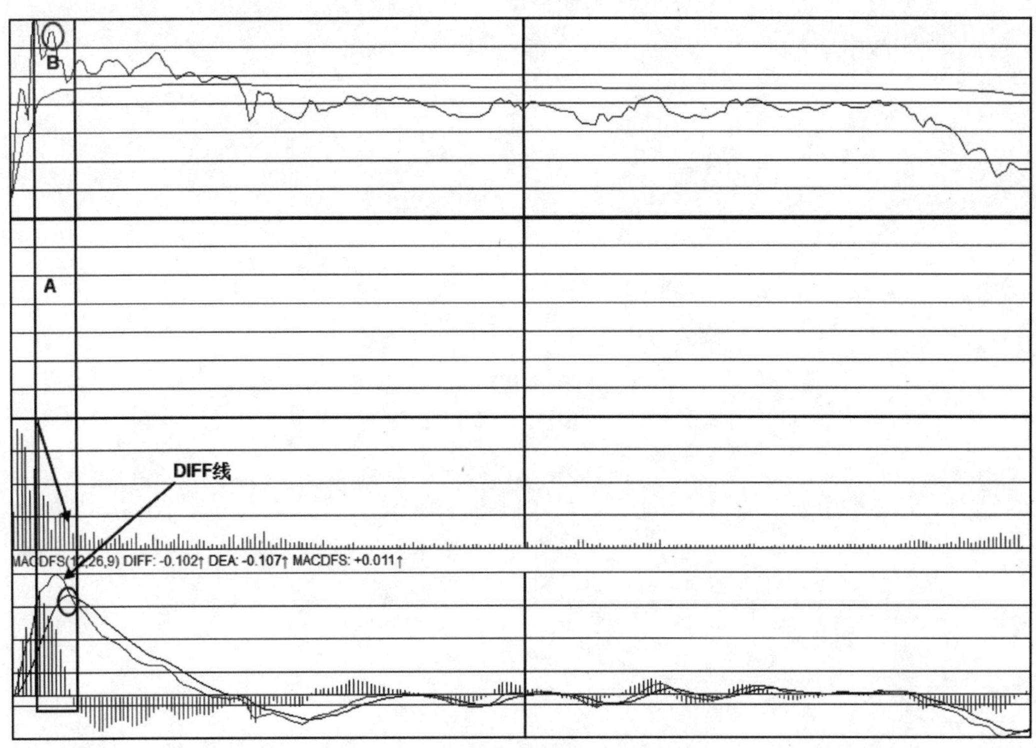


图 1－16　高斯贝尔 2018 年 1 月 12 日的分时图

## 实战要点

（1）在根据股价的短暂趋势波动进行超级短线操作时，主要是基于股价出现的快速上涨与快速下跌的异动行为来进行操作，博取的是极短交易日内的价差，是一种抢短行为，所以必须确保操作应快进快出，以实现获利，如图1－15与图 1－16 中的情况。

（2）在短暂趋势发生异动时，应从换手率的突然增大来考察。通常异动上涨时以最低 5 个换手为基准，量价齐升、技术指标快速上行为短暂趋势突然向上变化的买入信号，如图 1－15 中的情况。以股价上涨缩量、持续放大状态的阴量或格外放大的阴量、技术指标快速由上行转下行，为短暂趋势突然向下变化的卖出信号，如图 1－16 中的情况。

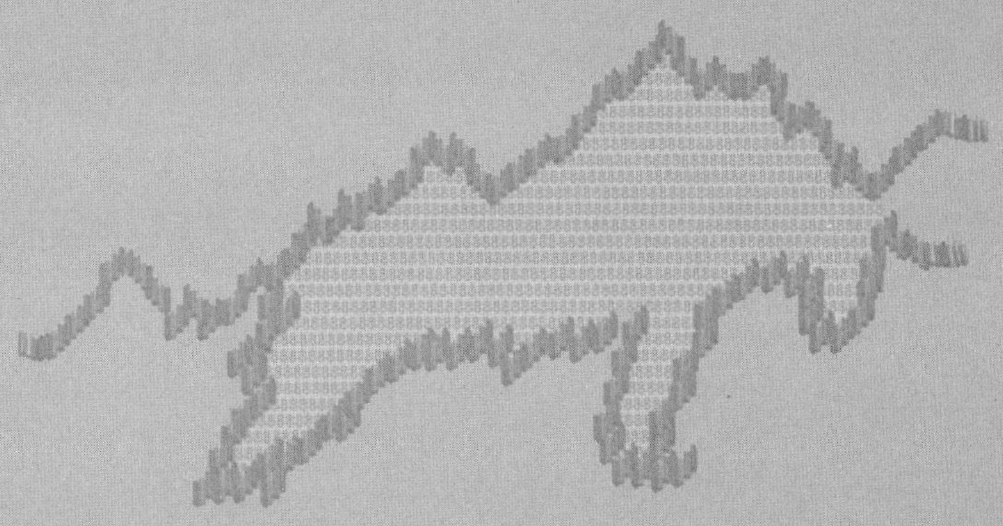

/ 第2章 /

# K线图：探寻K线形态的买卖信号

在实战交易中，K线图是对股价趋势最为直观的反映，不同的K线图形态，往往有不同的意义，比如单根K线的反转形态，以及多根K线组成的反转形态。因此，要想准确通过K线图捕捉到趋势反转的买卖信号，就必须明白K线形态的含义，以及K线组合形态的含义所在。

# 2.1　K 线基础

看 K 线图是观察行情与趋势的主要方式，看似简单的 K 线却蕴藏着很多内容，只有充分了解每一根 K 线的含义，才能更好地理解不同 K 线形态所对应的趋势变化。

## 2.1.1　阴线

阴线，就是 K 线图上位于最上方主要显示区域的一条条上下排列的 K 线中，呈绿色的 K 线柱。阴线代表着收盘价低于开盘价，这从 K 线的显示所代表的含义中可以看出，因为在一根 K 线中，位于最上方的代表最高价，K 线柱实体最上方的代表开盘价，实体部分最下方的代表收盘价，K 线最下方的代表最低价。

这是认识 K 线最基本的因素，当然，如果鼠标指针对准一根 K 线，也能够从跳出的小对话框中了解开盘价、最高价、收盘价、最低价的情况。如果不了解单根 K 线的构成，观察行情时就会增加很多麻烦。因为在判断支撑或压力，或是有效突破和有效跌破等情况时，是以收盘价计算的，所以了解了 K 线的构成，观察时就变得十分简单。

阴线的出现，代表盘中卖方占据主导，尤其是实体较长的阴线，代表卖方力量的强大，称为中长阴线。实体短小的阴线，则代表卖方力量的相对较弱，但这不是绝对的，还要配合成交量的情况来确认，尤其是在量价结合判断卖出信号时，阴线的出现更为直观。

另外，在阴线中，实体部分的上方或下方可以出现影线，也可以不出现。上方不出现影线时，实体最上方则为最高价和开盘价，意味着是以最高价开盘，其后一路下跌，这叫作光头阴线；下方不出现影线时，实体最下方则为收盘价和最低价，这叫作光脚阴线，代表着以最低价收盘；上方与下方均无影线时，说明股价是以最高价开盘，又以最低价收盘，这叫作光头光脚阴线。尤其是阴线实体较长时，三种情况都代表着股价的迅速下跌，因为开盘价与收盘价相差较大。

案例解读

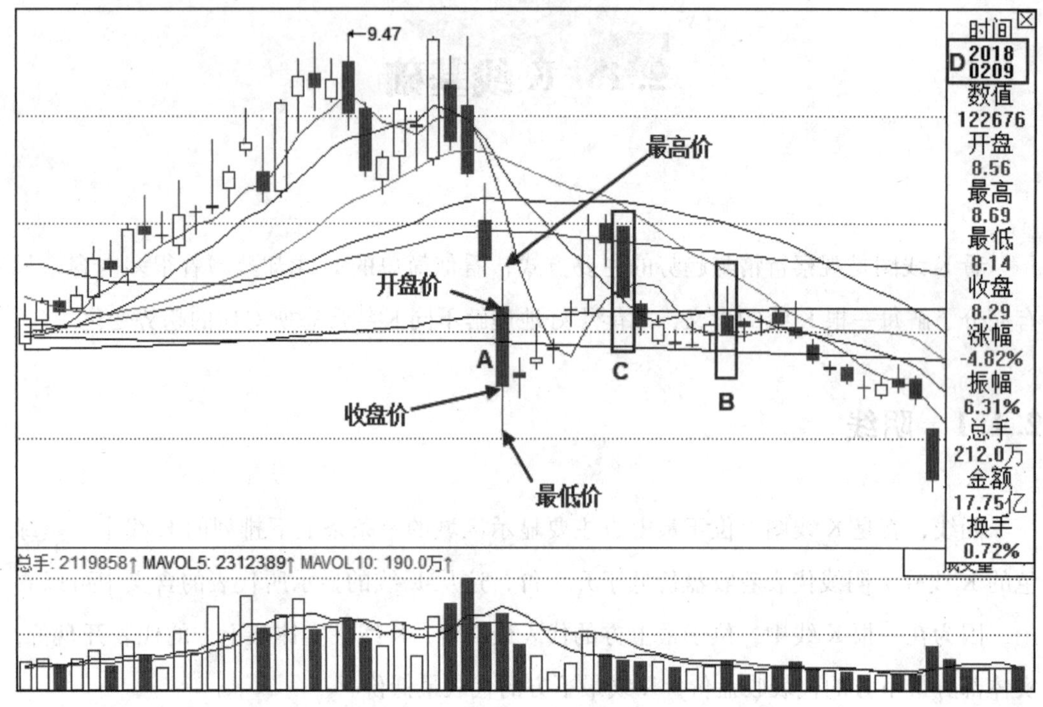


图 2－1　民生银行的日线图

图 2－1 是民生银行（600016）的日线图，在 A 区域，只要鼠标指针对准这一根线，就会跳出 D 区域的显示，显示行情为 2018 年 2 月 9 日的具体情况，而 A 区域的 K 线为绿色，所以为阴线。其中，实体最上方为开盘价，实体上方的影线最高处为当日最高价，实体最下方为当日收盘价，实体下方的影线最下方为当日最低价。由于上下影线较长，所以当阴线实体部分较长时，仍说明盘中振荡幅度较大，存在分歧，即使其后会出现反弹，也应引起注意。在 C 区域，同样是绿色的阴线，但实体上方无影线，意味着最高价即是开盘价，实体较长，说明其后一路走低，后市下跌的概率极高。而在 B 区域，这根绿色的阴线的实体下方无影线，表明当日是以最低价收盘的，虽然实体较短，但意味着盘中开盘略冲高后出现了持续下跌，后市依然不容乐观。

**实战要点**

（1）阴线是指 K 线图中位于上方区域的呈绿色的 K 线，反映出股价的开盘价、收盘价、最高价与最低价的具体情况。日线上的一根阴线，代表这一交易日的情况是以低于开盘价收盘的，如图 2－1 中 A 区域的情况。同样，若是 30 分钟图，一根阴线则代表着以 30 分钟为计算周期的股价在这段时间内的情况。

（2）阴线较长时为中长阴线，较短时为小阴线。阴线实体上方或下方可以存在影线，也可以不存在影线。当阴线实体上方不存在影线时，说明开盘价即是最高价，如图2－1 中 C 区域的情况；当阴线实体下方不存在影线时，说明收盘价就是最低价，如图 2－1 中 B 区域的情况。

（3）在判断买卖信号时，阴线有重要的作用，但必须结合成交量与其他指标的情况，方可判断趋势的转变。

### 2.1.2　阳线

阳线是与阴线对应的一种 K 线表现形式，不同的是，阳线在 K 线图上显示为红色的 K 线，代表着收盘价高于开盘价。

当阳线实体部分较长时，说明收盘价远远高于开盘价，意味着股价的快速上涨，为中长阳线；当阳线实体部分较短时，说明收盘价与开盘价之间的差距较小，意味着股价涨幅较小。

与阴线一样，阳线是允许实体上方或下方出现影线的。当上方出现影线时，说明盘中股价冲高后出现回落；当下方出现影线时，说明股价盘中出现下跌后又回升。阳线在实体上方或下方无影线时：若是上方无影线，说明股价是以最高价收盘的，称为光头阳线；若是下方无影线，表明开盘价即是最低价，叫作光脚阳线；若阳线实体上下方均无影线，表明股价是以最低价开盘，以最高价收盘，称为光头光脚阳线。

因此，在阳线中的 K 线表现上与阴线略有不同，实体最上方为收盘价，实体最下方为开盘价。

**案例解读**

图 2－2 是中原高速（600020）的日线图，用鼠标点击 A 区域，就会出现 D 区域小对话框的情况。但通过 A 区域对 K 线的观察也可以得出具体的情况，首先 A 区域为一

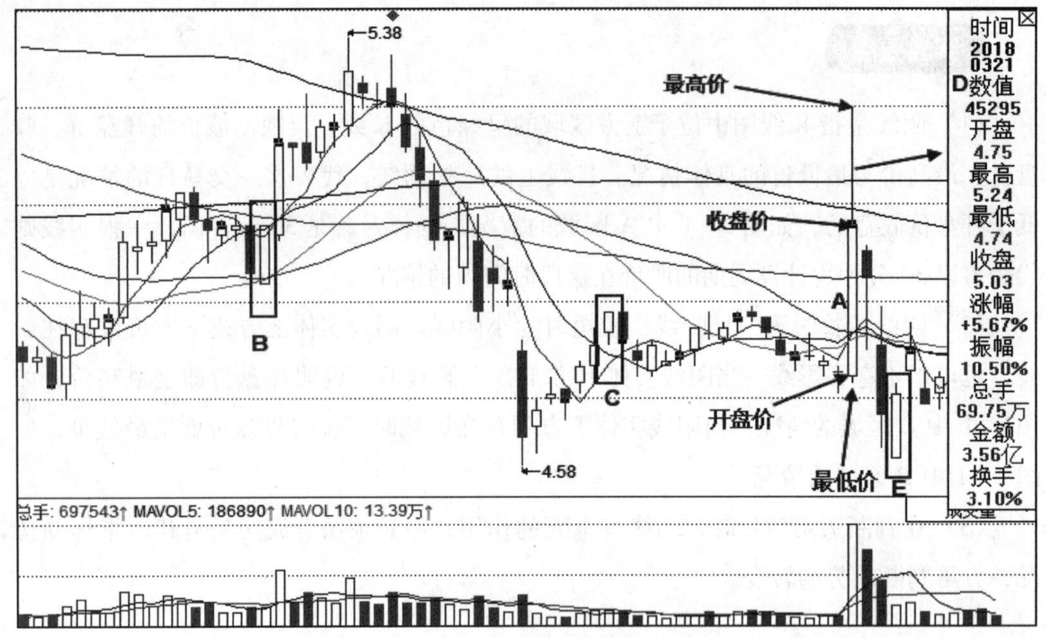


图 2－2　中原高速的日线图

根红色的 K 线，为阳线。其中，实体最上方为收盘价，实体部分的最下方为开盘价，实体上方影线的最上方为最高价，实体下方影线的最下方为最低价。在 B 区域的阳线，实体上方与下方均无影线，为光头光脚阳线，说明当日是以最低价开盘，又以最高价收盘的。在 C 区域中的阳线，实体上方无影线，说明收盘价即是最高价，为光头阳线。在 E 区域，阳线下方无影线，说明开盘价就是最低价，为光脚阳线。

**实战要点**

（1）阳线即是 K 线图上显示为红色的 K 线，其实体部分的最上端为收盘价，实体部分的最下端为开盘价，实体上方影线的最上端为最高价，实体下方影线的最下端为最低价，如图 2－2 中 A 区域的情况。

（2）当阳线出现时，如图 2－2 中 B 区域，在实体上下端均无影线时，说明开盘价即为最低价，收盘价为最高价，称为光头光脚阳线。如图 2－2 中 C 区域，阳线上端无影线时，说明收盘价为最高价，称为光头阳线。如图 2－2 中 E 区域，阳线下端无影线时，说明开盘价即为最低价，称为光脚阳线。

（3）阳线代表买入力量强于卖方力量，但在判断行情时，应结合技术指标与成交量的情况来判断是否会形成买入信号，不可单独以阳线来判断趋势的上涨会持续。

### 2.1.3　影线

影线是指 K 线实体上方或下方出现的线。出现在 K 线实体上方的影线，叫上影线，说明股价冲高回落；出现在 K 线实体下方的影线，叫下影线，说明股价探低后回升。

影线可以出现在阴线上，也可以出现在阳线上，在判断短暂趋势时有重要的参考意义。尤其是当上影线较长时，若为阴线则说明最高价与开盘价的差距较大，若为阳线则说明最高价与收盘价的差距较大，都意味着股价大幅冲高后的短时快速下跌，通常为股价后续下跌的征兆。当下影线较长时，若为阴线则说明最低价与收盘价之间的差距较大，若为阳线则说明最低价与开盘价之间的差距较大，都意味着股价大幅探低后的短时快速回升，通常为股价回暖的征兆。

然而，当影线出现时，并不都意味着趋势的突然转变，应当结合技术指标与成交量的情况来综合判断，方可进一步确认。因为影线的出现，上影线只能代表上行遇到了压力，下影线只能代表下行得到了支撑，是趋势微妙变化的征兆，是否真能发生转变还要持续观察。

案例解读

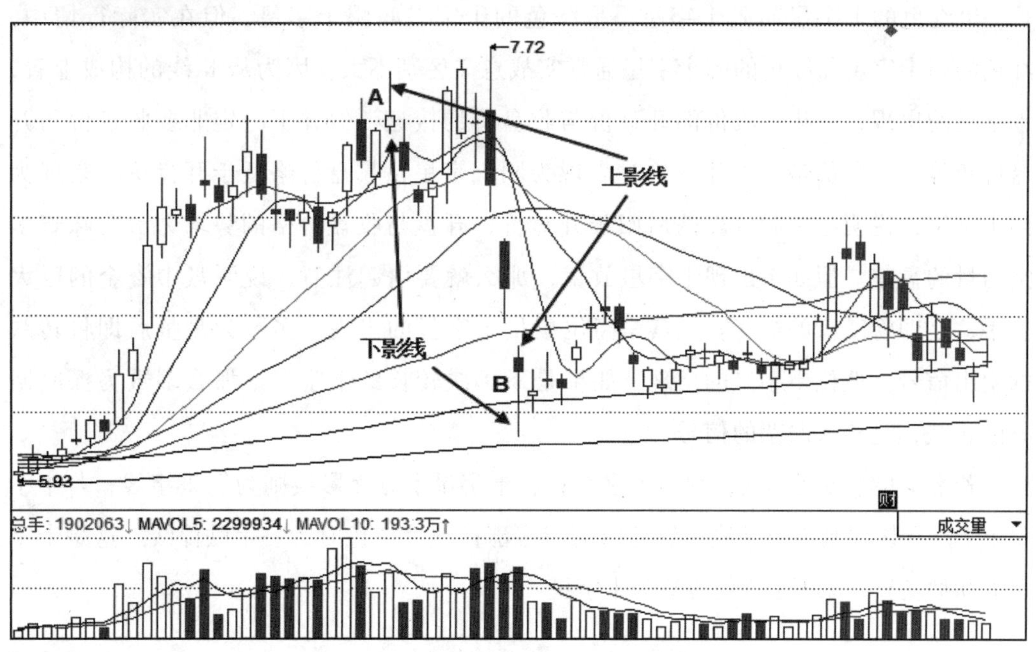


图 2－3　中国石化的日线图

图2-3是中国石化（600028）的日线图，在A区域出现一根红色的K线，为阳线，阳线实体上方的线为上影线，在阳线实体下方的线，即为下影线。而后，在B区域出现一根绿色的K线，为阴线，阴线实体上方的线为上影线，实体下方的线即为下影线。

实战要点

（1）影线是位于K线实体上方或下方的线，出现影线的K线可以是阳线，如图2-3中A区域的情况，也可以是阴线，如图2-3中B区域的情况。

（2）影线又分为上影线和下影线，位于K线实体上方的线为上影线，位于实体下方的线为下影线，如图2-3中的情况。但是，上影线与下影线并不一定会同时出现在一根K线上的，可以是上方或下方只存在一根影线。

## 2.1.4 十字星

十字线，就是K线实体部分较小，形成一条横线，这根K线又在上方与下方同时出现上影线与下影线的情况，于是形成一个形状像“十”的K线。由于十字线出现时，像晚上遥望星空时看到的闪亮的星星，所以又叫作十字星。

呈红色的十字星叫阳十字星，呈绿色的十字星叫阴十字星，但在实际行情中，红色的阳十字星与绿色的阴十字星通常实战意义区别不大。因为从K线的构成上看，十字星的出现，意味着股价的开盘价与收盘价的接近，但并不一定非要收盘价与开盘价相等。收盘价略高于开盘价时表现为阳十字星，收盘价略低于开盘价时表现为阴十字星，说明盘中股价震荡后归于开盘价，开盘与收盘价格的势均力敌意味着多空力量的盘整。但如果出现十字星放量，那么就要引起注意，说明盘中资金的巨大换手，是即将变盘的征兆。尤其是高位放量十字星的出现，多数为盘整后即将转跌的卖出信号。低位十字星的出现，如果是下影线较长的十字星，那么多数为探底回升的止跌，是买入股票的信号。

若十字星上方无影线，则为T字线；若十字星下方无影线则为倒T字线；若十字星上下均无影线则为一字线，红色时为一字涨停线，绿色时为一字跌停线。这是十字星的几种变异，原则上不能再称为十字星。

案例解读

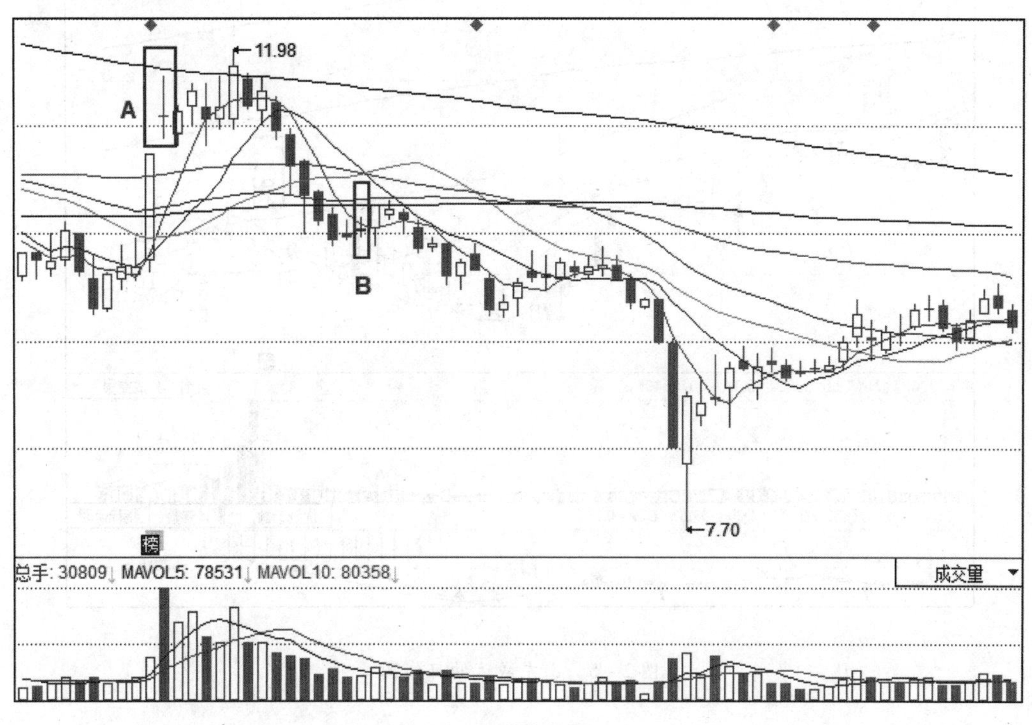


图 2－4　海特高新的日线图

图 2－4 是海特高新（002023）的日线图，其中 A 区域出现一根绿色的 K 线，K 线中有上影线与下影线，开盘价为 11.40 元，收盘价为 11.39 元，两者极为接近，形成一根绿色的十字形状的 K 线，为阴十字星。在 B 区域，则形成有上下影线中间一根横线的 K 线，收盘价为 10.39 元，开盘价为 10.36 元，两者极为接近，为阳十字星。

图 2－5 是山东威达（002026）的日线图，在 A 区域同样出现一根横线加下影线的 K 线，但无上影线，为 T 字线。但在 B 区域，其只出现一根红色的横线，为一字涨停线，说明当天以涨停价开盘。A 区域与 B 区域的 K 线情况，均不能以十字星对待。

图 2－6 是德美化工（002054）的日线图，在 A 区域，接连出现数根一字的绿色横线，为一字跌停线，表明开盘即以跌停价出现。在 B 区域，出现一根横线和上影线，无下影线，为倒 T 字线。这两种情况，同样不能看作十字星。

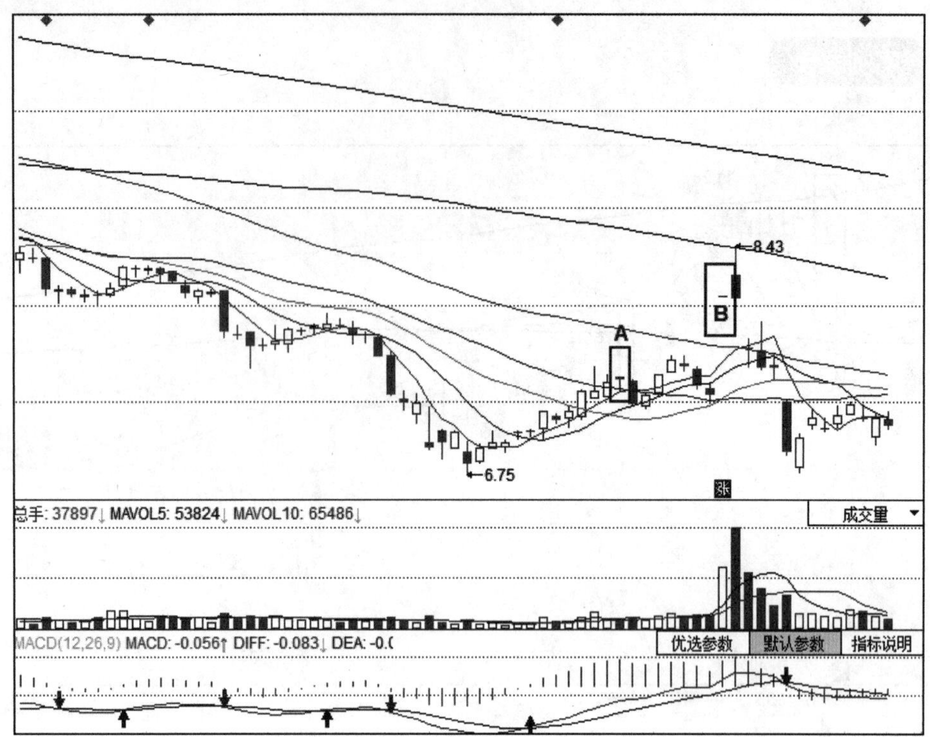


图 2－5 山东威达的日线图

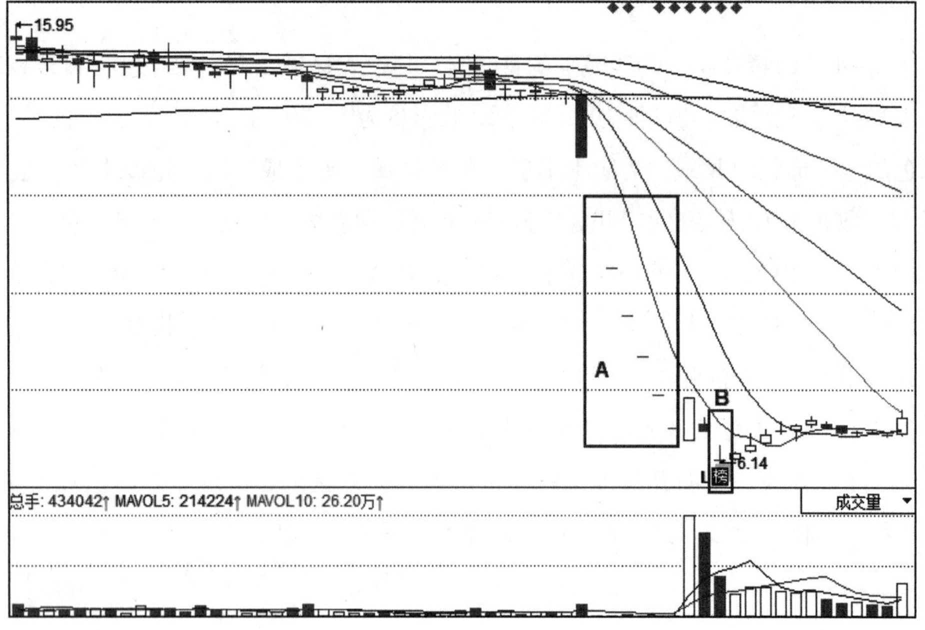


图 2－6 德美化工的日线图

然而，在较短周期的 K 线图上，如日线级别以下的 60 分钟图、30 分钟图、15 分钟图、5 分钟图、1 分钟图上，出现只有横线的情况时，只代表着在这时间内价格保持在这一价位的盘整，不能以一字涨停或一字跌停来对待。因为在涨停板制度之下，限制的是股价在一个交易日内的股价涨跌幅度，即使当日依然以直接涨停开盘并维持到收盘的情况出现，也不能看作是一字跌停或一字涨停，如图 2－7 所示。

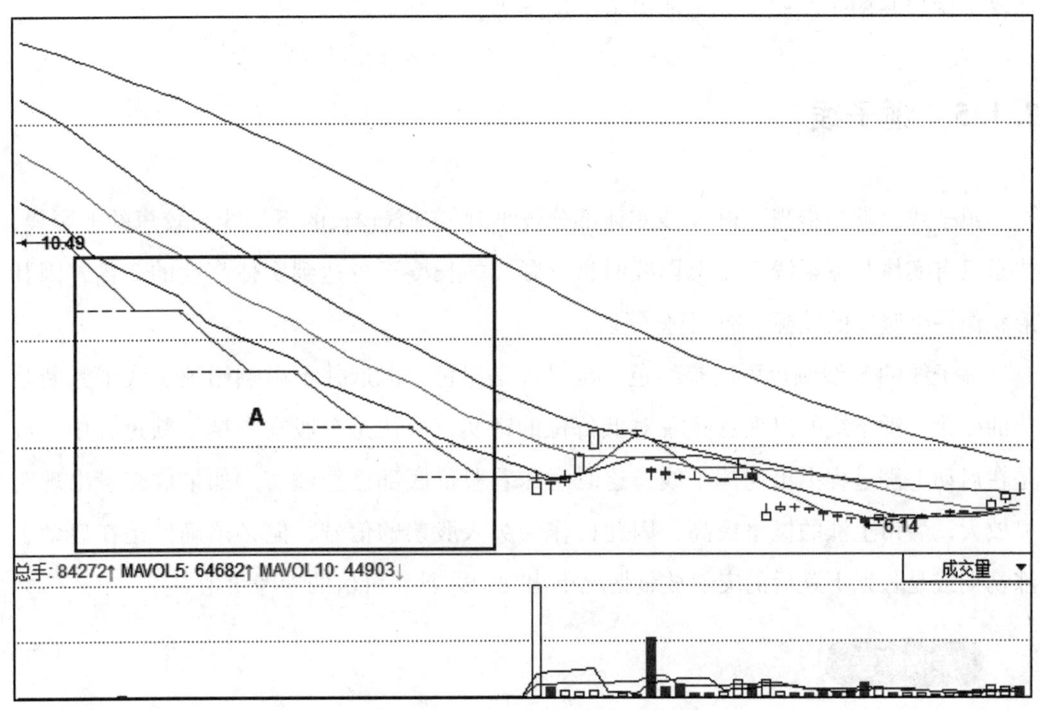


图 2－7　德美化工的 30 分钟图

**实战要点**

（1）十字星的出现，必须确保开盘价与收盘价的价差极小，K 线图上形成一根横线加上影线与下影线的情况，即形成一个“十”字时方可确认，如图 2－4 中的 A 区域与 B 区域的情况。

（2）十字星代表盘整，不能单独作为确认买卖信号的征兆，无论是表现为红色还是绿色，如图 2－4 中 A 区域的阴十字星和 B 区域的阳十字星，应结合其他 K 线形态、成交量及其他技术指标来具体研判。

（3）当 K 线表现为横线加上影线无下影线时为倒 T 字线，如图 2－6 中 B 区域的情况；当K线表现为横线加下影线无上影线时为T字线，如图2－5中A区域的情况。如果仅仅表现为一条横线时，红色为一字涨停线，如图2－5中B区域的情况，绿色为一字跌停线，如图2－6中A区域的情况。只有一字涨停或跌停线出现在日线级别上时方为一字涨停或跌停线，如果如图2－7中出现在小于日线级别的K线图上时，只代表价格在一定时间内的盘整，不能确认为一字涨停或跌停线。然而，无论是一字涨跌停线，还是T字线与倒T字线，均不能以十字星对待。

### 2.1.5 锤子线

锤子线，就是指当一根K线实体部分较小时，有着较长的下影线与较短的上影线，或是只有实体与下影线而无上影线时，下影线的长度至少达到实体高度的2倍，因其形状像一个竖立的铁锤，故叫锤子线。

锤子线的K线颜色可以是红色，也可以是绿色，但这并不影响用锤子线来判断趋势的变化。锤子线的出现意味着对低价位的锤实，往往是个股在长期下跌过程中，或是在启动上涨过程中出现锤子线，这时意味着股价底部已经锤实。如果成交量出现明显放大，后市上涨的概率极高，因此可作为买入股票的信号，但必须确保是在启动上涨初期或是长期下跌后的突然放量情况下出现，才具有可信的参考价值。

案例解读

图2－8是航天电器（002025）的日线图，在长期弱势震荡整理中，进入A区域后，出现一根实体较小，上影线也较短，但下影线明显很长的阴线，且下影线长度远远超过实体的2倍，形成绿色锤子线，但要确认为买入信号，应在其后B区域出现量价回升时。

图2－9是浙江交科（002061）的日线图，经过前期的上涨，又经过A区域的震荡整理，进入B区域后，出现一根实体较小、上影线较短、下影线较长且长度超过实体2倍的红色K线，形成红色锤子线。结合成交量发现，K线一直处于阳量的增长状态，说明股价已发动快速上涨，形成买入信号，应及时买入股票。

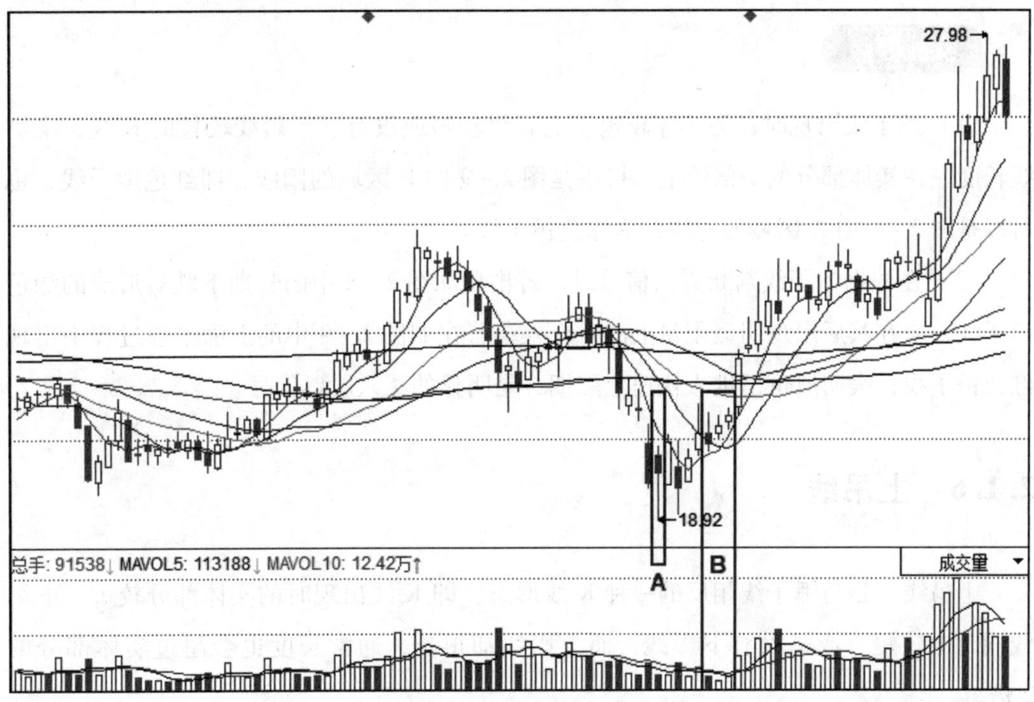


图 2－8 航天电器的日线图

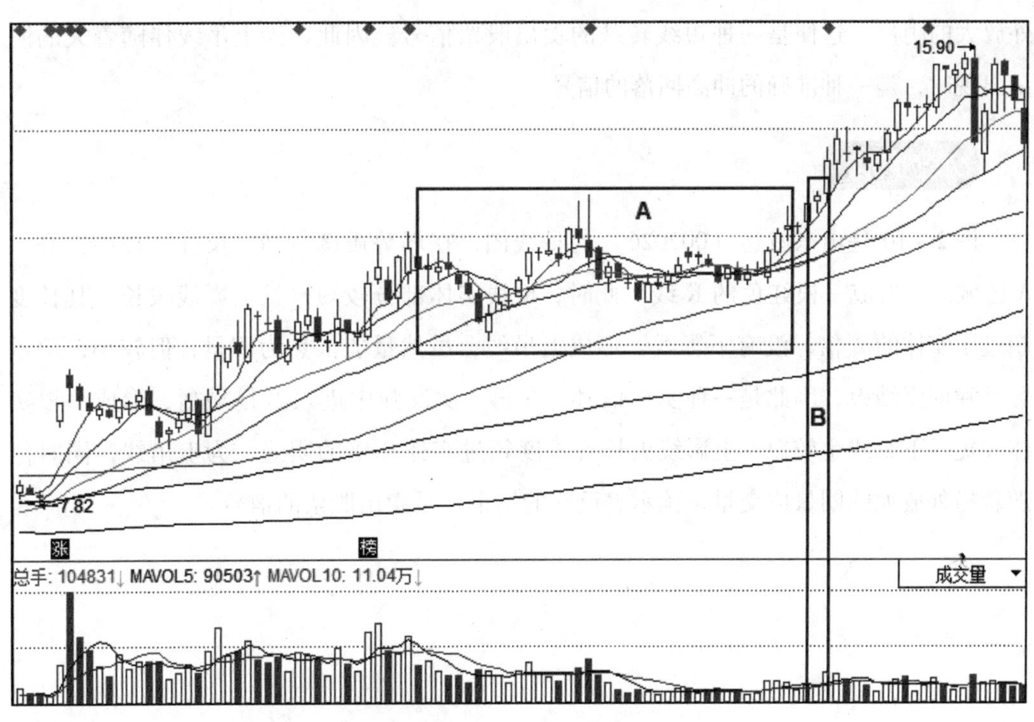


图 2－9 浙江交科的日线图

实战要点

（1）锤子线出现时，为实体较短、上影线较短或没有、下影线较长的 K 线，下影线长度应在实体部分的 2 倍以上，可以是图 2－9 中 B 区域的阳线，即红色锤子线，也可以是图 2－8 中 A 区域的阴线，为绿色锤子线。

（2）在根据锤子线判断买入信号时，若出现如图 2－8 中的长期下跌后形成的绿色锤子线，应在其后出现明显阳量上涨时介入；若在如图 2－9 中的上涨整理过程中出现红色锤子线，表明股价已进入快速上涨期，是明显的买入股票信号。

## 2.1.6 上吊线

上吊线，是与锤子线相反的一种 K 线形态，即 K 线出现时的实体部分较短，下影线同时也较短，或是没有下影线，而上影线却很长，通常长度也会超过实体部分的 2 倍。

由于长长的上影线，意味着冲高后的大幅回落，所以，上吊线出现时即使 K 线颜色为红色，甚至是其后依然会出现短时的上涨，成交量却为放大状态的阴量，或是格外放大的阴量，这便是一种短线转跌的卖出股票信号。因此，当上吊线伴随着大的阴量出现时，是一种准确的冲高回落的信号。

案例解读

图 2－10 是山东威达（002026）的日线图，在弱势震荡行情、反弹过程中，进入 A 区域后，形成一根红色的 K 线。此时，K 线实体部分较短，且上影线较长，其长度超过了实体的 2 倍，没有下影线，形成上吊线，虽然量能依然为阳量，但较小，预示着反弹即将结束，因此是一种卖出信号。在再一次反弹中进入 B 区域后，形成一根实体较短、下影线也较短、上影线极长且长度超过实体 2 倍的阴线，为上吊线，同时伴随着格外放大的阴量成交量，预示着反弹的结束，是卖出股票的信号。

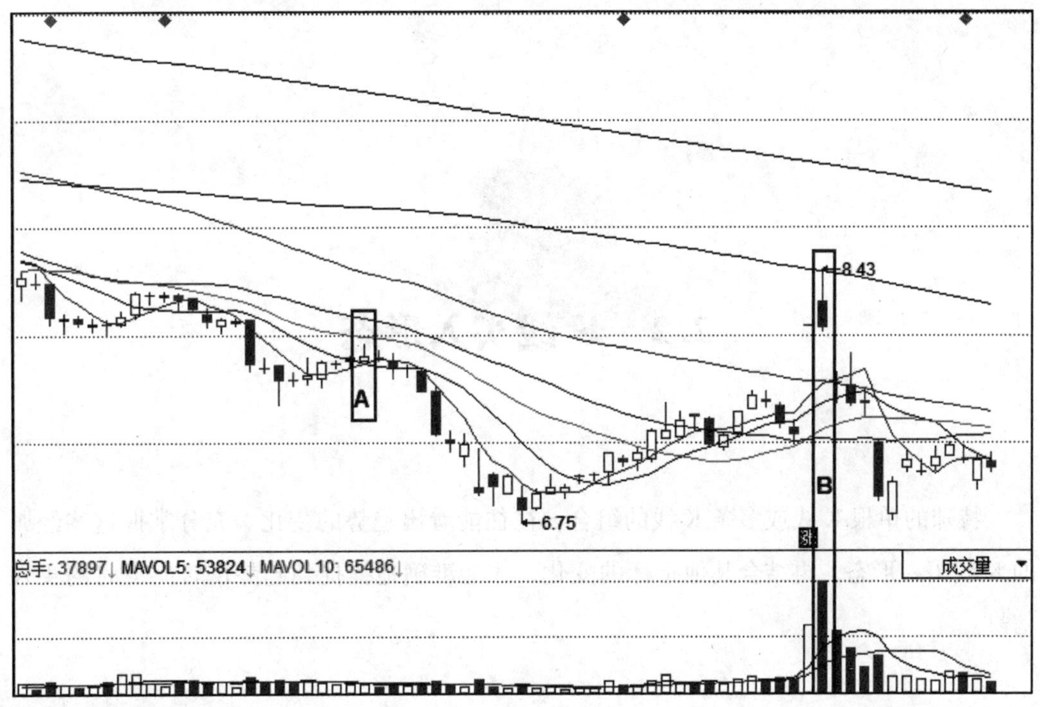


图2-10　山东威达的日线图

**实战要点**

(1) 上吊线出现时，必须是K线的实体部分较短，下影线同样较短，或没有下影线，但上影线很长，往往其长度超过实体部分的2倍，如图2-10中A、B区域的情况。

(2) 上吊线出现在大幅上涨或快速上涨后，如果同时出现格外放大的阴量，是上涨结束的卖出信号，如图2-10中B区域的情况；如果是出现在弱势震荡行情中，出现的为红色上吊线，成交量为阳量，而量能放大不明显，这也意味着震荡走高的结束，是卖出股票的信号，如图2-10中A区域的情况。

## 2.2 K线买入形态

特殊的单根K线或多条K线的组合，往往能看出趋势的变化。充分掌握这些经典的K线买入形态，再结合其他指标的变化，才能准确地捕捉到趋势反转向上时的买入信号。

### 2.2.1 光头光脚阳线

光头光脚阳线，就是K线形成后，整根K线显示为红色的阳线，同时没有上影线和下影线。

光头光脚阳线的出现，说明股价是以最低价开盘，且以最高价收盘，意味着上涨的持续和坚决。当光头光脚阳线出现时，若成交量能够出现明显的阳量放大，则往往表示后市的上涨会持续，因此是一种买入股票的信号。

然而，根据一根K线来判断行情与趋势未免过于简单，应结合当前的趋势与行情来判断上涨是否会持续，比如在长期下跌或快速下跌过程中出现的放量光头光脚阳线，往往是短线止跌的征兆。若光头光脚阳线出现时没有伴随明显的放量，则应观察量价是否能持续放量上涨，方可确认短期趋势的上涨。另外，若光头光脚阳线是出现在反弱行情或是大幅上涨末端，成交量阳量过大，则极易引发后市的冲高回落，应引起警觉。

**案例解读**

图2-11是七匹狼（002029）的日线图，在弱势震荡行情中，进入A区域，出现

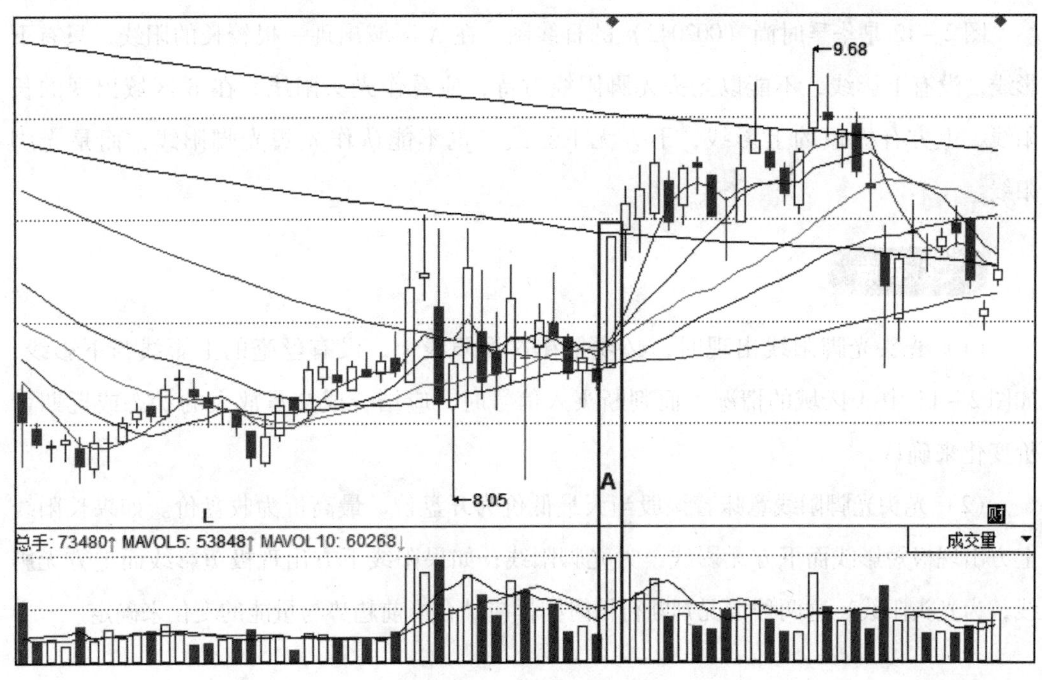


图 2－11　七匹狼的日线图

一根长阳线。在这根长阳线中，上方与下方均未有影线，所以形成光头光脚阳线，同时伴随着成交量阳量的格外放大，说明出现明显的放量上涨情况，是买入股票的信号。

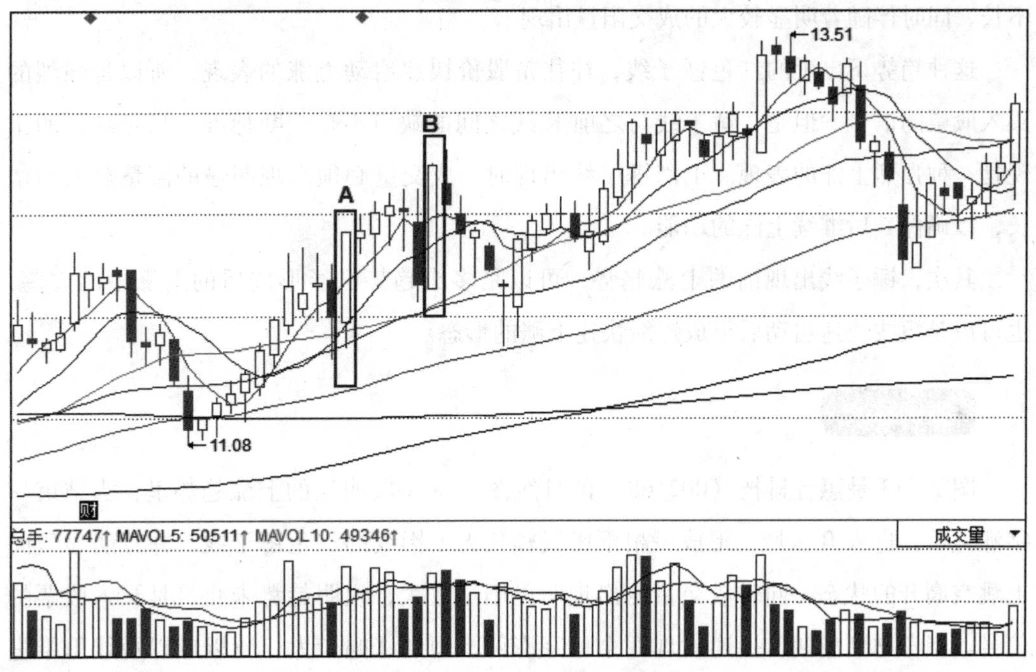


图 2－12　华孚时尚的日线图

图 2 - 12 是华孚时尚（002042）的日线图，在 A 区域出现一根较长的阳线，只有下影线，没有上影线，不能以光头光脚阳线对待，应看作光头阳线。在 B 区域出现的长阳线，上方有极短的上影线，下方无下影线，也不能认作光头光脚阳线，而是光脚阳线。

**实战要点**

（1）光头光脚阳线出现时，必须是在这根阳线上，没有丝毫的上影线与下影线，如图 2 - 11 中 A 区域的情况。而判断买入信号时，应结合成交量放大的状态或近期量价变化来确认。

（2）光头光脚阳线意味着该股当天最低价为开盘价，最高价为收盘价。如果长阳线上方出现极短影线而下方无影线，为光脚阳线；如果阳线下方出现极短影线而上方无影线，为光头阳线。这两种情况判断行情时同样应结合当前趋势与量能的变化来确定。

### 2.2.2 上涨锤子线

上涨锤子线，是指在上涨趋势中形成的锤子线，多为红色的阳线，大多数情况为跳高开方式的锤子线，即与前一日的 K 线之间形成一个明显的缺口，并且下影线往往不长，同时伴随着明显较大的成交阳量出现。

这种趋势下出现的红色锤子线，往往是股价快速启动上涨的表现，所以是强烈的买入股票的信号。但是，锤子线与之前 K 线之间的缺口不是判断标准，只是缺口的出现是一种强烈上涨的表现。上涨锤子线出现时，成交量必须出现明显的阳量放大与增长，以确保其后继续上涨的动能。

其次，锤子线出现前的上涨趋势，可以是多头趋势已经形成后的上涨中的震荡，也可以是短线快速启动后形成短线快速上涨的形态。

**案例解读**

图 2 - 13 是惠程科技（002168）的日线图，在 A 段明显的上涨趋势里，当结束一字涨停后，进入 B 区域，形成一根下影线较长无上影线的红色锤子线，并且明显呈向上跳空高开的状态，同时成交量也出现明显阳量放大，说明趋势未止，是买入股票的信号。但考虑到前期已接连出现四个一字涨停，短期涨幅较大，所以应以短线思维进

行操作，采取快进快出的策略。

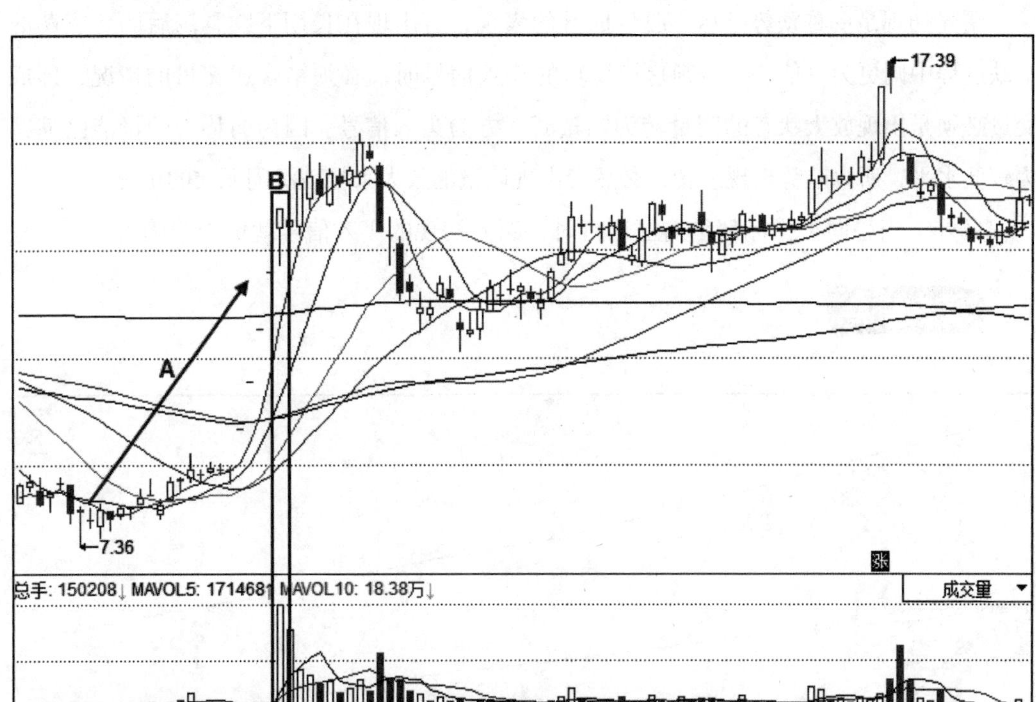


图 2－13　惠程科技的日线图

实战要点

（1）上涨锤子线往往出现在明显的上涨趋势，或是短期快速上涨中，其上涨信号十分明显，如图 2－13 中 A 区域和 B 区域的情况。

（2）上涨锤子线如果是出现在震荡行情中，往往可信度较低，应引起注意。另外，在以上涨锤子线来判断买入信号时，应结合阳量的明显放大状态来确认，如图 2－13 中 B 区域的情况。

### 2.2.3　曙光初现

曙光初现，是由两根 K 线组成的形态，第一根为大阴线，第二根为大阳线。第一根大阴线延续之前的下跌状态，第二根大阳线先是低开创出近期新低，其后高收，阳线实体必须深入前一根阴线实体的一半以上。因这种 K 线组合形态上就像是经过黑夜的沉淀，突然出现了一丝曙光，所以叫作曙光初现。

曙光初现是一种跌势已尽、股价回升的表现，若出现在长期下跌震荡后弱势震荡的下跌过程中则更为可信。在研判趋势反转的买入信号时，必须结合成交量的情况，即成交量必须是出现放大状态的阴量转为阳量时，方为买入信号。因为弱势中的量能已缩减为较低水平，所以趋势出现反转，必然会出现以量的放大来打破沉闷死寂的市况。

另外，当趋向类指标都呈向上运行时，曙光初现的买入信号就更为明确。

案例解读

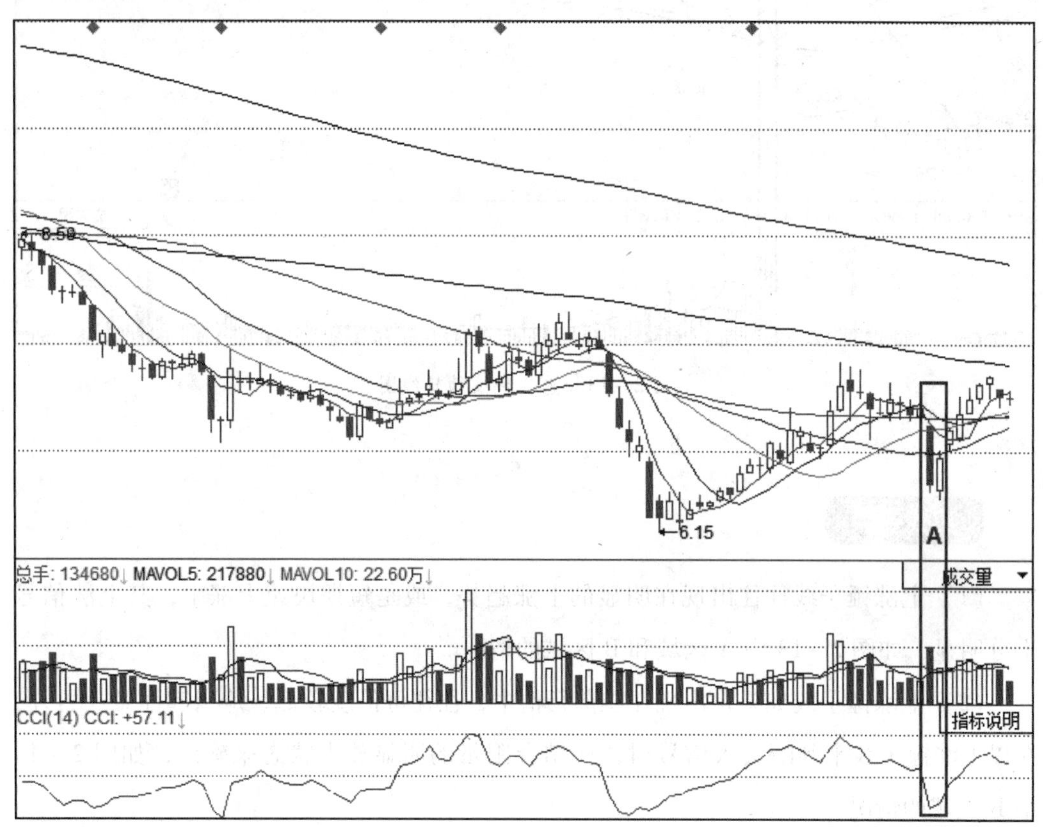


图 2－14　怡亚通的日线图

图 2－14 是怡亚通（002183）的日线图，在经过前期较长时间的下跌和弱势震荡整理后，进入 A 区域，先出现一根较长的放阴量大阴线，延续了之前的下跌，而后出现一根维持当前量能水平的探低阳线，即刷新前低后出现快速回升，并在收盘后阳线实体向上回升到超过阴线实体的一半以上的水平，形成曙光初现形态。技术指标中的

CCI 也由下行转为上行，说明趋势出现反转走强，因此形成买入信号。但考虑到阳线出现时的量能未明显放大，因此应控制好仓位短线参与。其后若是量能无法持续阳量增长，则涨势难以持续，应谨慎操作，以短线参与为宜。

**实战要点**

（1）曙光初现形态出现时，必须是一阴一阳两根 K 线，阳线为刷新近期新低后形成的阳线，且只有阳线回升到阴线一半以上时，趋势反转才更为可信，如图 2－14 中 A 区域的情况。

（2）在根据曙光初现确认买入信号时，原则上是阳线向上回升时深入阴线的部分越大越可信，同时成交量也必须出现明显阳量放大，技术指标呈向上运行态势。当成交量放大迹象不明显时，必须确保其后阳量的可持续性，此时可控制好仓位以短线思维操作，如图 2－14 中的情况。

### 2.2.4　旭日东升

旭日东升，同样是由两根 K 线组成的趋势反转形态，前一根要为创新低的大阴线，延续之前的下跌趋势，而第二根是阳线，在高于阴线低点的位置开盘后出现高走，收于一根高于前一根阴线的大阳线，呈明显的上升态势。由于两根 K 线形成的形态就像是在黎明时分，太阳突然从东方升起的样子，所以叫作旭日东升。

在确定旭日东升为趋势反转的买入信号时，除了 K 线形态，量能同样是重要的参考，即成交量必须出现明显的阳量放大状态，如量能为阳线时未能超过阴线时的阴量，则必须确保其后阳量能够持续。因为这种情况表明趋势反转得不够坚决，但如果第二根 K 线出现涨停的光脚阳线或光头光脚涨停阳线时，应在涨停前果断买入股票，或在次日高开后买入。

另外一个重要的参考就是趋向类指标，指标必须呈向上运行的形态，否则说明其后趋势仍会出现反复的弱势震荡。还有一点，当旭日东升与曙光初现出现在长期下跌的弱势震荡下跌中时，信号会更为可信。

**案例解读**

图 2－15 是恩华药业（002262）的日线图，在经过前期长期下跌和震荡下跌后，

图 2－15　恩华药业的日线图

进入 A 区域时，先出现一根放量阴线，创出近期低点。其后出现以高于阴线低点的方式开盘，并持续走高，收于一根高于阴线实体的阳线，成交量明显转为阳量，技术指标 CCI 呈明显向上运行态势，形成旭日东升形态。由于阳线时放量未超过阴线时的阴量，所以此时应少量参与或观察后看阳量能够持续再决定参与。到了 B 区域，明显出现阳量的放大，股价走高，CCI 继续上行，出现趋势已经反转的买入信号，应果断买入股票。

## 实战要点

（1）旭日东升大多出现在长期下跌与弱势震荡行情中，是由一阴一阳两根 K 线形成，阳线低点要高于阴线低点，且实体至少要与阴线实体持平，方可确认为旭日东升形态，如图 2－15 中 A 区域的情况。原则上是超出阴线越高，后市反转得越坚决。

（2）如果成交量未出现明显阳量放大，但趋向指标呈向上运行，如图 2－15 中 A 区域的情况，应在旭日东升形成后出现阳量明显持续放大、股价上涨、技术指标向上时，再买入股票，如图 2－15 中 B 区域的情况。

### 2.2.5　上涨红三兵

上涨红三兵，是由三根 K 线组成的一种 K 线组合。这三根 K 线实体部分大小相当，必须呈逐级向上的态势，且后一根阳线开盘价必须高于前一根阳线收盘价，允许盘中出现一定回落，即下影线可以深入前一根阳线实体，但收盘价一定要高，否则无法形成阳线。

上涨红三兵的出现，首先说明的是一种短期趋势，因为有三根 K 线连续上涨，但如果要确认为买入股票的信号，往往是在股价经过弱势整理后出现上涨的初期形成，形态就更为可信。如果上涨红三兵出现在高位，那么应引起警觉，往往是上涨末端的表现。

上涨红三兵出现时，如果确认为趋势快速上行的买入信号，成交量允许未明显放大，但必须确保在红三兵期间出现持续阳量的温和放大，同时技术指标必须呈明显的向上运行的态势。

案例解读

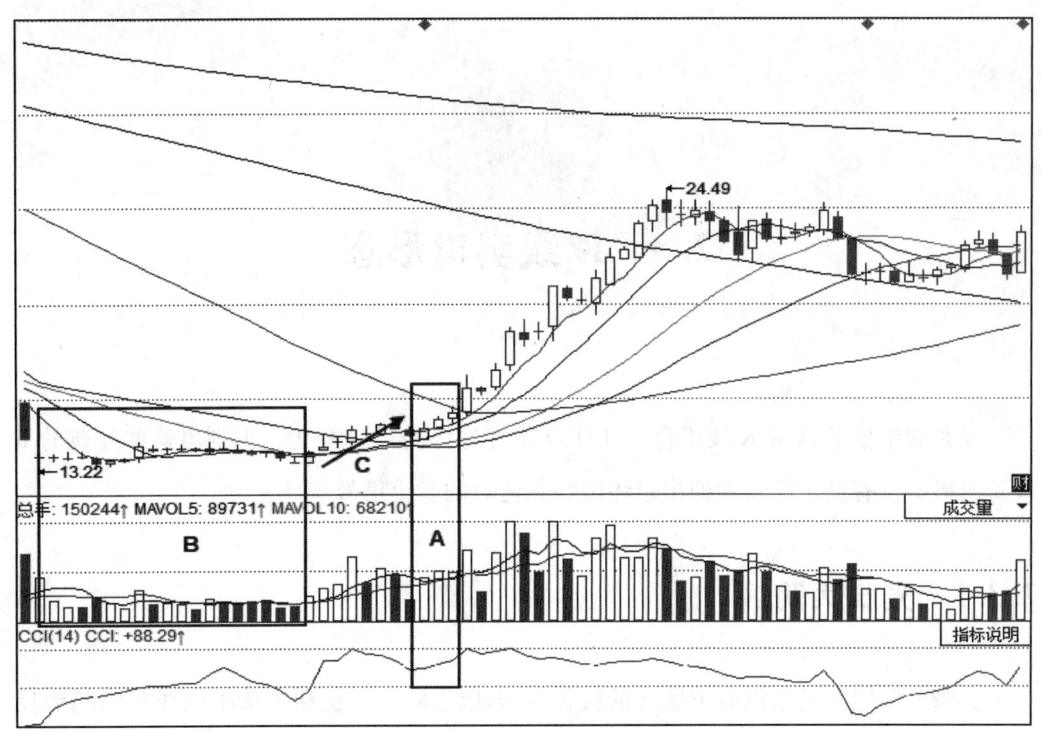


图 2－16　卫士通的日线图

图 2－16 是卫士通（002268）的日线图，该股在经过较长时间的下跌和 B 区域的股价弱势震荡，又经过 C 段的震荡上涨后，进入 A 区域，形成三根较小的阳线，且呈持续向上运行的态势，每一根阳线实体均在前面一根阳线实体之上，形成上涨红三兵形态。再观察 CCI 指标，呈上行趋势，成交量持续出现阳量的温和放大状态，尤其是与 B 区域的成交量相比较，量能远远放大，与 C 段对应的成交量相比，同样有温和放大的趋势，因此，可确认此上涨红三兵为趋势转强后的买入股票信号，应果断买入股票。

**实战要点**

（1）上涨红三兵出现时，必须由三根实体大小相等的阳线组成，且后一根阳线实体通常在前一根阳线实体之上，方可确认形态，如图 2－16 中 A 区域的情况。

（2）在确认上涨红三兵出现为买入股票的信号时，往往在趋势反转向上的初期较为可信，同时成交量必须明显高出前期震荡时的量能，呈持续阳量的温和放大，后市的涨幅则更为可观，另外，技术指标必须呈向上运行态势，如图 2－16 中 B 区域与 A 区域和 C 段走势的情况。

# 2.3　K 线卖出形态

经典的单根 K 线或 K 线组合，往往意味着趋势的微妙变化。识别出这些经典的 K 线卖出形态，有助于投资者捕捉趋势微妙变化时的卖出信号。

## 2.3.1　光脚大阴线

光脚大阴线，是指没有下影线的较长单根阴线 K 线。在利用单根阴线判断趋势反转向下的卖出信号时，往往观察的时间较短，持续性不足，所以在确认趋势反转向下的卖出信号时，必须结合成交量和技术指标的情况来综合判断。

在股价经过长期的上涨或短期大幅上涨或快速上涨后，成交量在较高的水平状态下，如果突然出现一根光脚大阴线，伴随着成交量呈绿色阴量的格外放大，或是量能为阴量保持当前放大水平的情况下，这根光脚阴线出现较大跌幅，技术指标同时出现大角度快速向下或是 MACD、KDJ 高位死叉等形态，那么意味着趋势出现突然的快速反转向下，是明显的卖出股票的信号。

案例解读

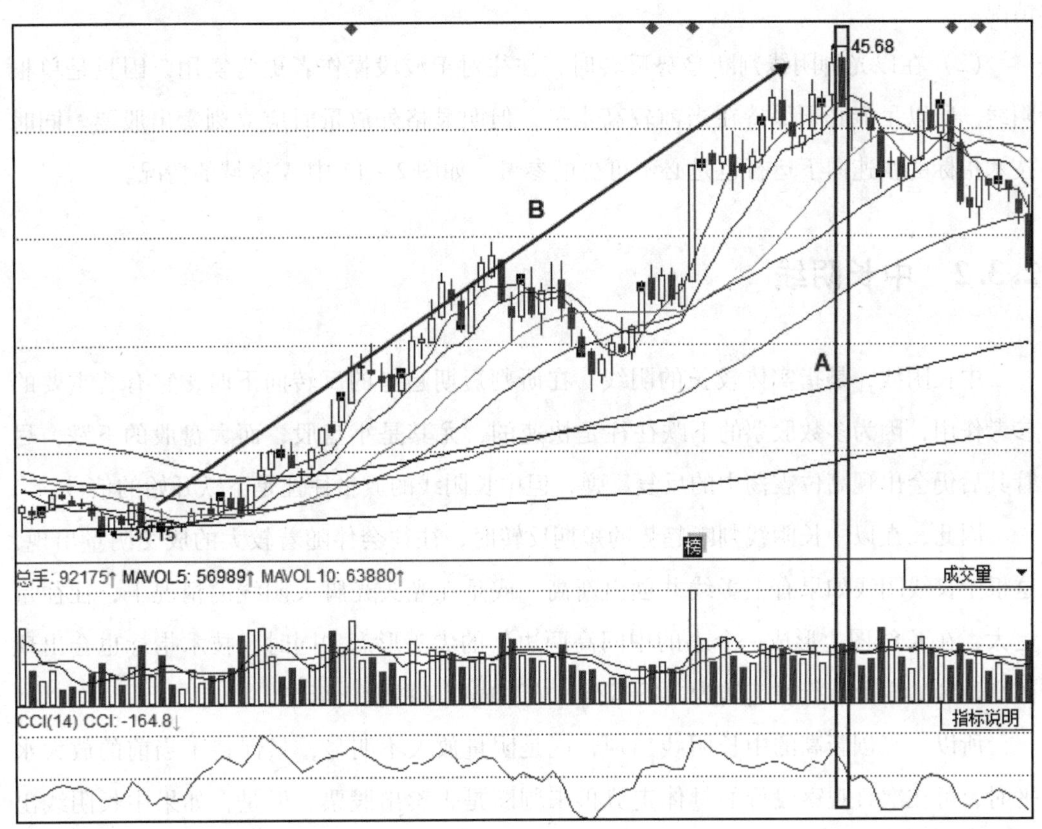


图 2－17　信立泰的日线图

图 2－17 是信立泰（002294）的日线图，在经过 B 段较长时间的上涨后，股价涨幅已经超过 50%，在进入 A 区域后，突然出现一根上方极短上影线、下方无下影线的光脚阴线，成交量虽未明显放大但依然保持着当前量能的较高水平。再观察技术指标，

发现 CCI 呈明显大于水平 60 度的大角度向下运行，表明趋势已经反转为向下，形成明显的卖出信号。即使不是主要趋势的反转，也是短期快速下跌的到来，因此，波段投资者可适当卖出部分股票，待其后股价继续下跌时立即清仓出局，或是直接在光脚阴线出现时，全部卖出股票。

实战要点

（1）光脚阴线形成时，如果上影线较短，通常不会创出新高，但要以单根阴线判断大趋势反转时，必须满足前期涨幅较大，成交量保持在高水平的状态下出现，同时量能呈阴量状态，技术指标也出现快速回落，方可确认为卖出信号，如图 2－17 中的情况。

（2）在以光脚阴线判断趋势反转时，往往对于波段操作者更为实用，因只是单根阴线，所以量能必须保持在当前较高水平，但明显格外放量时应立刻卖出股票。同时技术指标的快速向下运行也是必不可少的参考，如图 2－17 中 A 区域的情况。

## 2.3.2 中长阴线

中长阴线，是指实体较长的阴线。在研判短期趋势的反转向下时，它有着重要的参考作用，因为多数股票的下跌往往是快速的，尤其是小盘股，而大盘股的下跌，尽管其后仍会出现高位震荡中的反复反弹，但中长阴线的放量往往是下跌开始的信号。

因此，在以中长阴线判断趋势的短期反转时，往往会伴随着较大的成交阴量出现，这根中长线阴线如果有上影线并创出新高，或是在光头光脚大阴线的情况下，往往量更大，在 K 线图上形成一个小的中间高两边低的尖头形态。同时，技术指标也会出现由高位区的向上运行快速转为向下运行，或形成死叉的卖出形态。

所以，当创新高的中长阴线出现，或是阴量放大不明显，只保持了当前的放大水平时，可在次日观察股价的具体走势再来判断是否卖出股票。但是，如果中长阴线出现时伴随着格外放大的阴量，就应果断卖出股票。

案例解读

图 2－18 是西部建设（002302）的日线图，在经过 B 段短期的快速上涨后，进入 A 区域时，出现一根上影线较短的创新高的中长阴线，成交量为阴量。虽然成交量较

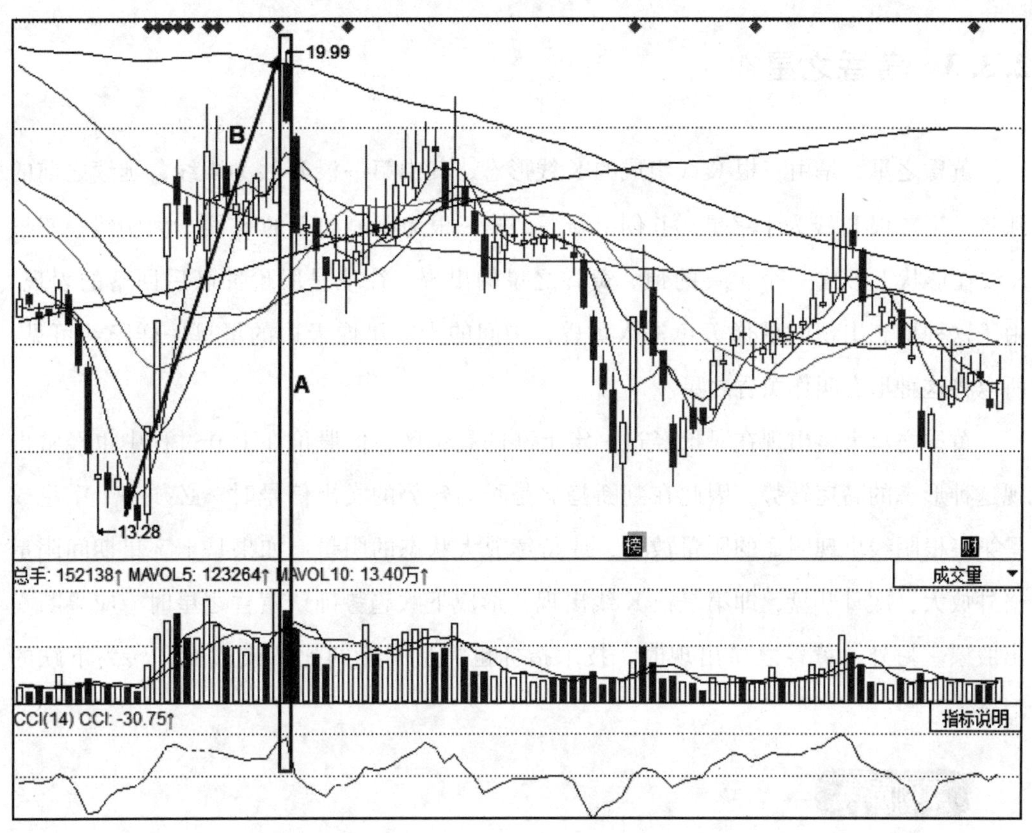


图 2-18　西部建设的日线图

上一个交易日有所降低，但依然为近期放大水平下的大量，且前面短期涨幅达到 50%，CCI 指标明显出现冲高后快速转为向下运行，表明短期趋势已转为向下，形成明显的卖出信号，应果断卖出股票。即使投资者当日未卖出股票，也应在次日股价趋势低开低走时，果断清仓出局。

## 实战要点

（1）中长阴线属于单根 K 线，在短期趋势快速上涨后经常出现，因此是判断短期趋势转弱的卖出股票信号，如图 2-18 中的情况。

（2）在利用中长阴线判断卖出信号时，应结合成交量来作判断，成交量必须为放大状态下的阴量，或格外放大的阴量。往往格外放大的阴量为股票快速反转向下的征兆，是果断卖出股票的重要参考依据。同时，若技术指标也呈明显向下的状态，转势的信号则更明确，如图 2-18 中 A 区域的情况。

### 2.3.3 黄昏之星

黄昏之星，是由三根K线组成的K线形态，其中第一根K线为阳线，延续之前的涨势，第二根K线为十字星，并创出新高，第三根为明显向下的K线，为阴线。三根K线在形状上形成一个尖尖的顶。黄昏之星的出现，往往是股价冲高后回落的表现。由于这种形态出现时就像天色进入黄昏，中间的十字星像天边的星星一样隐约可见，所以将这种形态叫作黄昏之星。

黄昏之星大多出现在股价经过一定上涨的高位区，但股价在上升过程中也经常出现这种形态的高速转势。因此在判断趋势是否为转势的卖出信号时，必须是十字星或是第三根阴线出现明显的阴量放大，或持续放大状态的阴量。如果是十字星期间阴量格外放大，次日开盘，即第三根K线出现并形成下跌趋势确认黄昏之星时，应果断卖出股票。另外，黄昏之星出现时，技术指标也需呈明显的死叉或由上升转为下跌的形态。

案例解读

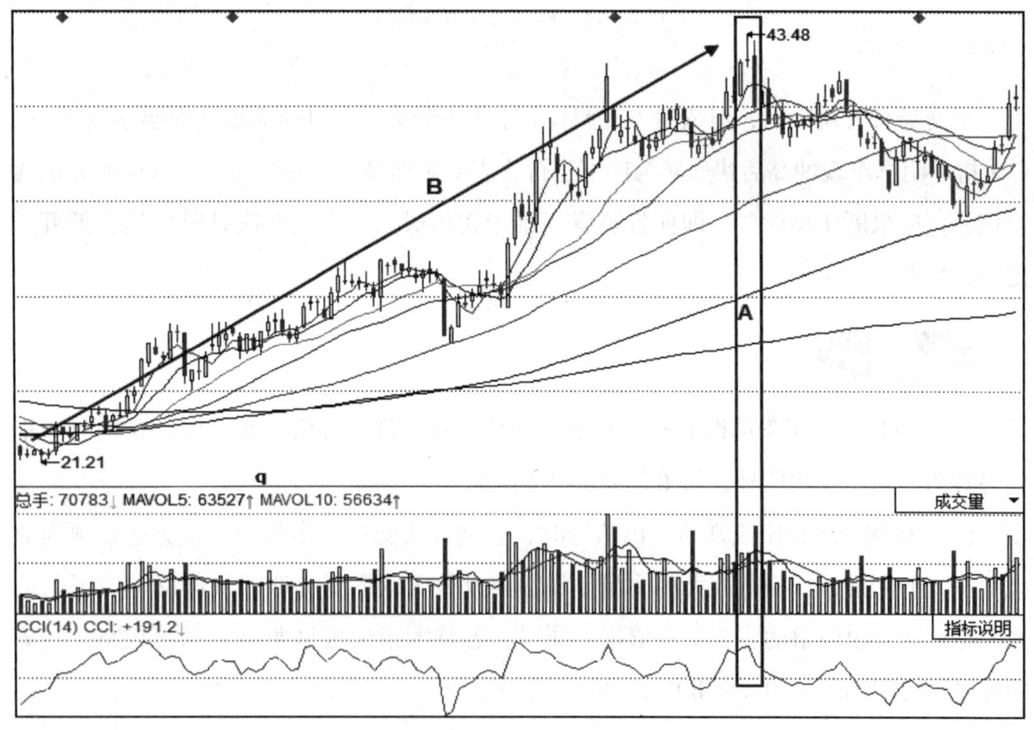


图2-19 永安药业的日线图

图 2－19 是永安药业（002365）的日线图，在经过 B 段长期的上涨，累积涨幅已达到 100%，进入 A 区域后，先出现一根上涨的阳线，接着出现一根创新高的十字星，第三日出现一根下降阴线，形成黄昏之星形态。在确认是否为卖出股票的信号时，需再观察技术指标的情况，CCI 呈明显冲高后大角度快速下行的趋势。成交量方面，十字星期间保持当前放大水平下的阴量，第三根阴线出现时阴量出现持续格外的放大，因此可确认趋势出现反转向下，应果断卖出股票。

实战要点

（1）如果是在股价经历一定涨幅后，尤其是在大幅上涨后出现的黄昏之星，那更是卖出股票的信号，如图 2－19 中的情况。

（2）在确认黄昏之星为趋势反转的卖出信号时，成交量在十字星或下降阴线期间，往往呈格外放大或持续放大的阴量，技术指标也呈明显向下运行的情况，如图 2－19 中 A 区域的情况。

（3）在确认黄昏之星时，允许中间的十字星为红色，但两边的 K 线必须左边为阳线，右边为阴线。如果十字星右侧的阴线呈明显的向下坠的形态，那更是确认转跌的信号。如果阳线与阴线中间的 K 线不是十字星，而是上影线较长的上吊线或 K 线，虽然这种形态不能看作是黄昏之星，但同样是一种下跌转势的卖出股票的信号。

## 2.3.4　高位星孕线

星孕线，又叫十字星孕线，是由两根 K 线组合而成，其中左边的 K 线为实体的阳线或阴线，右边的 K 线为一根十字星，或是实体较短的有一定上影线或下影线的 K 线，右边 K 线的高低点不能超过前一根 K 线的高低点。由于这种形态出现时，像是一个妇女怀抱着自己的孩子，所以被称为星孕线。高位星孕线，就是出现在较大涨幅后的股价高位区的星孕线。

高位星孕线的出现，往往意味着顶部的到来，所以是一种明显的卖出股票的信号。但是在确认时，投资者应当结合成交量与技术指标的情况来判断，而不能只根据星孕线的形态来确定。

成交量方面，如果是阳孕线，这根阳线通常会放出很大的阳量，但其后出现的十字星或实体较小的阴线，必须转为明显的放大状态的阴量，或格外放大的阴量。技术指标，也会形成高位死叉或快速向下的状态。这时就可以确认趋势即将反转了，有经验的投资者就应果断卖出股票。但由于是两根 K 线，如果发现股价涨幅并不大，也可以在高位星孕线出现时先行卖出一部分股票，待第三天发现 K 线继续放阴量下跌时再果断清仓。如果后面股价继续超过第一根阳线，再买回股票。这样做的目的，是防止判断上的失误，尤其是在股价涨幅不高的情况下，或是震荡行情中的震荡向上运行的过程中。

案例解读

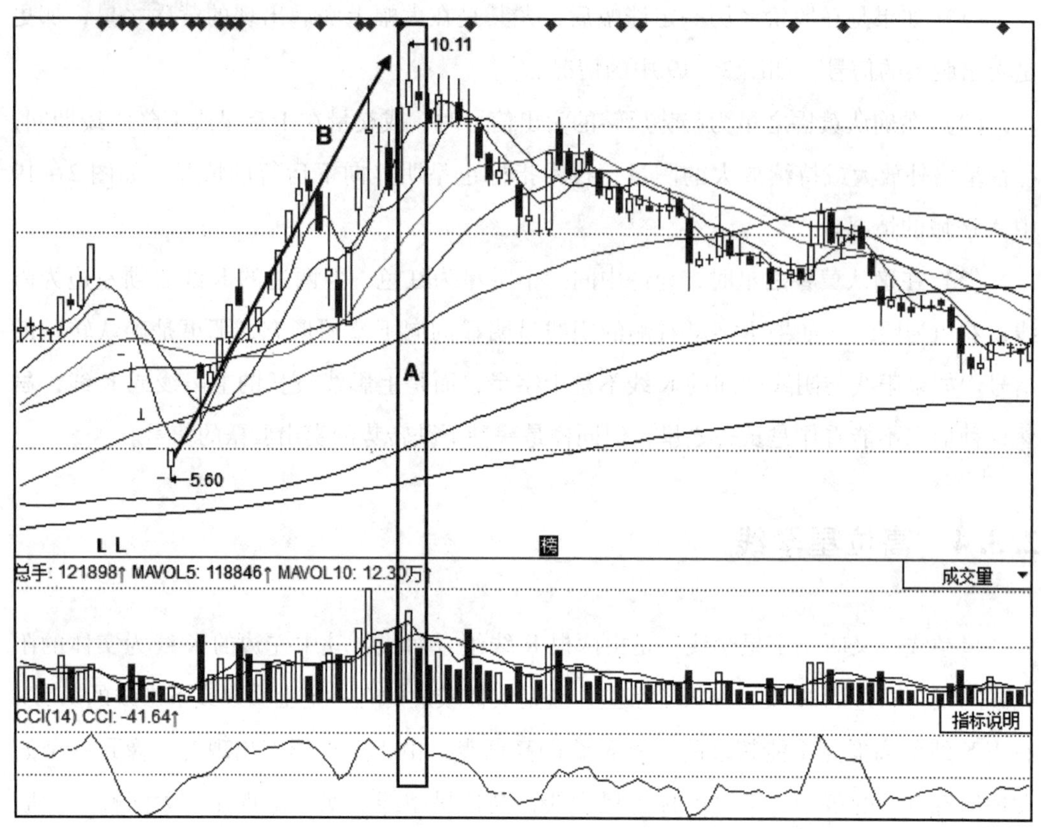


图 2－20　宏创控股的日线图

图 2－20 是宏创控股（002379）的日线图，在经过 B 段短期大幅上涨，股价在接近翻倍时进入 A 区域后，先出现一根放量阳线，持续之前的上涨趋势，其后出现一根实体较小的阴线，有上下影线，但高低点范围均在上一根阳线的高低点范围之内，形成阳孕阴的高位星孕线。成交量却在小阴线出现时形成明显于当前放大状态下的阴量，

CCI 指标呈明显的向下运行的状态，形成趋势即将反转向下的卖出股票的信号，此时投资者应果断卖出股票。

**实战要点**

（1）高位星孕线出现时，往往是在明显的短期快速上涨或是长期上涨过程中，如图 2－20 中的情况。

（2）高位星孕线形成期间，必须先出现一根阳线或阴线，通常上涨过程中是以阳线出现的，其后出现的 K 线的高低点范围必须在前一根 K 线的高位低范围之内，如图 2－20 中 A 区域的情况。

（3）高位星孕线出现时，成交量必须转为放大状态的阴量，或格外放大的阴量，技术指标呈向下运行的状态，方为卖出股票的转势向下的信号。

## 2.3.5　倾盆大雨

倾盆大雨，是指股价在经过短期较大涨幅或是长期上涨趋势后，当进入高位区时，出现两根 K 线，其中一根为中长阳线，延续之前的上涨趋势，其后却出现一根低开低收的中长阴线，其最高点必须低于上一根阳线实体的高点，形成一阳一阴两根向下趋势的 K 线组合。由于这种形态像天空中由高处向下落雨，所以被称为倾盆大雨。

倾盆大雨是一种股价快速由涨转跌的形态，但要确认是否形成趋势反转向下的卖出股票信号时，应结合成交量和技术指标的变化来判定。通常在倾盆大雨形态中，阳线出现时为较高水平的阳量，而阴线出现时快速转为同样放大水平下的阴量，或格外放大的阴量。技术指标呈高位死叉或是向下运行的形态。

一旦技术指标和成交量均出现助跌情况，倾盆大雨就意味着趋势出现快速反转向下，应果断卖出股票。

**案例解读**

图 2－21 是阳普医疗（300030）的日线图，该股在经过 B 段持续上涨后，进入 A 区域，先出现一根红色放量 K 线，延续之前的上涨，但次日却出现了一根低开低走的阴线，阴线实体在阳线实体下方，说明阴线收盘在阳线开盘之下，形成一根创新高的阳线和下降阴线，形态上形成倾盆大雨。观察成交量与技术指标发现，成交量在保持

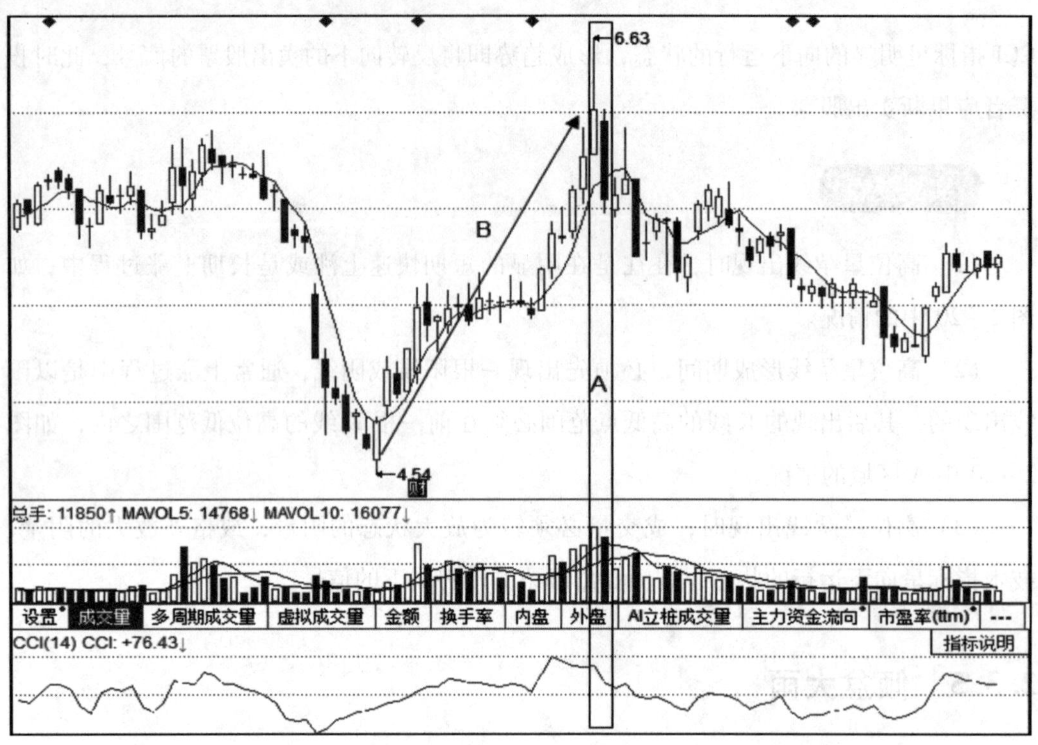


图 2－21　阳普医疗的日线图

当前较高水平下转为了阴量，CCI 指标出现了快速下跌。因此，该股出现上涨趋势反转向下的卖出信号，投资者此时应果断卖出股票。

**实战要点**

（1）倾盆大雨出现时，往往是上涨趋势的末端，或是反弹行情的尾声，即起码短期趋势是向上的，如图 2－21 中 B 区域的情况。

（2）在倾盆大雨形态中，前一根 K 线为阳线，后一根 K 线为低开低走低收的阴线。但判断为趋势反转的卖出信号时，成交量也应保持当前状态下的较大阴量，或格外放大的阴量。技术指标出现高位死叉或转为向下运行的形态时，方可确认趋势出现了反转，如图 2－21 中 A 区域的情况。

## 2.3.6　黑三兵

黑三兵是正好与红三兵相反的一种形态，是在上涨趋势中，当股价运行到高位区时，突然出现三根持续向下运行的阴线，阴线实体大小相当，且呈逐级向下运行的趋势，往往后一根 K 线的实体部分要低前一根 K 线的实体下沿，呈断层式向下的状态。由于黑三兵是由三根绿色的阴线组成，像是三只黑色的乌鸦站立在高枝上，所以又叫作三只乌鸦形态。

在确认黑三兵为卖出股票的信号时，成交量必须出现持续当前放大状态下的阴量，若三根 K 线中出现格外的阴量放大，则是快速转跌的征兆，应果断卖出股票。如果阴量放大不明显，那么须出现技术指标呈高位死叉或向下运行的形态，方可确认趋势已反转向下，此时应果断卖出股票。

如果黑三兵是出现在下跌途中，那么是加速下跌的征兆，此时也应果断卖出股票。

案例解读

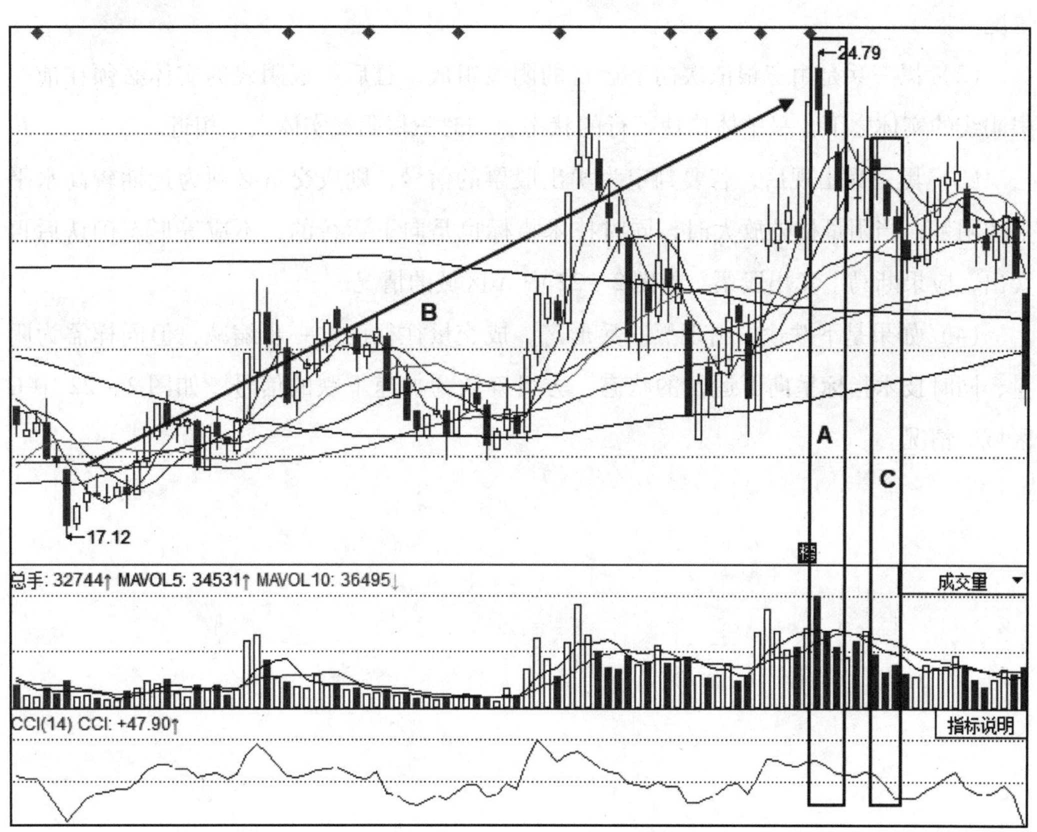


图 2－22　台基股份的日线图

图 2 - 22 是台基股份（300046）的日线图，在经历了 B 段持续震荡上涨，进入 A 区域后，该股先是出现一根创新高的阴线，接着又相继出现两根向下运行的阴线，三根阴线实体大小相近，且后一根阴线实体均在前一根阴线实体之下，形成黑三兵形态。同时，成交量虽然出现持续缩减的阴量，但均为当前较高水平下的阴量，尤其是第一根阴线时阴量为近期最高量。CCI 指标呈明显向下运行的形态。因此，可确认这一黑三兵形态为趋势快速反转向下时的卖出信号，应果断卖出股票。

其后在震荡下跌途中的 C 区域，再次出现黑三兵形态，成交量为阴量、CCI 依然下行，因此是股票持续加速下跌的表现，同样是一种卖出股票的信号。

### 实战要点

（1）黑三兵出现前，必然有过一段明显的上涨趋势，如图 2 - 22 中 B 段走势的情况。

（2）黑三兵是由三根依次向下运行的阴线组成，且后一根阴线的实体必须在前一根阴线的实体之下，呈整体快速下行的状态，同时三根阴线实体大小相近。

（3）黑三兵出现后，若要判定为卖出股票的信号，则成交量必须为近期较高水平下的阴量；当阴量格外放大时，同时技术指标也是向下运行的，不应等形态确认后再卖出，应果断马上卖出股票，如图 2 - 22 中 A 区域的情况。

（4）如果是下跌途中出现黑三兵形态，成交量往往已进一步缩减，但同样需为阴量，同时技术指标呈向下运行的状态，方可确认为加速下跌的信号，如图 2 - 22 中 C 区域的情况。

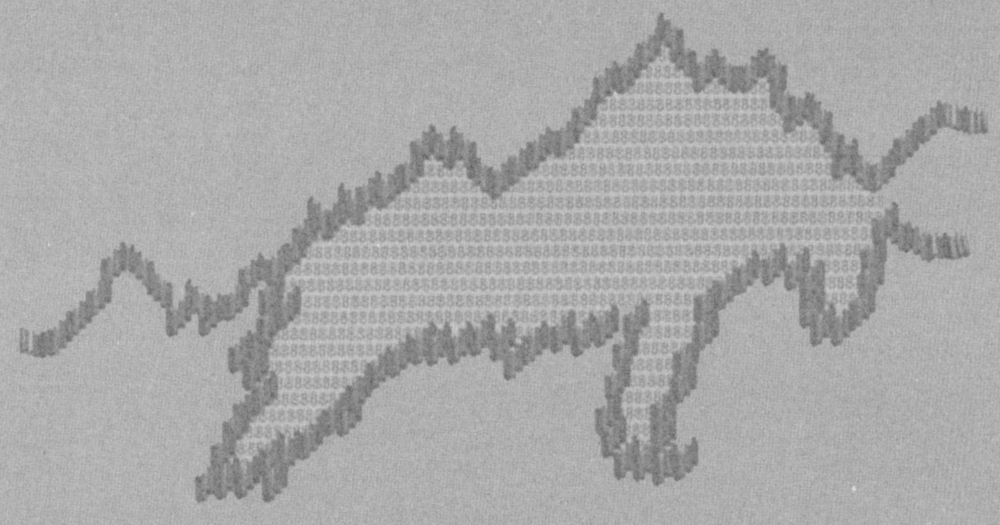

# / 第 3 章 /

# 均线：捕捉股价平均成本变化的买卖信号

均线反映的是股价高点或低点移动平均数值，因此代表的是股价平均值移动的结果，所以相对 K 线而言，均线反映的股价趋势变化更为准确。而某些特定的均线形态，往往也代表着一些趋势的向上反转或向下反转，以及反转的程度和时间，因而可以通过对均线形态的分析，寻找出买卖股票的信号。

# 3.1　均线形态

均线又叫移动平均线，是一定周期内收盘价平均值的反映，将这一数值连成曲线，就形成反映收盘价变化的图形。某些均线形态又直接反映着趋势的变化，是观察买卖信号时的重要参考依据。

## 3.1.1　均线金叉

均线金叉，是指短期均线在中长期均线之下运行时，出现向上与中期或长期均线的交叉，因这种均线交叉出现后，股价会出现上涨，所以又叫黄金交叉。其中的短期均线为5日均线、10日均线、20日均线和30日均线，中期均线为60日均线，长期均线为120日均线和250日均线。

当然，当中期均线与长期均线向上交叉时，同样是一种均线金叉行为，但因中期均线与长期均线金叉完成之前，短期均线早已与中期均线和长期均线形成金叉，所以这种中期均线与长期均线形成的金叉，通常参考意义不大，因已落后于行情。短期均线之间的向上交叉，因时间较短，如5日均线与10日均线或20日均线之间的向上金叉，震荡行情中经常出现，所以可信度并不高，但在短线操作中会起到参考作用。

均线金叉是一种看涨的依据均线买入股票的信号，但不能单独使用，同样要结合量价和其他指标的情况来判断。

**案例解读**

图3-1是天源迪科（300047）的日线图，在A区域，出现5日均线向上与10日

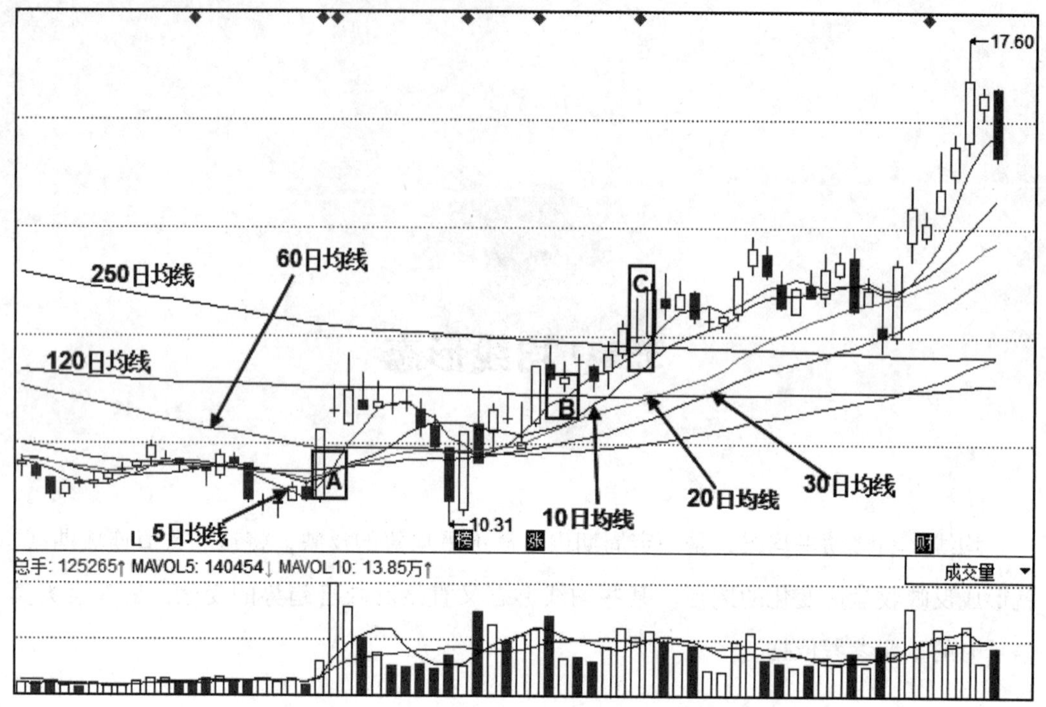


图 3－1　天源迪科的日线图

均线、20 日均线、30 日均线的交叉，均为短期均线形成的金叉，所以后市仅仅出现了短时的上涨，即回归震荡。但在 B 区域出现 5 日均线向上与 120 日均线的交叉，形成金叉，后市出现持续上涨，在 C 区域又出现 5 日均线与 250 日均线的交叉，形成金叉，后市依然出现持续上涨。

实战要点

（1）在均线金叉中，短期均线与中期均线或长期均线的向上交叉，这种金叉往往是市场转强的征兆，如图 3－1 中 B 区域与 C 区域的情况。

（2）如果出现短期均线与短期均线的向上交叉，即 5 日均线与 10 日均线、20 日均线、30 日均线的交叉，同样是一种金叉，但后市往往只是短期的上涨，持续性不强，如图 3－1 中 A 区域的情况。

## 3.1.2　均线死叉

均线死叉，是指短期均线与中期或长期均线的向下死叉。在均线死叉出现前，短期均线应位于中长期均线之上。由于这种均线死叉出现后，行情往往转为下跌，所以又叫作死亡交叉。

当然，短期均线之间的向下交叉，或是长期均线的向下交叉，同样是一种死叉。但短期均线之间的死叉，代表的时间周期往往较短，因此只可作为研判短线股价变化的根据。长期均线之间出现的死叉，以及中期均线与长期均线的死叉，又由于时间周期较长，此时往往短期均线已出现与中期或长期均线的死叉，所以参考意义也不大。

只有震荡行情，即均线缠绕状态下出现的死叉，才不具有实战意义，其他均线死叉的出现，均代表着主要趋势或次要趋势或者是短暂趋势的反转向下，因此，均线死叉往往是卖出股票的信号。

案例解读

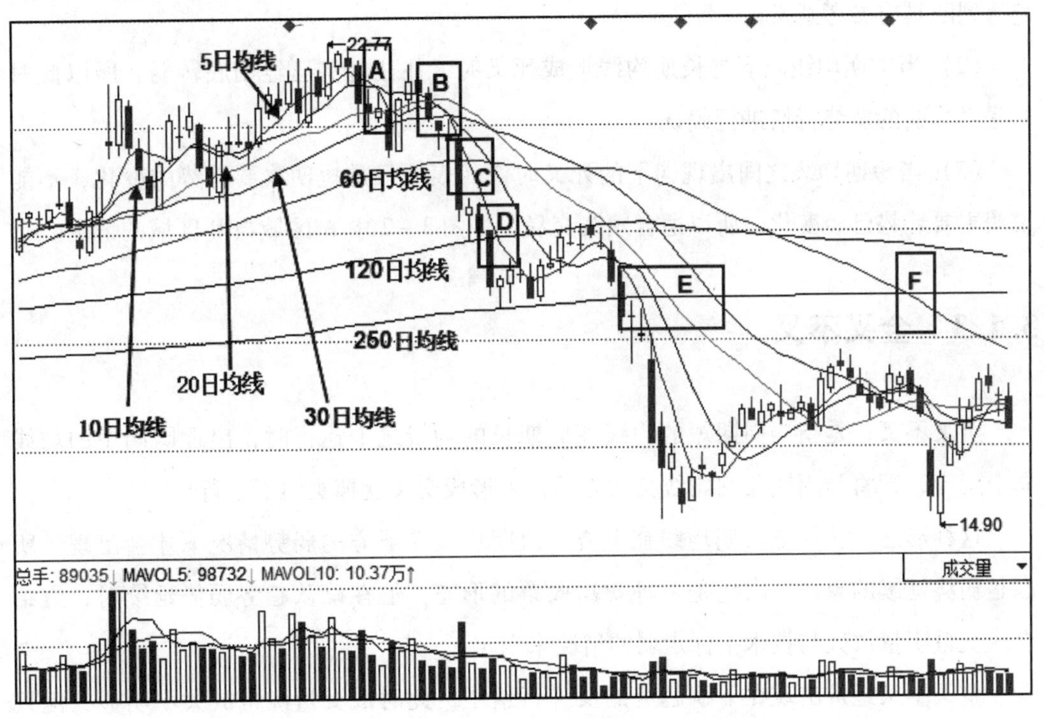


图 3-2　万邦达的日线图

图 3-2 是万邦达（300055）的日线图，在上涨趋势中，进入 A 区域后，出现 5 日均线向下与 10 日均线的交叉，形成均线死叉；在 B 区域同样出现 5 日均线、10 日均线向下和 20 日均线的交叉，形成死叉。但这两条均线死叉均为短期均线之间的向下交

叉，影响的只是短期趋势的向下变化。在C区域出现5日均线、10日均线相继向下和60日均线的交叉，形成均线死叉；在D区域又形成5日均线向下与120日均线的交叉，形成均线死叉。但这两条均线死叉，由于是短期均线与中期均线、长期均线的死叉，所以表明中长期趋势已经转弱。其后在E区域形成短期均线向下与250日长期均线的死叉，表明趋势已彻底转弱。在其后的F区域，60日均线向下与250日均线形成死叉，属于中期均线与长期均线向下形成的死叉，表明趋势已经在弱势当中，所以操作的实际意义不大。

**实战要点**

（1）当短期均线向下与中期均线或长期均线形成死叉时，往往表明波段趋势已经转弱，是卖出股票的信号，如图3-2中C区域、D区域、E区域的情况，实战中对大趋势判断具有参考意义。

（2）当中期均线向下与长期均线形成死叉时，往往趋势已经彻底转弱，所以此时只是对当前的弱势行情进行确认。

（3）当短期均线之间出现向下的死叉时，代表的只是短期次要趋势的变化，不能说明主要趋势已经变化，所以适合短线交易，如图3-2中A区域与B区域的情况。

### 3.1.3 金叉不叉

金叉不叉，是指当周期短的均线在周期长的均线之下运行时，出现周期短的均线向上运行，即将与周期长的均线交叉之际，未形成交叉就掉头向下运行。

这种形态，往往是长期均线在上方、短期均线在下方的弱势情况下才会出现，所以是弱势延续的象征，因此是一种卖出股票的形态。但在确认趋势弱势延续时，应结合成交量阴量放大与技术指标走弱的情况来断定。

金叉不叉经常出现在下跌趋势的反弹行情中，此时成交量经常放大不明显，但只要呈阴量即可，技术指标会形成向下运行的状态，因此是一种弱势反弹结束时的均线信号。

**案例解读**

图3-3是南都电源（300068）的日线图，在下跌趋势中，经过B段反弹行情进入

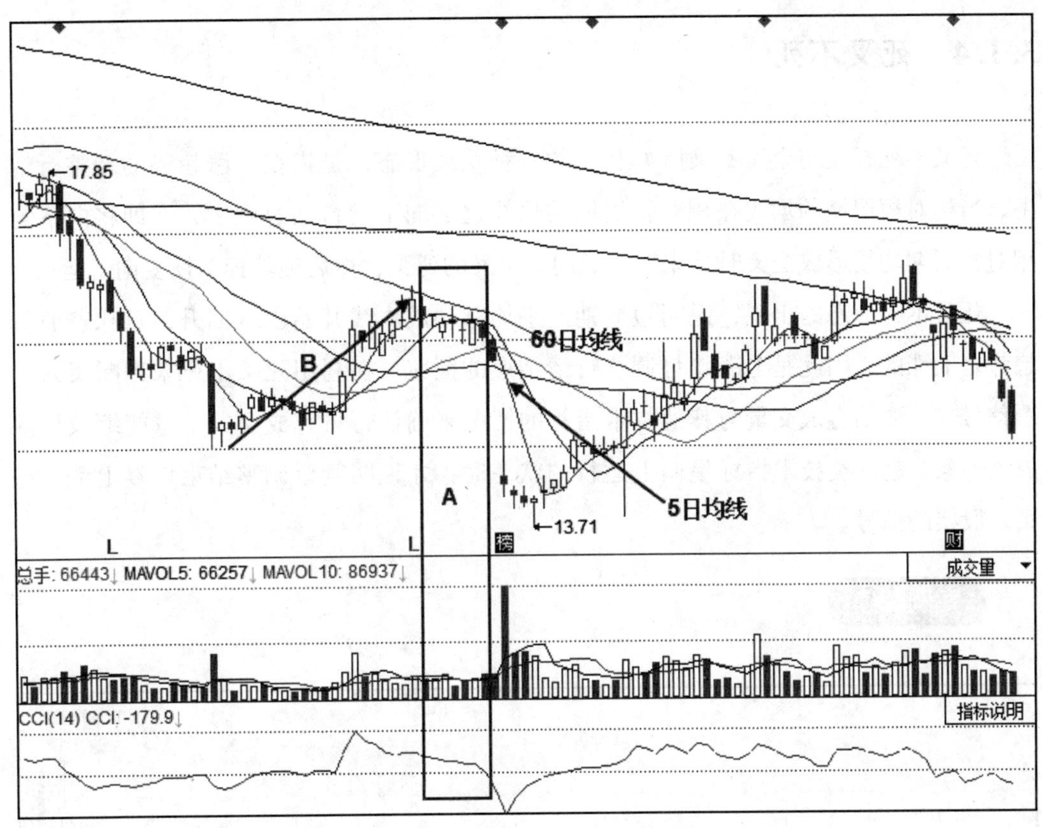


图 3-3　南都电源的日线图

A 区域后，5 日均线不再继续向上运行，在即将与上方的 60 日均线形成金叉时，经过小幅震荡后突然掉头向下运行，形成金叉不叉的形态。成交量为持续阴量状态下的小幅放大，CCI 指标明显呈震荡下行的状态，说明趋势弱势延续，反弹已经结束，应果断卖出股票。

**实战要点**

（1）金叉不叉形态通常是在弱势下跌的反弹行情中出现，如图 3-3 中的情况。

（2）在判断金叉不叉形态时，大多数情况下是以 5 日均线为标准，判断 5 日均线向上与中期均线或长期均线形成的金叉不叉，如图 3-3 中 A 区域的情况，但在判断是否趋势弱势延续时，应结合成交量与其他趋向类指标的情况来研判。

## 3.1.4 死叉不死

死叉不死，是与金叉不叉刚好相反的一种均线形态，是指在上涨趋势的调整行情中，当相对短周期的均线在相对长周期的均线之上向下运行的过程中，在即将向下与相对长周期均线形成交叉时，未能形成向下交叉的死叉，然后突然掉头恢复向上运行。

死叉不死形态的出现，说明短周期的平均移动成本线开始出现回升，意味着股价趋势是上涨的，因此是上涨趋势调整行情结束的征兆。在利用死叉不死来判断买入股票信号时，要结合成交量与其他技术指标的情况来确认，只有成交量呈量能缩减后的放大迹象，趋向类技术指标呈向上运行的状态时，才说明股票调整结束恢复上涨，是买入股票的信号。

案例解读

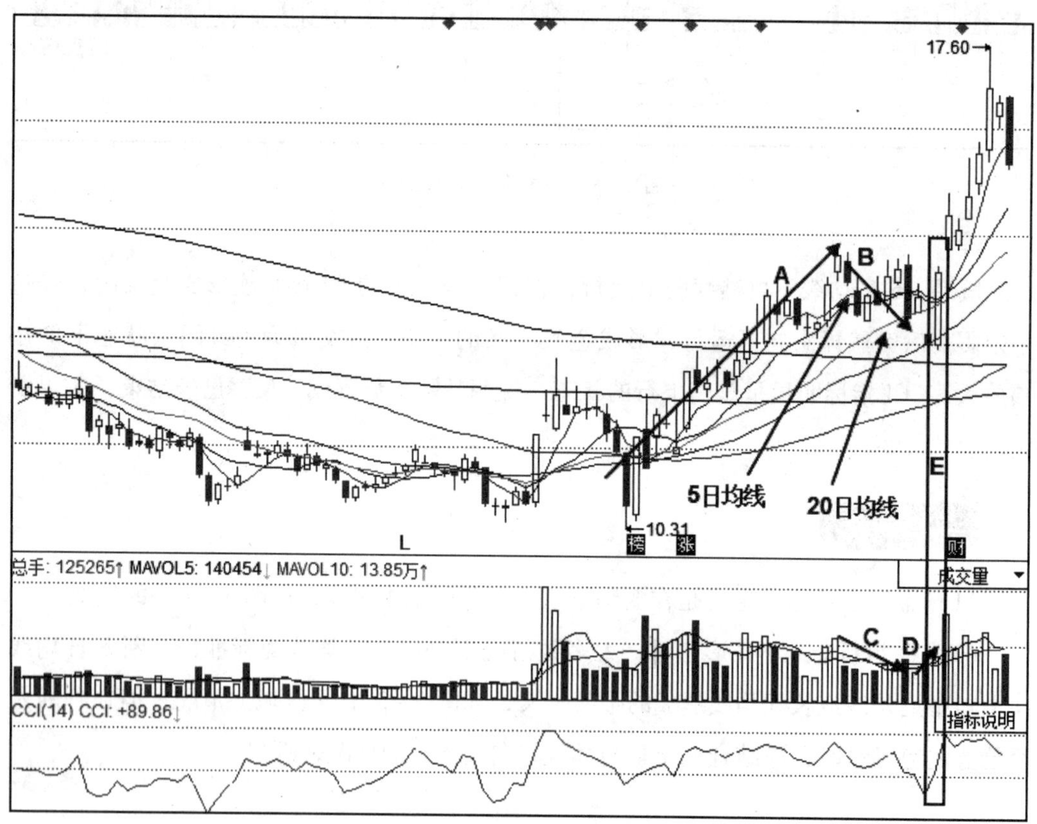


图 3－4　天源迪科的日线图

图 3 –4 是天源迪科（300047）的日线图，在 A 段上涨趋势中，均线系统形成明显的短期均线在中长期均线之上运行的多头排列，随后 B 段走势出现调整。但进入 E 区域后，当 5 日均线向下运行过程中，即将接近 20 日均线形成死叉时，未出现向下交叉即掉头转为继续向上运行，同时 CCI 指标呈快速向上运行的状态，成交量为放大状态的阳量，这一点可以从 B 段调整行情对应的 C 段量能的逐渐缩减和 D 段的增量行为中可以判断出增量的情况。因此，此时可确认调整行情已经结束，形成趋势恢复上涨的买入股票的信号。

**实战要点**

（1）死叉不死形态出现前，应确认为是发生在短期均线在中长期均线之上且向上运行的均线多头排列下，出现的相对短期的均线的向下调整，如图 3 –4 中 A 区域与 B 区域的情况。如果主要趋势为震荡行情，那么死叉不死只是一种均线缠绕的形态，即均线小幅震荡的结果。

（2）死叉不死形态出现时，越是短期均线之间出现的死叉不死形态，越是表明调整的幅度较小，如图 3 –4 中 E 区域发生的死叉不死形态是 5 日均线与 20 日均线的死叉不死形态，但确认为调整结束时的买入信号，仍应结合成交量近期的变化情况及趋向类指标的运行方向加以确认，如图 3 –4 中 C 区域与 D 区域及 E 区域的情况。

## 3.2　均线买入形态

均线形态，以及 5 日均线与股价的位置，决定股价乖离后的趋势变化。利用均线判断买入信号时，必须牢记某些特殊的均线买入形态，再配合其他指标的情况，来准确捕捉买入信号。

### 3.2.1 股价向下远离 5 日均线

股价向下远离 5 日均线，是指当趋势在下跌状态下，股价沿 5 日均线向下运行的过程中，突然出现 K 线向下远离 5 日均线的情况。

这种形态的出现，说明股价短期出现快速与 5 日移动平均线的向下乖离，即股价大幅低于移动平均的成本，因此是一种向下运行的过渡行为。这意味着其后的短暂趋势会恢复正常运行，出现向上的回暖，即股价回到 5 日均线附近运行。

因此，一旦股价出现向下远离 5 日均线的情况，尤其是相距较远时，即是短线回暖前的信号，在买入股票时就应结合短期量能的变化，出现阳量状态的股价回升时，抓住时机博取短线价差。由于是短期回暖，所以应结合更短周期的 K 线图变化短线操作，但必须确保趋向类指标的同步向上。

案例解读

图 3-5　中青宝的日线图

图3－5是中青宝（300052）的日线图，在弱势震荡行情中，当进入A区域时，在短线下跌过程中，先出现一根阴线，远远收低向下远离5日均线，而次日继续低开，此时即可观察短周期的K线图进行判断。

图3－6 中青宝2018年3月26日的1分钟图

图3－6是中青宝（300052）2018年3月26日的1分钟图，如图3－5中A区域中的后一根阳线的下影线底部，即图3－6中A区域的情况，可以看出，当日的图3－6中A区域，开盘股价在低开情况再次下跌，说明图3－5中日线上A区域继续出现K线向下远离5日均线，而当天1分钟图上在A区域同样出现K线向下远离5日均线的情况，形成股价向下远离5日均线后回升的短线买入信号，应控制好仓位短线参与。

**实战要点**

（1）股价向下远离5日均线是股价向下乖离5日均线后一种过渡下跌情况，因此在买入股票时，一定要从短线的角度进行操作，控制好仓位，结合更短周期的K线图观察变化，如图3－6中的情况。

（2）在通过股价向下远离5日均线判断买入股票时，一定要在长周期图上发现股价向下远离5日均线，从更短期图上发现指标与量价出现回升，来确认短期的买入信号，如图3－5与图3－6中的情况。

（3）如果是单边下跌趋势里出现股价向下远离5日均线的情况，应拒绝买入股票，因其后即使发生回升，时间也极短，且回升的幅度有限，所以买入股票后短线难以获利。

### 3.2.2　5日均线金叉10日均线

5日均线金叉10日均线是均线金叉的一种表现，即5日均线在10日均线之下运行时，出现了向上运行，并与上方的10日均线形成交叉的情况。

在均线金叉形态中，由于5日均线与10日均线发生的金叉属于短期均线之间的向上交叉，所以其后续的上涨时间往往并不长，尤其是在均线空头排列之下的弱势运行中，或是均线缠绕的弱势震荡趋势里，这种情况经常发生，不能作为买入股票的信号对待。

在上涨趋势中，若5日均线金叉10日均线发生时，成交量出现阳量放大，趋向类技术指标向上运行，则是短线调整结束的买入信号，可积极参与。

**案例解读**

图3－7是爱尔眼科（300015）的日线图，B段是明显的多头上涨趋势，C段出现调整行情，进入A区域后，出现5日均线向上与10日均线的交叉，形成5日均线金叉10日均线。同时成交量出现明显的阳量放大，MACD指标发生金叉后双线向上运行，因此可确认短期调整的趋势已经结束，是买入股票的信号，投资者应积极买入股票。

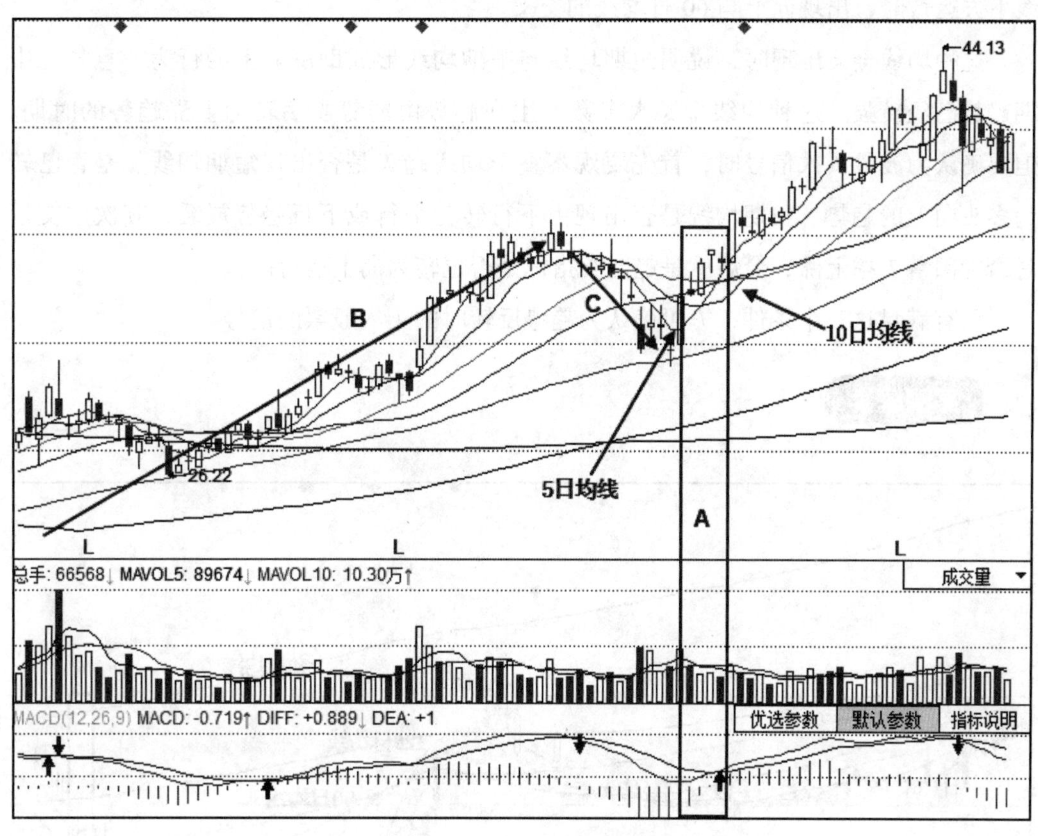


图3-7　爱尔眼科的日线图

实战要点

（1）5日均线金叉10日均线只有出现在明显的以上涨趋势为主要趋势下的次要趋势调整行情中，量能与趋向类指标均支持向上时，方可确认为买入股票的信号，如图3-7中的情况。

（2）如果是5日均线金叉10日均线出现在弱势下跌格局中，或是均线缠绕的震荡趋势里，往往是短期均线缠绕的震荡走高的表现。此时应谨慎，即使参与也应以短线为主，快进快出。

## 3.2.3　5日均线金叉60日均线

5日均线金叉60日均线，是均线金叉中的一种表现形式，是指5日均线在60日均线下方运行时，出现向上与60日均线的交叉。

这种均线金叉出现时，说明短期均线与中期均线形成助涨向上的行为，意味着中期趋势已经转强。这种均线金叉大多数发生在趋势由弱势震荡转为上涨趋势的时期。但要确认为波段买入信号时，首先要观察整个均线趋势是否出现短期均线、是否已转为多头向上的趋势、长期均线是否出现由下行转为平行或下行趋势放缓，其次成交量是否为阳量支撑上涨，最后就是趋向类指标是否也转为向上运行。

只有满足这三个条件，方可确认为趋势反转时的买入股票的信号。

## 案例解读

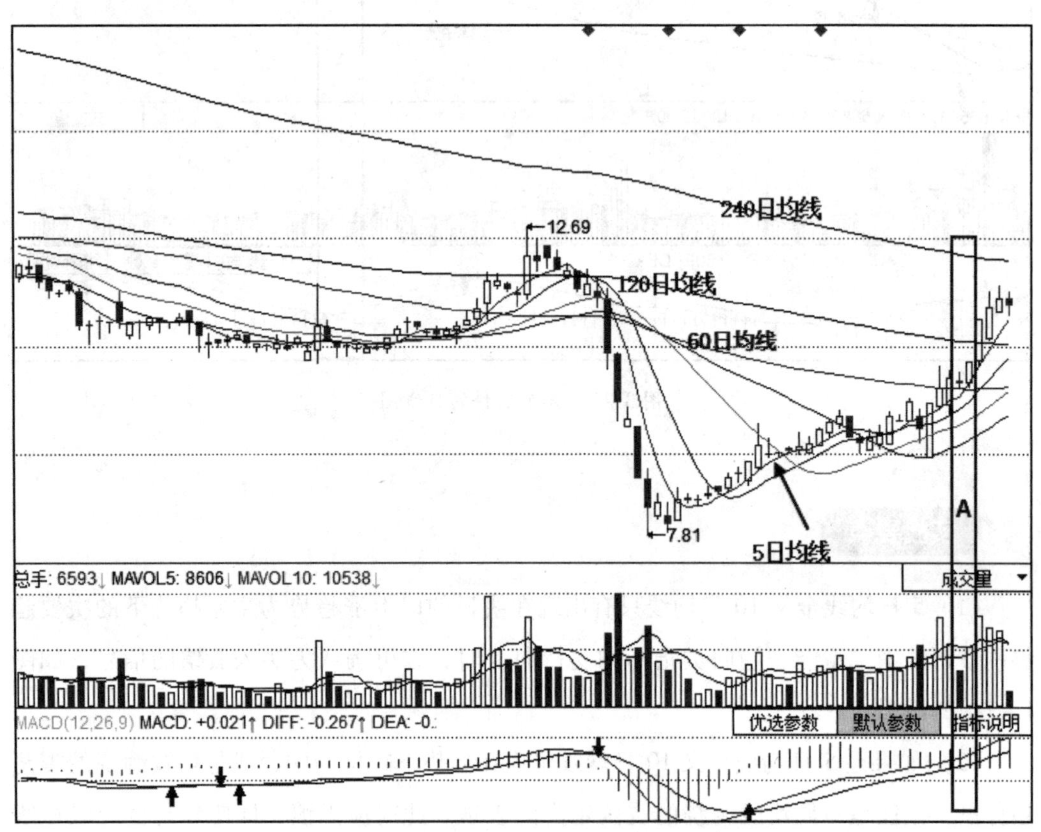


图3-8　宝德股份的日线图

图3-8是宝德股份（300023）的日线图，在弱势震荡反弹过程中，当进入A区域后，出现了5日均线向上与60日均线的交叉，形成5日均线金叉60日均线的情况，此时成交量出现明显的阳量放大，MACD双线呈向上运行，240日均线均已由下行转为下

行趋缓，120 日均线转为平行的状态，说明趋势已转为上涨趋势，应果断买入股票。

**实战要点**

（1）5 日均线金叉 60 日均线的情况，大多发生在弱势震荡趋势中，是弱势转强势初期的买入信号，如图 3 - 8 中的情况。

（2）如果想确认 5 日均线金叉 60 日均线为买入信号，应确认长期均线已出现下行趋缓或转为上行，成交量为阳量放大状态，趋向类技术指标呈向上运行的状态，如图 3 - 8中 A 区域的情况。否则，意味着后市仍会反复震荡。

## 3.2.4　5 日均线依次与各周期均线金叉

5 日均线依次与各击期均线金叉，是指当5 日均线在各周期均线下方呈弱势震荡的过程中，与各周期均线相互缠绕时，依次出现向上与 10 日均线、20 日均线、30 日均线、60 日均线、120 日均线、250 日均线的交叉。

这是一种5 日均线通过不断向上运行的方式，渐渐改变弱势格局的形态。一旦出现，就说明趋势已经发生根本的扭转，转为明显的上涨趋势，所以是一种买入股票的均线信号。因此在操作上，适用于较长波段的操作。

在具体操作中，应注意5 日均线向上与中期均线（60 日线）、长期均线（120 日均线和250 日均线）的金叉，一旦出现，则表明中长趋势已转为上涨，是强烈的趋势转强时的买入信号。

**案例解读**

图 3 - 9 是金禾实业（002597）的日线图，在下跌后的弱势震荡整理中，进入 A 区域后，5 日均线在各周期均线之下运行时，先在 B 区域出现与 10 日均线的金叉，其后在 C 区域又出现与 20 日均线的金叉，D 区域发生与 30 日均线和 120 日均线的金叉，E 区域出现与 60 日均线的金叉，F 区域形成与 250 日均线的金叉，至此形成 5 日均线与其他各周期均线的相继金叉。同时，成交量区域出现明显的持续放大阳量，MACD 双线由底部向上运行，突破 0 轴后继续上行，均线趋势也转为多头排列，说明主要趋势已转强，出现中长期波段操作买入股票的信号。至于买点，可在 M 区域 5 日均线回调后转为上行时买入股票。

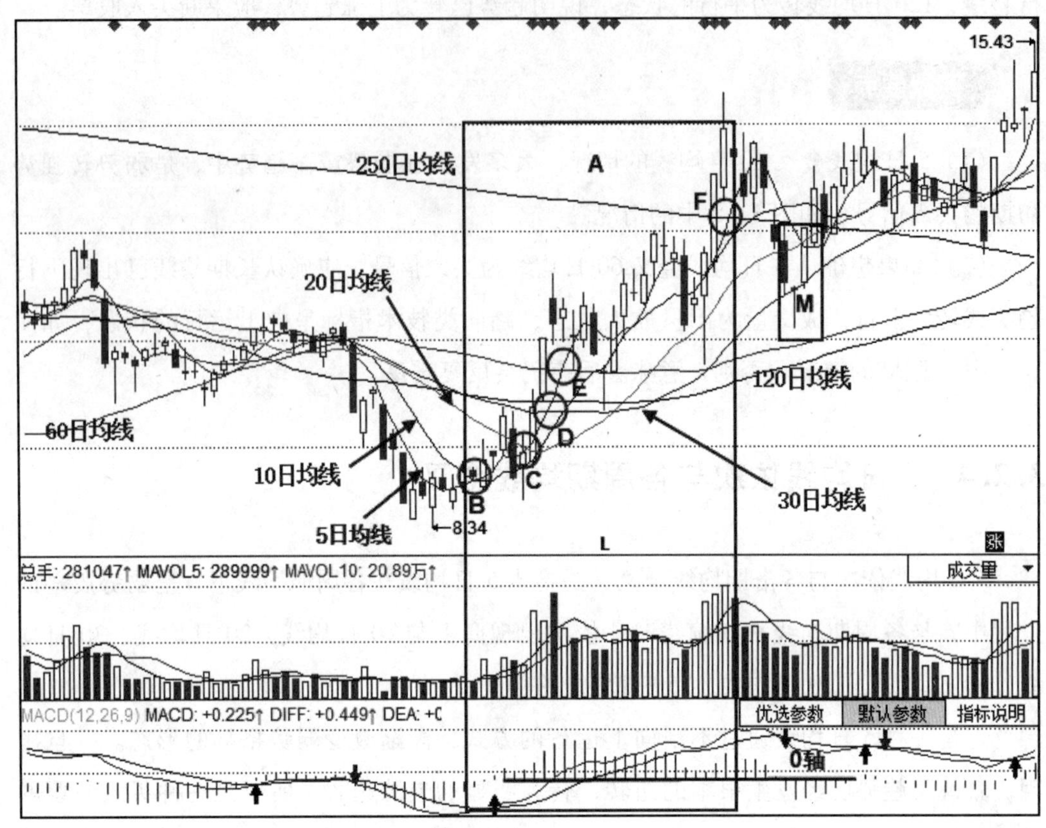


图3-9　金禾实业的日线图

此时为2016年3月14日与15日，即M区域5日均线转跌回升的时候，股价在12.50元至13.60元之间，若此时买入股票，其后可一直持有到60日均线转为下跌时。即图3-10中Y区域买入股票，历经了G区域的持股，一直到X区域时，持股时间为2016年3月15日至2018年3月20日，历时两年。以买入时的最高价13.60元，至X区域2018年3月20日的最低价25.81元计算，获利达100%左右，如图3-10所示。

## 实战要点

（1）5日均线依次与各周期均线金叉出现前，均线形态应表现为5日均线在其他各周期均线之下运行的空头趋势，如图3-9中B区域之前的情况。

（2）5日均线依次与各周期均线金叉出现时，是5日均线和其他各周期均线相继发生向上金叉，通常为先后与10日、20日、30日等短期均线依次出现金叉，之后再与中长期均线发生金叉。金叉时的顺序可能不是依次与60日均线、120日均线、250日

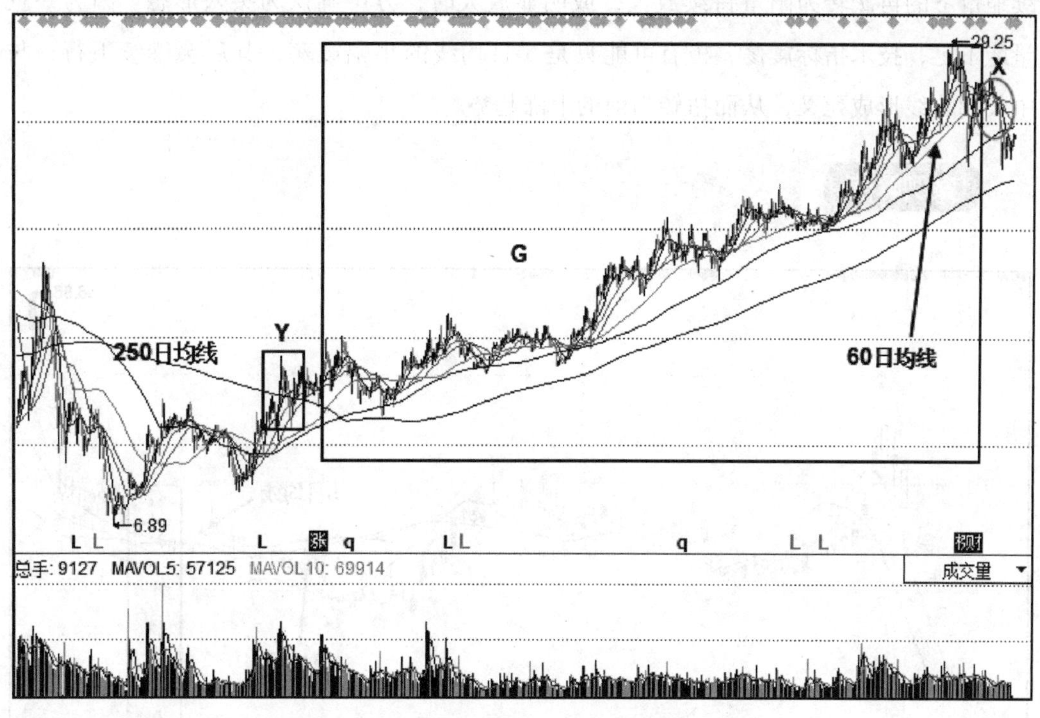


图 3－10　金禾实业的日线图

均线，只要出现 5 日均线与其他各周期均线都发生金叉即可，其间不能相隔过久，并且此时技术指标为上行趋势，成交量呈阳量放大，如图 3－9 中 A 区域的情况。

（3）5 日均线依次与各周期均线金叉出现后，为趋势转强的买入股票信号，买点的选择应在其后短期均线调整结束回升时，即图 3－9 中 M 区域的情况，并以中长线操作策略持股，其后获利往往较大，如图 3－10 中的情况。

### 3.2.5　短期均线与中长期均线死叉不叉

短期均线与中长期均线死叉不叉，是指当短期均线处于长期均线之上运行的多头趋势中，短期均线出现向下运行时，在即将与中期均线 60 日均线或长期均线 120 日均线、250 日均线形成向下死叉前，未形成交叉短期均线即转为继续向上运行。这表明上涨趋势已经结束调整，所以是买入股票的信号。

当短期均线与中长期均线死叉不叉出现，确定是否买入股票时，应持续观察技术指标和成交量的变化，即当技术指标必须呈向上运行，成交量应在前期调整时出现持续缩量下的再次转为阳量持续放大，或明显放大时，方可确认为买入形态。因为一旦量能不足，技术指标震荡，极有可能只是5日均线的小幅震荡，其后会继续下行，与中长期均线形成死叉，从而扭转当前的上涨趋势。

案例解读

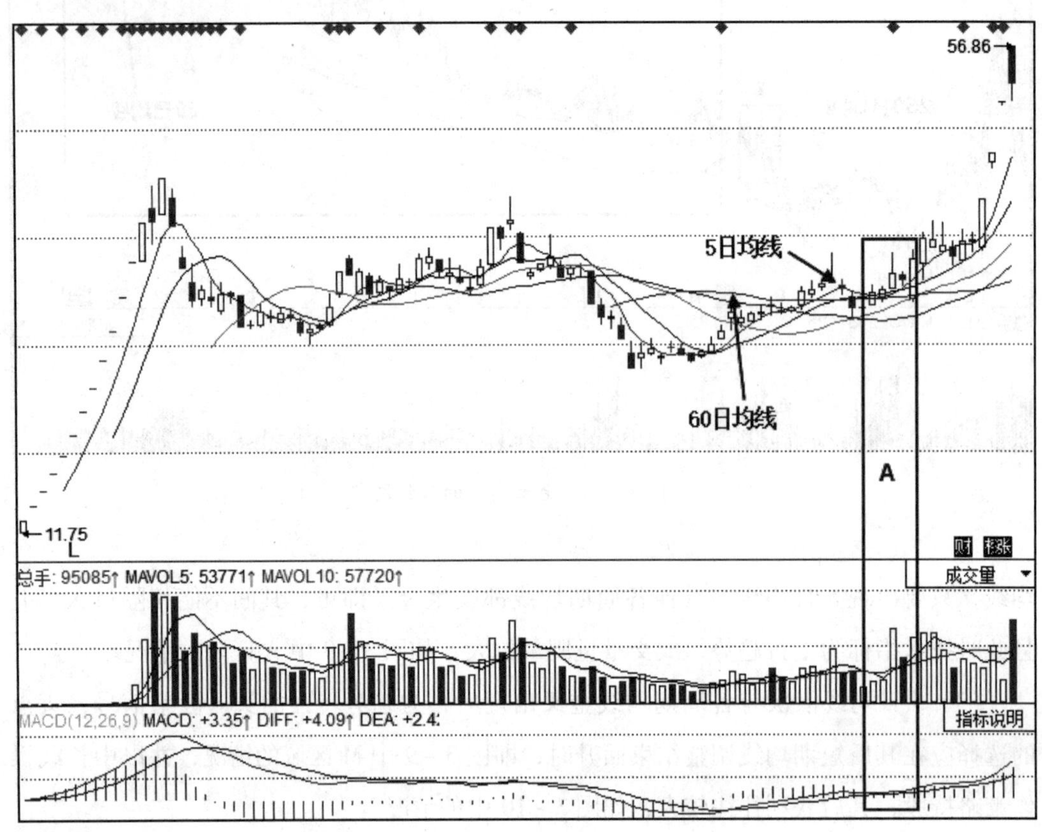


图3－11　新余国科的日线图

图3－11是新余国科（300722）的日线图，在明显的上涨震荡整理过程中，当5日均线出现向下调整，运行到A区域，在即将向下与中期均线60日均线出现死叉时，未形成交叉即转为继续向上运行，形成短期均线与中长期均线死叉不叉。此时观察MACD，呈双线震荡向上运行的形态，成交量也出现大幅缩量后的持续阳量放量和突然明显放大，表明调整已经结束，股价恢复上涨，是买入股票的信号，应及时买入股票。

**实战要点**

（1）当短期均线与中长期均线出现死叉不叉前，必须是上涨趋势中的短线调整行情，如图 3－11 中 A 区域之前的情况。

（2）当短期均线与中长期均线出现死叉不叉时，即 5 日均线与 60 日均线或 120 日均线、250 日均线出现的死叉不死，但在决定是否买入股票时应结合技术指标是否向上、成交量是否为缩量后的持续阳量并放大来确认，如图 3－11 中 A 区域的情况。

# 3.3　均线卖出形态

均线形态，或均线与股价的某些特殊形态，往往预示着趋势的向下变化，因此在捕捉卖出信号时，应牢记这些特殊的均线形态，以精准判断卖出信号。

## 3.3.1　5 日均线卖出形态

根据 5 日均线的变化信号来卖出股票，是投资者短线操作经常使用的一种方法。这就要先明白股价在上涨过程中，均是在 5 日均线之上沿 5 日均线展开上涨的。因此，当发现这种上涨方式出现变化时，即股价突然出现短暂的向下，K 线与 5 日均线之间的距离缩小后出现 K 线跌破 5 日均线或低点极为接近 5 日均线，就表明短线波动中的强势上涨态势遭到了破坏，形成短线操盘中的卖出信号。

在通过判断 K 线与 5 日均线的关系卖出股票时，把握的是一种短暂的波段变化，所以只适合在超级短线中应用，比如短线捕捉涨停牛股，或以个股短线启动突破时为买入信号，一旦发现股价跌破了 5 日均线，就应果断卖出股票。但在确定股价短期出现滞涨回落时，应结合成交量和短期趋向类指标的变化来研判：成交量必须转为放大状态的阴量，可观察 1 分钟图或分时图上的情况；趋向类指标可选择观察 KDJ 或 CCI，CCI 指标只观察趋势方向向下即可，KDJ 指标则观察其中的 J 线是否出现快速向下运行即可。

案例解读

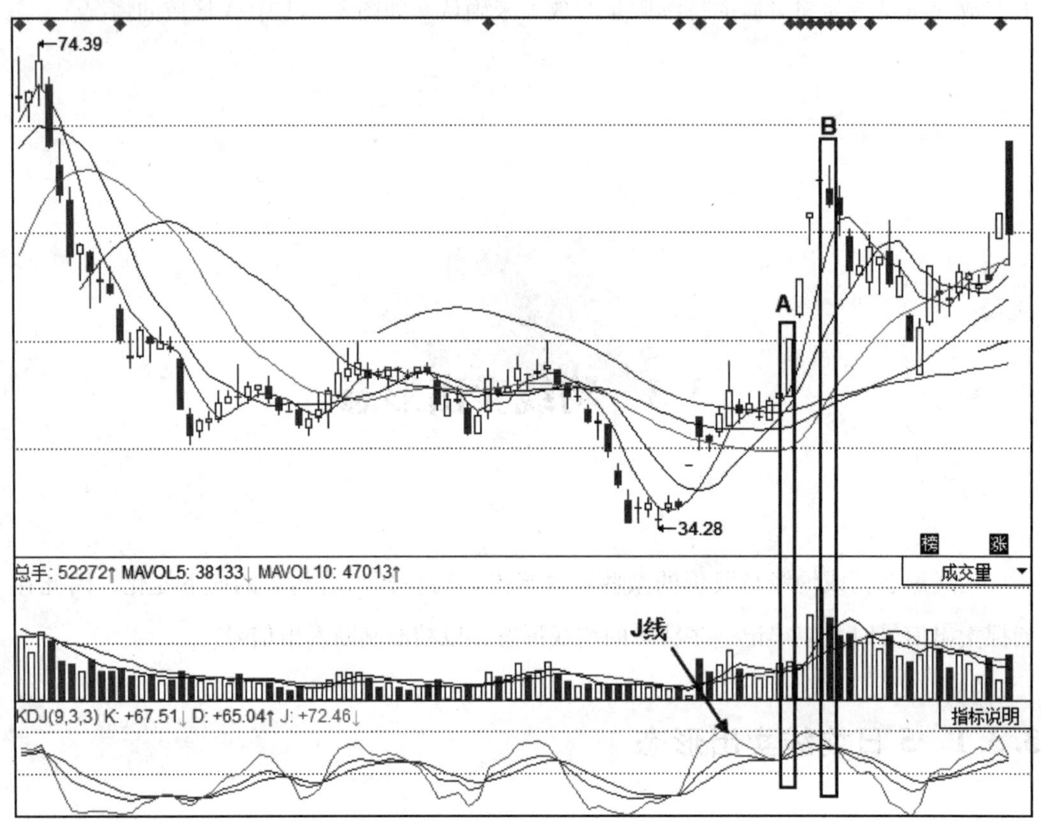


图 3－12 威唐工业的日线图

图 3－12 是威唐工业（300707）的日线图，如果投资者在 A 区域股价出现快速启动上涨时买入这只股票，当股价在 5 日均线上方沿 5 日均线方向持续上行时，就要时刻关注 K 线与 5 日均线之间的距离。比如运行到 B 区域时，K 线虽然尚未跌破 5 日均线，但明显可以发现 K 线是在大举向上远离 5 日均线的基础上出现快速向下接近 5 日均线，同时量能转为放大状态的阴量，KDJ 指标出现 J 线在快速回落中形成死叉，因此可确认为短暂出现向下波动，形成卖出信号。因此，股价出现短期快速转弱的情况时

应果断卖出股票。

实战要点

（1）在通过判断 5 日均线卖出股票时，应明确此时的操盘为超级短线操作，即操作短线强势股，所以只要发现 K 线由最初的离 5 日均线较远的情况下大举回落接近 5 日均线，成交量为放大状态的阴量，技术指标向下时，就应果断卖出股票，如图 3－12 中的情况。

（2）在通过判断 5 日均线选择卖出股票时，即使卖出后股价仍出现反复冲高，也不应过早回补，因为这种卖出股票的方法，捕捉的是强势股出现偏弱时的信号，所以按照之前的操盘策略操作即可，否则就会打乱操盘计划，极易出现短线被套。

## 3.3.2　5 日均线死叉 10 日均线

5 日均线死叉 10 日均线，是指当趋势处于短期均线在长期均线之上的多头上涨趋势中时，出现 5 日均线向下运行，与 10 日均线形成交叉。由于 5 日均线和 10 日均线均为短期均线，一个为 5 日平均线价格，一个为 10 日平均线价格，所以这种短期均线的死叉，代表的只是短期价格趋势的转弱，是短线操作的一种均线卖出信号。

在实战中，5 日均线死叉 10 日均线只有在上涨趋势中出现，才有实际意义。因为震荡行情中均线处于一种缠绕的状态，出现 5 日均线死叉 10 日均线，意味着震荡的转弱，并不一定要卖出股票。而震荡行情中的高抛低吸，要根据 K 线与 5 日均线和技术指标的变化来判断高低点。所以，一旦在上涨趋势中出现 5 日均线死叉 10 日均线，甚至是出现 5 日均线死叉 20 日均线或 30 日均线时，就应选择先行卖出股票。只要长期均线依然处于上行，就可以继续等待 5 日均线在量能阳量放大和趋向类指标止跌向上运行时参与行情。

案例解读

图 3－13 是广东鸿图（002101）的日线图，经过 A 段多头上涨趋势，进入 B 区域后，5 日均线出现向下运行，与 10 日均线形成交叉，出现 5 日均线死叉 10 日均线的短期均线之间的死叉。成交量为持续阴量，KDJ 指标呈三线向下发散的转弱形态，表明上涨趋势出现调整，应基于短线的策略果断选择卖出股票。

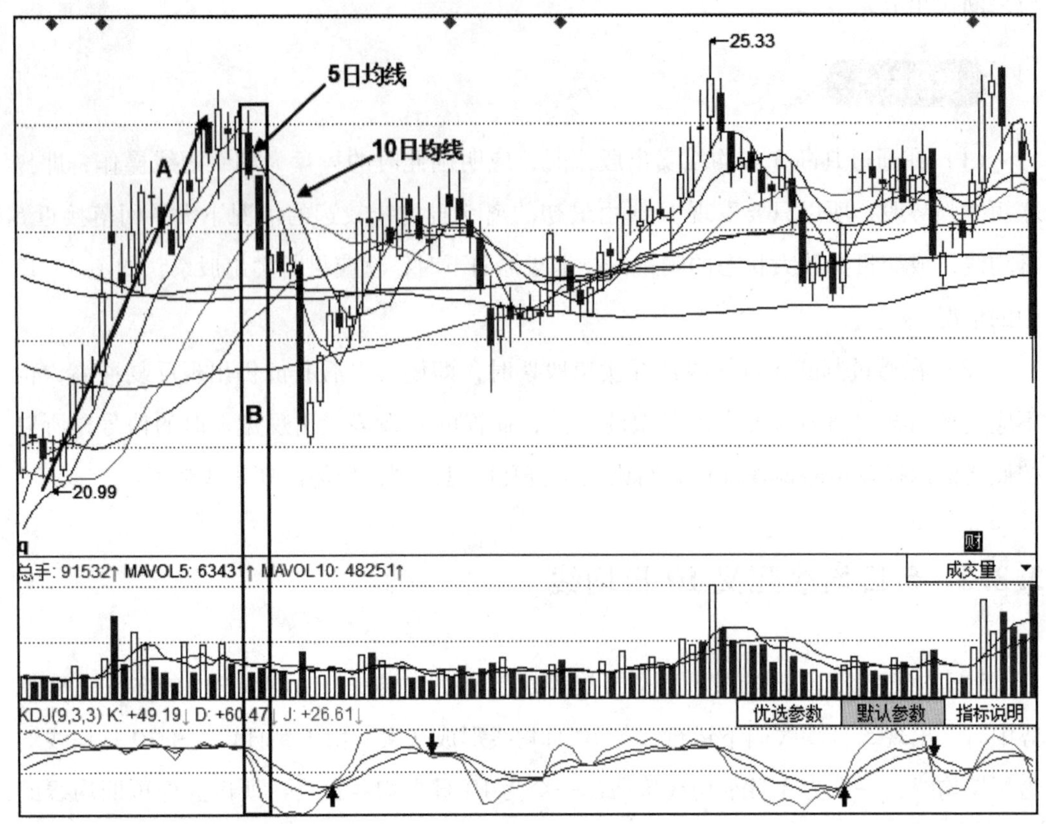


图 3－13　广东鸿图的日线图

实战要点

（1）5 日均线死叉 10 日均线是短期均线之间出现的死叉行为，因此在其出现前必须确保整个大趋势为短期均线在长期均线之上向上运行的多头趋势，如图 3－13 中 A 区域的情况。

（2）5 日均线死叉 10 日均线出现时，应确保成交量为持续阴量状态、技术指标呈向下运行的状态，方可确认其为短期卖出信号，如图 3－13 中 B 区域的情况。

## 3.3.3　5 日均线死叉 60 日均线

5 日均线死叉 60 日均线，是指短期均线在长期均线之上的多头趋势中，5 日均线出现向下运行时，与 60 日均线形成交叉。这种行为，属于短期均线与中期均线形成的死叉，因此代表中期趋势出现向下变化，所以是中线波段操作卖出股票的信号。

在研判行情时，5 日均线死叉 60 日均线是重要的股票转弱的征兆。如果此时成交量转为保持当前水平下的阴量或格外放大的阴量，技术指标形成明显的向下运行的形态，就要引起注意。即使在阴量放大程度并不明显时，或许只是上涨趋势中的深幅调整，也应先卖出股票。只有在其后发现明显止跌回升时方可再介入，否则就应持币观望。

案例解读

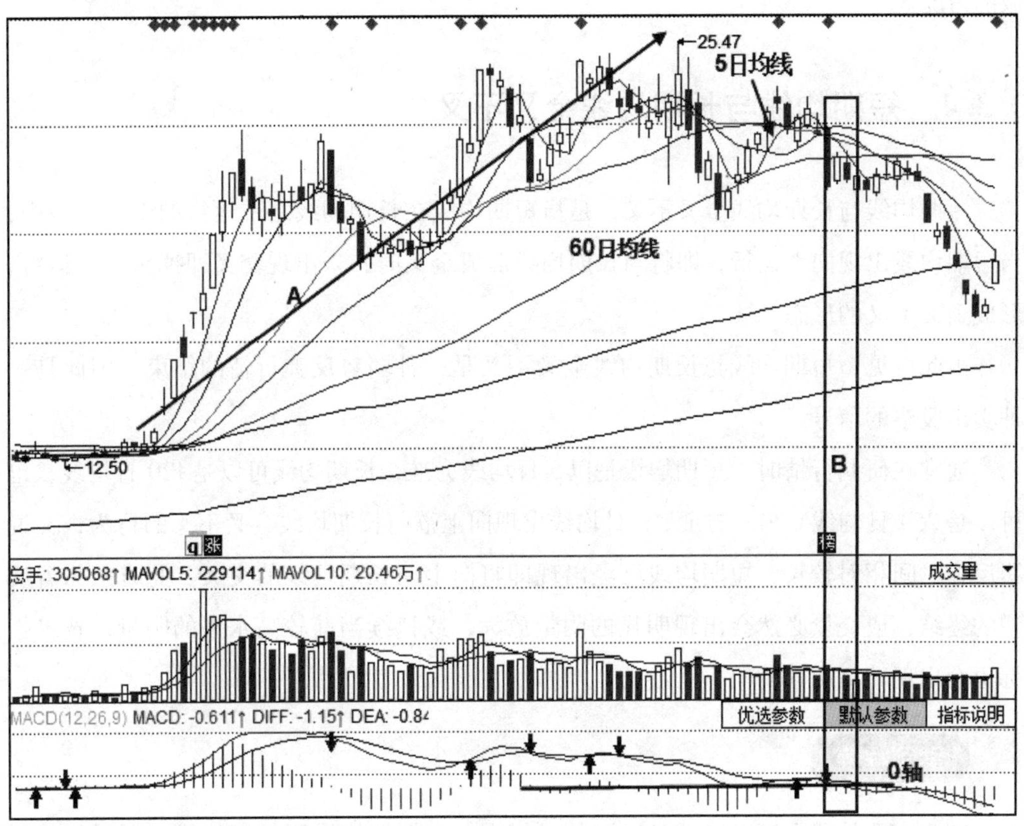


图 3－14　三钢闽光的日线图

图 3－14 是三钢闽光（002110）的日线图，在 A 段明显的短期均线于长期均线之上运行的多头上涨趋势中，当于高位出现震荡下跌时，5 日均线出现向下运行，并在 B 区域出现向下与 60 日均线形成交叉，形成 5 日均线死叉 60 日均线。成交量保持当前水平下的阴量状态，MACD 指标出现双线相继向下跌破 0 轴的情况，表明股票已进入空

头弱势，因此是中期趋势转弱的卖出信号，中线投资者应果断卖出股票。

实战要点

（1）5 日均线死叉 60 日均线出现前，必须确保趋势为短期均线在长期均线之上运行的多头上涨趋势，如图 3－14 中的情况。

（2）5 日均线死叉 60 日均线出现时，只要成交量为阴量、技术指标为向下运行的弱势，就可确认为卖出信号。因为股价经历了前期的高位震荡后，当 5 日均线死叉 60 日均线出现时，量能并不一定会出现阴量放大，只要为阴量即可，如图 3－14 中 B 区域的情况。

## 3.3.4 短期均线与长期均线金叉不叉

短期均线与长期均线金叉不叉，是指短期均线在长期均线之下运行的下跌趋势中，当短期均线出现向上运行，即将与长期均线形成金叉时，未出现交叉即掉头向下运行，形成金叉不叉的形态。

由此可见，短期均线与长期均线金叉不叉是一种弱势反弹行情的结束，因此是一种卖出股票的信号。

通常在研判行情时，短期均线是以 5 日均线为准，长期均线可以是 120 日均线，也可以是 250 日均线。另一方面，5 日均线出现向上欲与长期均线金叉不叉的行为，又说明反弹时间相对较长，短期均线已经出现即将向上与长期均线的交叉。此时意味着反弹的终结，成交量必然会出现明显的阴量放大，或持续当前较高水平的阴量，技术指标也会出现冲高回落的向下运行。

案例解读

图 3－15 是罗平锌电（002114）的日线图，在短期均线于长期均线之下运行的弱势下跌格局中，A 区域出现持续的震荡反弹。当进入 B 区域时，5 日均线在持续向上震荡过程中即将与上方的 250 日均线出现交叉，但未形成交叉即掉头向下运行，形成短期均线与长期均线的金叉不叉形态。同时，成交量为明显的保持当前放大水平下的持续阴量，MACD 出现死叉，表明反弹行情已经结束，应果断卖出股票。

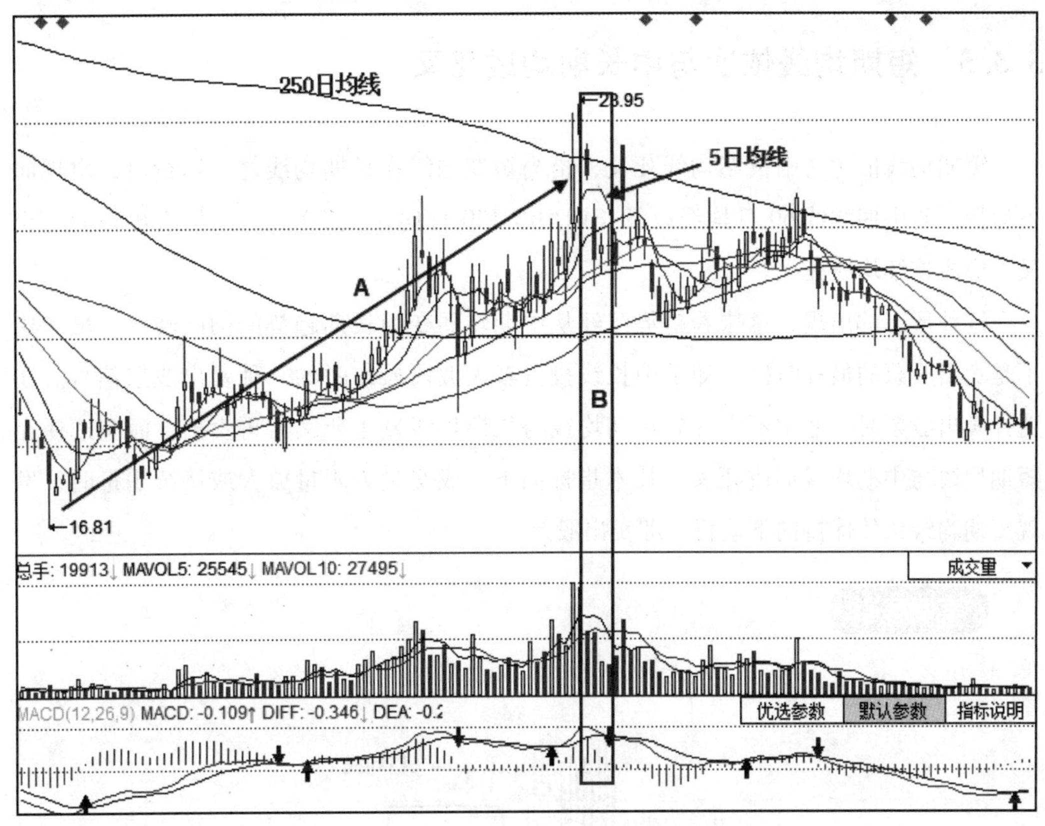


图 3－15　罗平锌电的日线图

## 实战要点

（1）短期均线与长期均线的金叉不叉通常是出现在均线空头排列格局下的弱势反弹行情中，如图 3－15 中 A 区域的情况。判断时短期均线应以 5 日均线为准，长期均线可以是 120 日均线，也可以是 250 日均线，如图 3－15 中为 5 日均线与 250 日均线的金叉不叉。

（2）短期均线与长期均线金叉不叉出现时，如果要确认为卖出股票的信号，成交量必须保持在当前量能水平下的持续阴量，技术指标形成死叉或向下运行的形态，如图 3－15 中 B 区域的情况。

## 3.3.5 短期均线依次与中长期均线死叉

短期均线依次与中长期均线死叉，指当短期均线在长期均线之上运行时，出现向下运行，与中期均线60日均线以及长期均线120日均线、250日均线依次出现向下交叉，形成连续均线死叉。

这种形态的出现，意味着趋势已经从中期转弱变为长期趋势的彻底转弱，虽然这不是卖出股票的最佳时机，却是中长线投资者大波段操作时的一种卖出股票信号。在选择卖出股票时，通常不应等到短期均线与长期均线发生死叉后再卖出，而应选择在短期均线与中期均线形成死叉，技术指标向下、成交量为阴量放大或持续阴量时，发现短期均线依然保持向下运行，即卖出股票。

案例解读

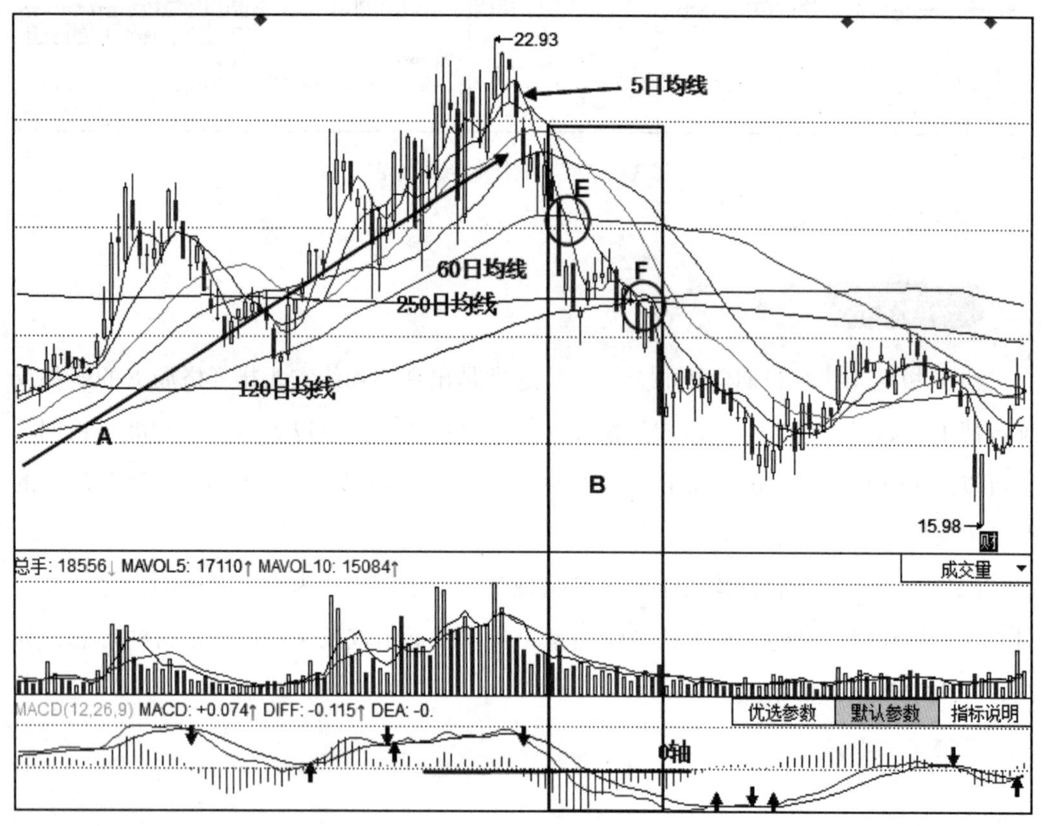


图3-16 康强电子的日线图

图 3 – 16 是康强电子（002119）的日线图，前期处于明显的多头上涨趋势，在进入 B 区域后，5 日均线出现向下运行，并在 E 区域先与 60 日均线形成死叉，其后继续下行，在 F 区域又与 250 日均线和 120 日均线形成死叉，形成短期均线依次与中长期均线死叉。这说明中长期趋势已转弱，但在判断卖点时，应在 E 区域出现 5 日均线与 60 日均线形成死叉、成交量出现持续放大状态的阴量、MACD 双线向下跌破 0 轴转为空头趋势、5 日均线依然呈快速下行时卖出股票，而不要等到 F 区域 5 日均线与 250 日均线和 120 日均线形成死叉时，即确认长期趋势转弱时再卖出股票。

**实战要点**

（1）短期均线依次与中长期均线死叉出现前，趋势必须为明显的多头上涨趋势，即图 3 – 16 中 A 区域的情况。

（2）短期均线依次与中长期均线死叉形成时，应采取提前预判的方式选择卖出股票，即不可在短期均线与中长期均线放阴量死叉、技术指标明显转为弱势、5 日均线快速下行时，才预判出其后 5 日均线必然与长期均线形成死叉，而应提前在中期趋势转弱时清仓，如图 3 – 16 中 E 区域的情况。

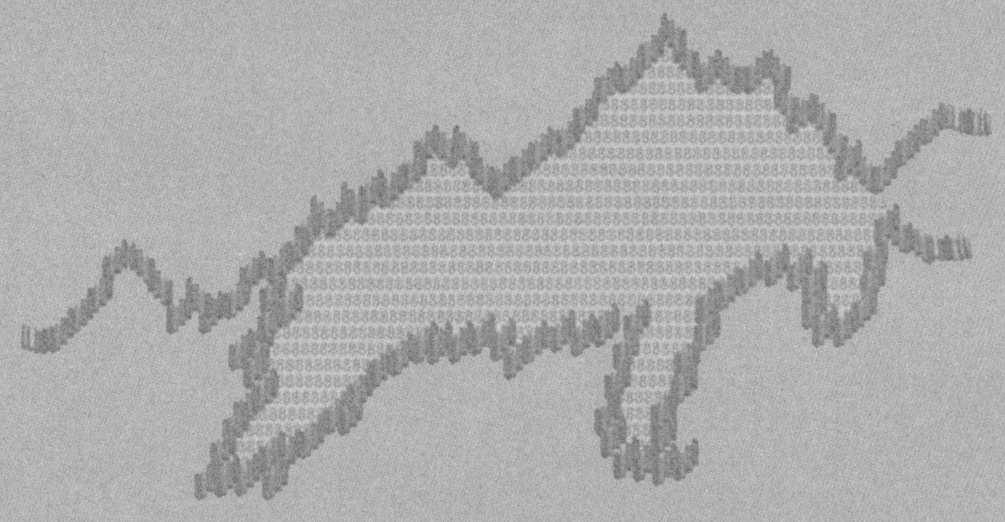

/ 第 4 章 /

# 趋势线：<br>寻找趋势明朗的买卖信号

由于A股市场的交易制度只能买多，无法买空，所以大多数交易都是一种顺势交易。而趋势线反映出的正是股价涨跌的趋势。因此，了解趋势线，学会如何画出趋势线，才能更好地依据趋势的提示，准确寻找到趋势明朗的买卖信号。

# 4.1　趋势线基础

趋势线就是用线的方式表现股价运行的方向，对判断趋势反转有重要的意义。只要趋势线方向不变，就是买入或卖出股票的重要依据。

## 4.1.1　趋势线

趋势线是表现股价运行方向的一种线，通常是以 K 线的运行高点与低点的连线来判断，也可以用趋向类指标连续出现的向上波峰高点的连线或向下波谷的低点连线来判断。相对而言，运用 K 线的高低点分别组成的连线更为直观，反映的是股价真实走势的变化，所以运用较为普遍。

通常 K 线的两个高点即可组成一条向上趋势线，两个 K 线低点可组成一条下降趋势线。但在实战中利用趋势线判断方向时，以三个点来判断更为准确。也就是，当 K 线的三个震荡高点形成向上运行的趋势线时，可判断为上升趋势；当 K 线的三个震荡低点形成向下运行的趋势线时，可判断为下降趋势；当三个高点或低点较接近时，其连线就会呈一种波浪式的运行方式，则表明为震荡趋势，此时是不宜操作的。

**案例解读**

图 4－1 是天邦股份（002124）的日线图，在 1、2、3 三个区域，K 线高点明显是在不断上升，连成线即为上升趋势线，同时在 4、5、6 三个区域，K 线低点也是在不断抬高，说明调整的幅度也在不断减弱，连成线同样为上升趋势线；在 A、B、C 三个区域的 K 线高点，呈逐渐降低的趋势，连成线即为下降趋势线，而对应的 D、E、F 三个

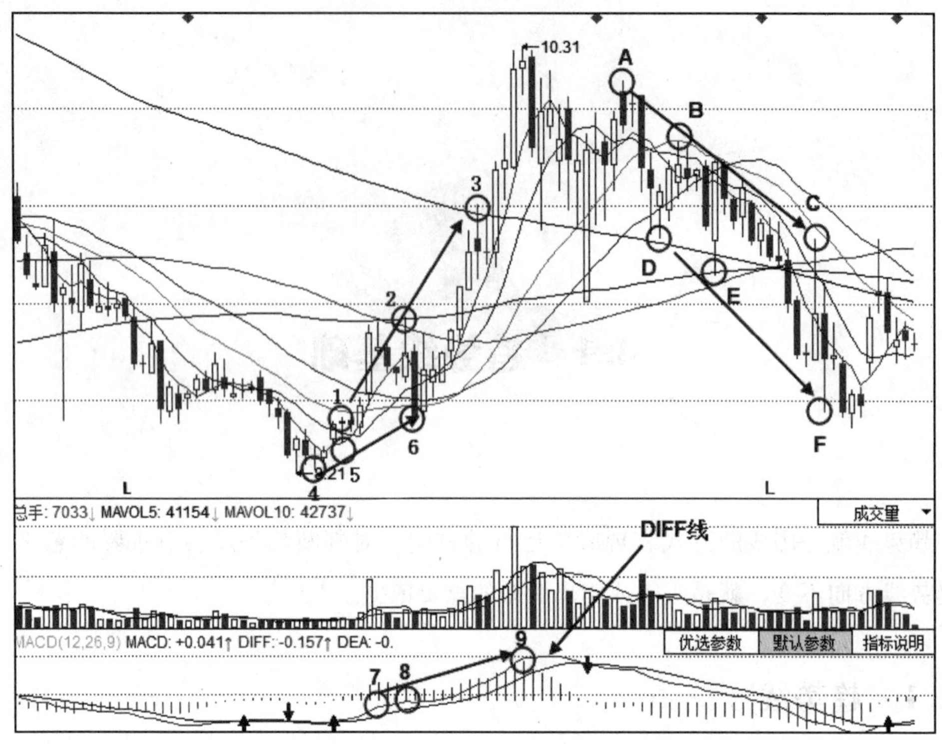


图 4－1　天邦股份日线图

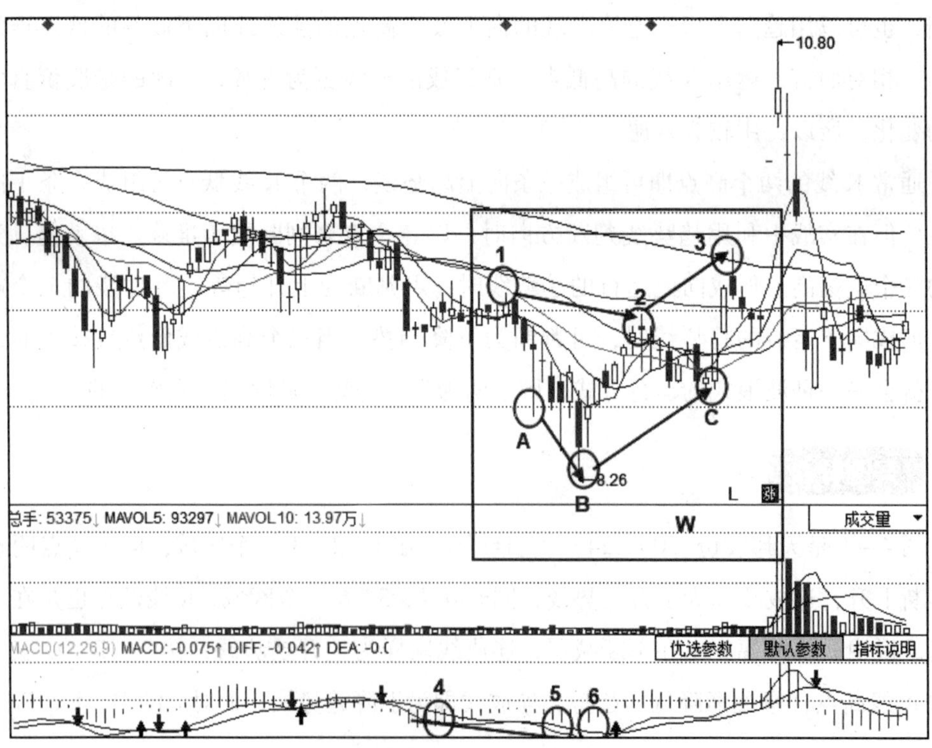


图 4－2　银轮股份的日线图

区域的K线低点，也呈逐渐下降的趋势，为下降趋势线。

在技术指标区域，DIFF线向上涌起的波浪高点（波峰）在不断抬高，连成线即为MACD指标的上升趋势线；反之，则为下降趋势线。

图4-2是银轮股份（002126）的日线图，在1、2、3三个区域，高点呈忽下忽上的情况，高点价格差异不大，对应的A、B、C三个区域，K线低点呈忽下忽上的情况，价差同样不大，表明整个W区域处于震荡趋势。

实战要点

（1）趋势线反映的是股价运行的趋势，可以通过K线图的高低点分别连线组成，如图4-2中W区域的情况，也可以用技术指标的波峰或波谷连线组成，如图4-1中7、8、9三个区域的情况。

（2）趋势线通常利用三个高点或低点来判断，尤其是以K线来反映趋势线，三个高点呈向上运行时，为上升趋势线，此时低点连线说明的是股价向上抬高的幅度，如图4-1中1、2、3区域和4、5、6区域连线的情况；三个K线高点呈逐渐降低的状态时，为下降趋势线，此时低点的逐渐下行的连线说明股价下跌的程度，如图4-1中A、B、C区域和D、E、F区域连线的情况。

（3）当三个高点的趋势线差异不大时和三个低点的趋势线差异也不大时，表明的是一种震荡的趋势，如图4-2中W区域的情况。

（4）在利用趋势线判断趋势演变时，上升趋势线观察的主要是低点连线，低点不断抬高，说明趋势是不断上升的，如图4-1中4、5、6区域的情况。下降趋势线观察的主要是高点连线，高点不断下降时，说明上行的阻力在不断加大，如图4-1中A、B、C区域的情况。

### 4.1.2　趋势线的画法

在炒股软件中，有现成的趋势线画线工具，就是上升通道与下降通道。这两个通道均是由两根线组成，只要在K线图上使用后，就能够明显地看出K线高点与低点的情况，使用起来比较方便。

具体的使用方法：（1）打开K线图，选择最上方按钮中的“画线”，下方即会出现一排显示画线工具的小对话框；（2）选择其中“…”按钮点击，就会出现一个大的对话框；(3) 在“上升通道”和“下降通道”前方的小方框内选中，然后点击大对话框中下方的“确定”。

这时，炒股软件中画线工具显示栏内就会出现两个斜向上与斜向下的工具，就是“上升通道”与“下降通道”的工具。点击其中一个图标，再让其对准K线图上起始点的高点或低点，将下一个高点或低点的方向定准后，就会显示出相应的趋势线通道。

对“上升通道”与“下降通道”的画线工具使用不熟练者，也可以直接以上一节图中的方法，用直线将高点或低点分别连成线即可。因为趋势线反映出的是趋势，所以即使不画线，只要从三个高点或三个低点的情况分析，同样可以确定趋势。

## 案例解读

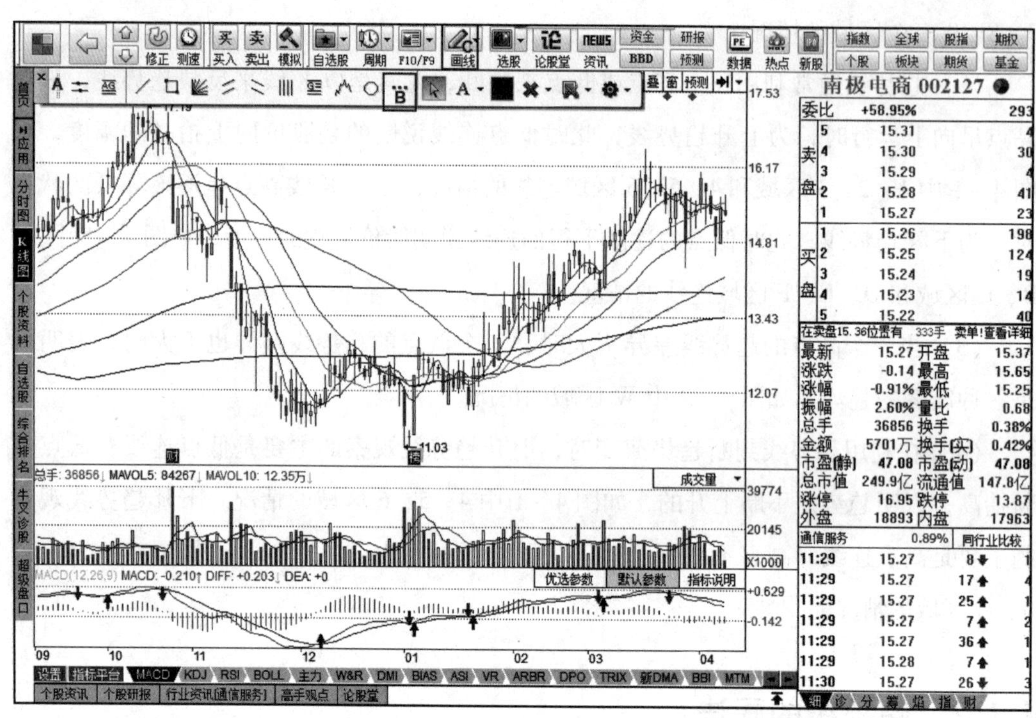


图4-3　南极电商的日线图

图4-3是南极电商（002127）的日线图，点击最上方C区域的“画线”，会出现下方A区域一排小对话框，点击小对话框中的B区域的按钮“…”，屏幕上会跳出一个大的对话框，如图4-4所示。

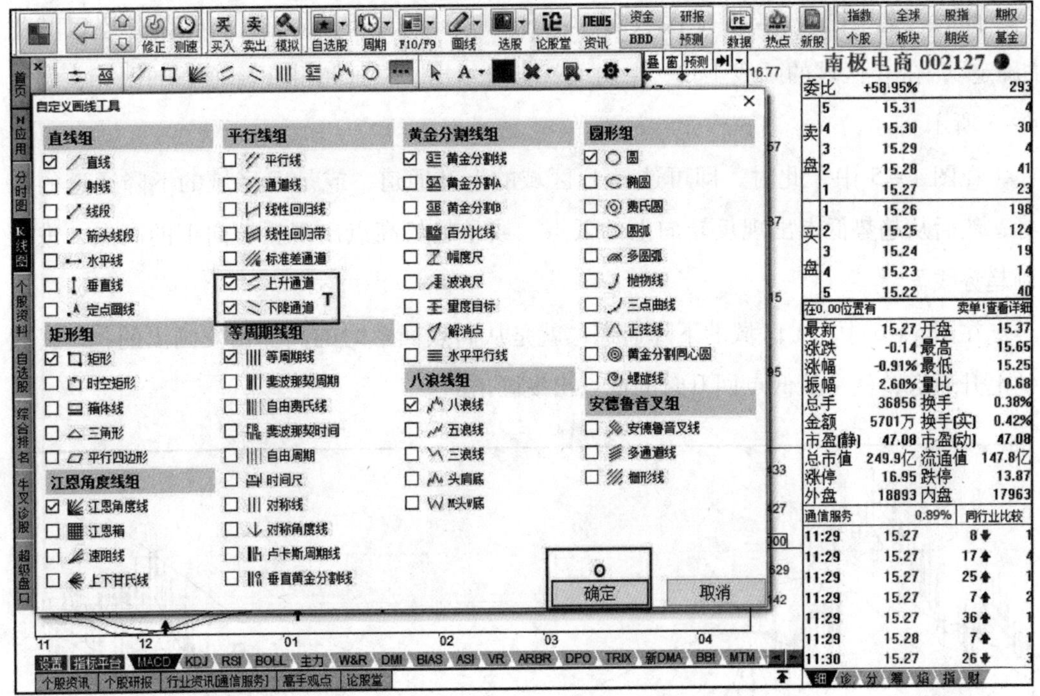


图 4－4　南极电商的日线图

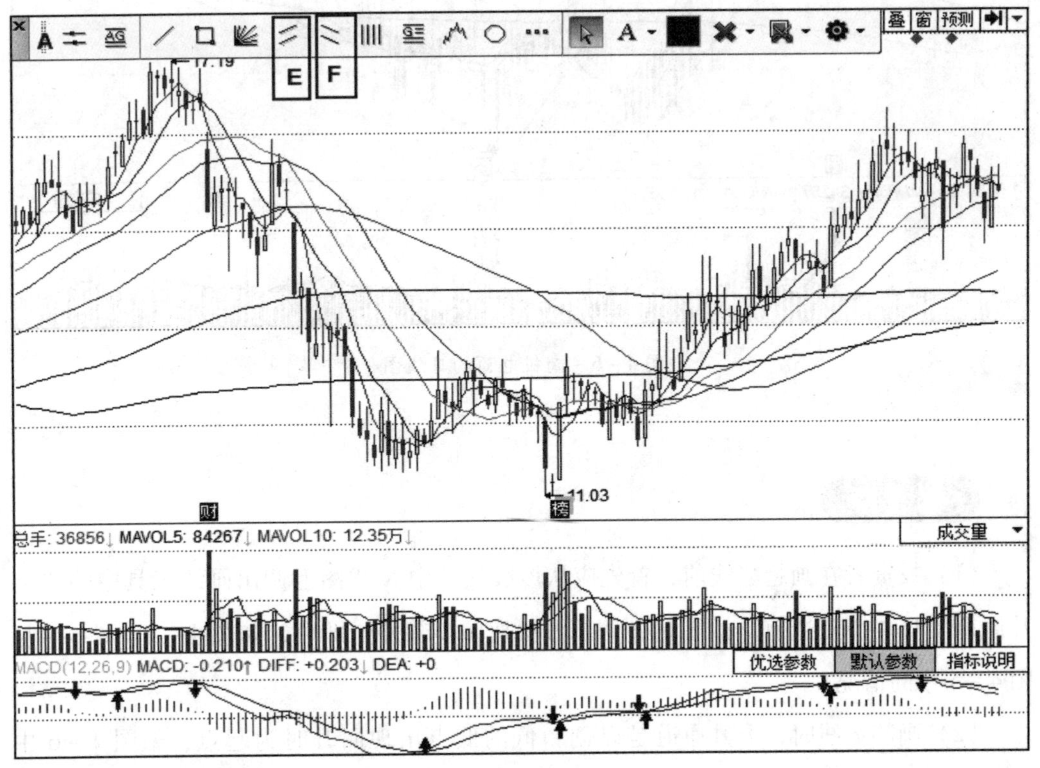


图 4－5　南极电商的日线图

此时，选中图 4 -4 中 T 区域的“上升通道”与“下降通道”，再点击 O 区域的“确定”，在 A 区域的画线工具一栏内，就会显示出上升通道和下降通道的图标，如图 4 -5 所示。

在图 4 -5 中，此时，即可选择 E 区域的上升通道，或是 F 区域的下降通道的图标，然后从趋势低点出现反转向上的低点，或是趋势高点出现反转向下的高点，进行画趋势线。

在图 4 -6 中，A 区域的下降通道，就是从高点回落时的高点出发画出的；B 区域的上升通道，就是从低点回升时的低点出发画出的。

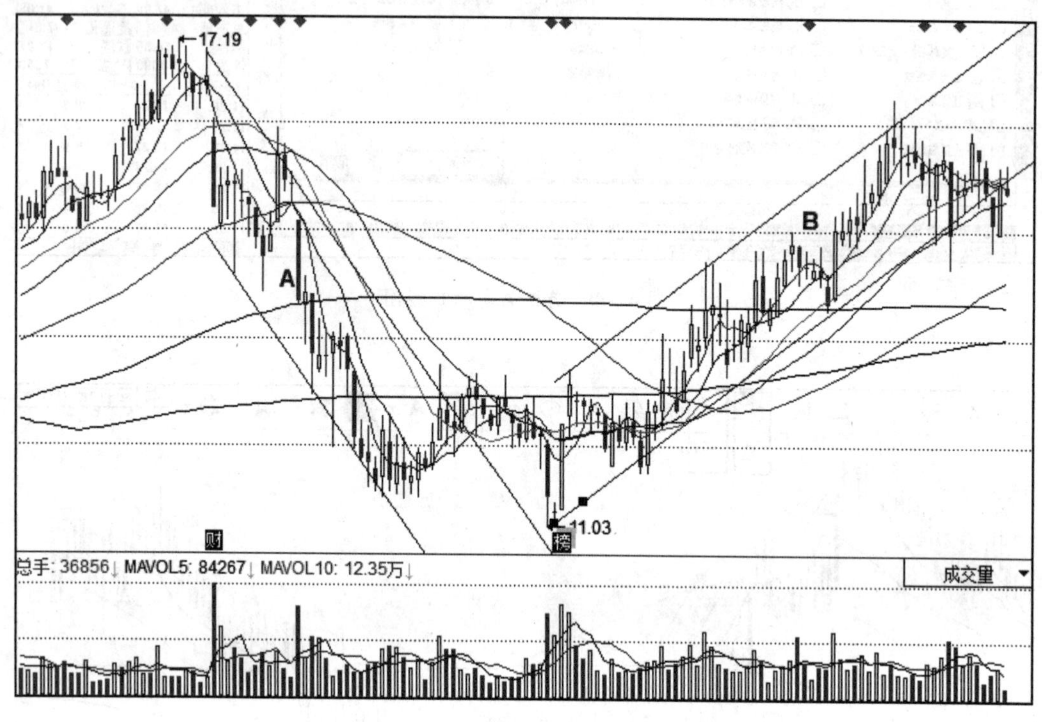


图 4 -6　南极电商的日线图

## 实战要点

（1）投资者在画趋势线前，首先应从炒股软件中 K 线图上调出画线工具中的“上升通道”与“下降通道”的图标，调出方法按照步骤操作即可，如图 4 -3、图4 -4与图 4 -5 中的情况。

（2）画趋势线时，上升通道是以创新低的低点出现回升时为起点，如图 4 -6 中

B 区域的情况；下降通道是以创新高的高点为起点，如图 4－6 中 A 区域的情况。

（3）在趋势线的上升通道或下降通道中，高点或低点并不一定会呈笔直的震荡向上或向下的方式出现，所以会出现高点位于上升通道上方或低点位于下降通道下方的情况，如图 4－6 中的情况。在实战中无须计较这些，主要看未来的整体走势，只要明白根据三个高点可以确定上升趋势或三个低点可以确定下降趋势即可。

# 4.2　支撑位与压力位

趋势线虽然代表某一趋势，但支撑位与压力位的出现，依然可能对趋势造成致命的打击，所以在判断趋势是否会发生变化时，有效识别出压力位与支撑位，以及股价是否获得支撑或遇到压力，才能准确判断出趋势的未来演变。

## 4.2.1　支撑位的判断

股价在下跌的过程中，在某一价格位置时获得了支撑，从而出现止跌回升，这个价格位置就是支撑位。由此可见，支撑位是股价在下跌过程中出现的，是在某一价格处买方找到了利益所在，最终阻止股票跌到之前所创下的前期低点下方去的价格，这就给研判支撑位提供了有力的依据。

这样就可以得出一个结论：当后一个低点出现比前一个低点高的情况时，说明前期低点处拥有较强的支撑，所以只要不跌破前期低点，前期低点就会成为支撑位；当后一个高点出现比前一个高点高时，前期高点在下一次回调时也会成为支撑位。

结合趋势线中的上升通道又可以得出以下结论：当连续三个低点逐步抬高时，就形成上升通道，其后的回调过程中，前期高点和低点都会成为支撑位，所以前期高低点之间的区域成为判断股价是否能获得支撑的关键。

再从支撑位的定义出发还可以得知：支撑位是股价在某一价格处获得了买方力量的支持，所以最明显的特征就是，股价在支撑位获得支撑，必然会出现成交量在下跌时量能逐步减少，阳量的放大或持续放大。

综合来看，具体判断支撑位的参照是：（1）均线支撑；（2）高点和低点的支撑；（3）跳空缺口的支撑；（4）阳量格外放大或持续放大的支撑。

案例解读

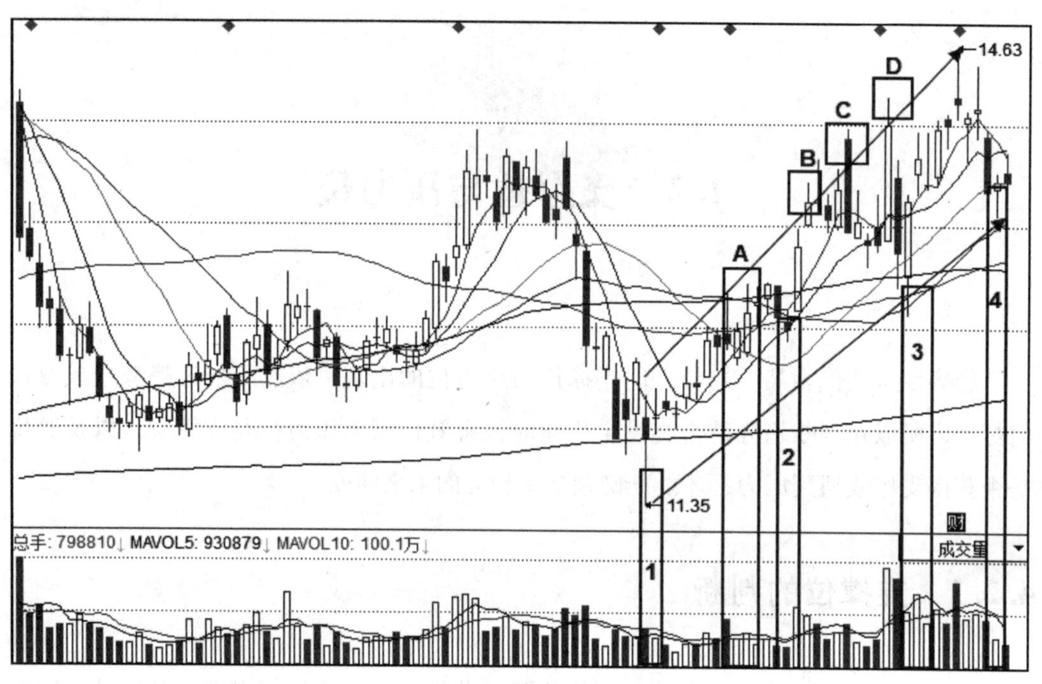


图 4-7　苏宁易购的日线图

图 4-7 是苏宁易购（002024）的日线图，在震荡下跌过程中，2 区域低点高于 1 区域低点，就是在低点获得了支撑，成交量为放大的阳量，得到量能的支撑。3 区域低点高于 2 区域低点，量能持续阳量，也是成交量与低点的支撑。B 区域高点高于 A 区域高点，量能为阳量，形成高点和量能的支撑。同样 C 区域高点高于 B 区域高点，量能为阳量，形成高点和量能的支撑，其后 C 区域高点再次出现，高于 B 区域高点。而 1、2、3 三个低点与 A、B、C 三个高点，形成上升通道，所以出现其后 D 区域的高点与 4 区域的低点均获得高低点和成交量的支撑，不断创出新高。

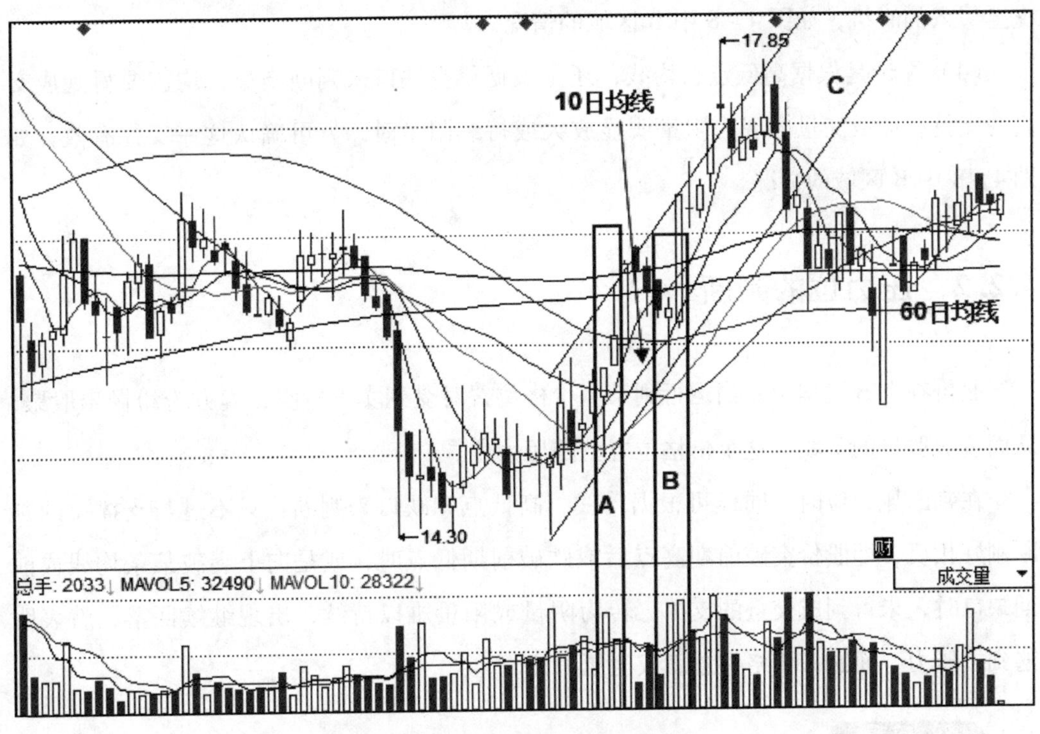


图 4－8 思源电气的日线图

图 4－8 是思源电气（002028）的日线图，在 C 区域形成的上涨通道中，A 区域中的两根 K 线之间形成一个放阳量的向上跳空缺口，对日后股价回调时的 B 区域低点形成支撑。股价一旦向下触及这一缺口位置，即形成有力支撑，成交阳量持续放大，获得成交量的支撑。这就是缺口和成交量的支撑作用。同时在 B 区域，当股价向下跌破 10 日均线与 60 日均线时，同时获得了均线的支撑。在缺口、成交量、均线的三方支撑作用下，以及 A 区域低点的支撑下，触发了其后的强势上涨。

## 实战要点

（1）在判断支撑位时，可以通过前期高点、低点、均线或缺口几个方面来判断，如图 4－7 与图 4－8 中的情况。

（2）通过高点判断支撑时，是其后股价回落到前期高点附近时即出现回升，则表明获得高点支撑；通过低点判断支撑时，是当股价调整到接近前期低点时即出现止跌，则表明获得了低点支撑，如图 4－7 中的情况。

（3）在通过均线判断支撑时，是以当日收盘价为准，瞬间跌破后回升是判断均线支撑买入的时机，如图 4－8 中 B 区域的情况。

（4）无论是根据高低点、均线，还是根据跳空缺口来判断支撑，均需要得到成交量的支持，即成交量表现为阳量明显放大或持续阳量时，方可确认这一支撑有效，如图 4－8 中 B 区域的情况。

## 4.2.2 压力位的判断

股价在上升过程中，当运行到某一价格位置时受到卖方看空，卖方纷纷抛出股票，从而造成股价的下跌。这个价格位置就是压力位。

在判断压力位时，同样可根据均线、高低点和缺口来判断，只不过与支撑位的判断刚好相反，即股价突破前期高点后或跌破前期低点时，或是向上突破某条均线或前期缺口时，未得到成交量的支撑，转为阴量或阳量难以持续，出现继续回落，就表明遇到了压力，而这一价格位置就成为压力位。

案例解读

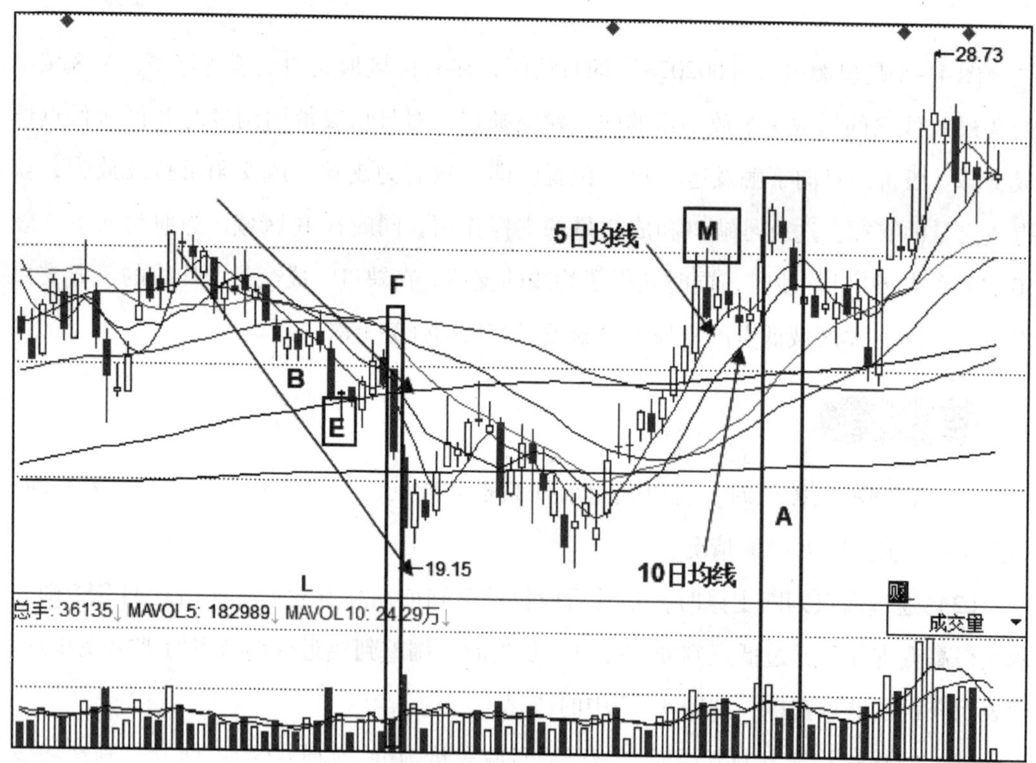


图 4－9　启明星辰的日线图

图 4－9 是启明星辰（002439）的日线图，在 B 段下降通道，F 区域的震荡下跌过程中，遇到前期 E 区域的低点时未获得支撑，成交量为阴量的持续放大，表明受到前期低点买盘的卖出压力，所以其后出现持续下跌，这就是低点的压力。

在 A 区域中，当股价在向上突破前期 M 区域的高点后，即受到了短线获利筹码的抛售压力，成交量在持续阴量放大的情况下，股价也先后跌破了 5 日均线和 10 日均线，表明短线压力较大，导致其后短线的继续下跌。这就是成交量配合下的均线压力与前期高点压力的情况。

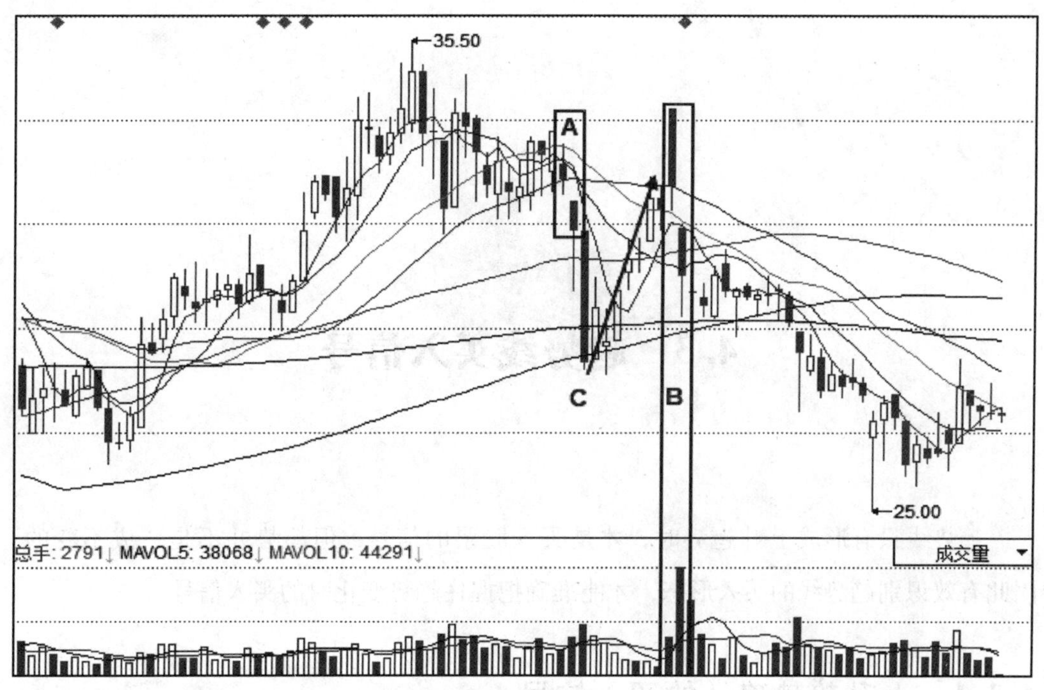


图 4－10　华帝股份的日线图

图 4－10 是华帝股份（002035）的日线图，在震荡下跌过程中，A 区域形成一个向下的跳空缺口，在其后 C 段的反弹过程中，进入 B 区域后，股价上升到 A 区域的向下缺口位置时，再次遇到了大量卖盘的压力，成交量转为持续阴量放大，表明此处压力较大，导致其后的股价持续下跌。这就是缺口的压力。

**实战要点**

（1）在判断压力位时，方法与支撑位的判断是一样的，可通过均线、高低点或缺口等要素来判断，但必须是成交量转为阴量或持续放大的阴量，方可确认为压力位，如图 4－9 与图 4－10 中的情况。

（2）在根据缺口判断压力位时，可以是如图 4－10 中 A 区域的向下跳空缺口，也可以是回调时遇到了前期上涨时的向上缺口，即前期启动上涨或快速上涨时的股价突破位置。一旦股价在这些位置无法获得支撑，即会转化为压力。

（3）在利用高低点或均线判断压力位时，应以收盘价为准，即收盘在前期高低点或均线之下，方为有效跌破，如图 4－9 中的情况。

# 4.3 趋势线买入信号

趋势线只有形成上升趋势时，才是买入股票的信号，但趋势并不是一成不变的，因此有效识别趋势线的买入形态，才能准确把握住趋势变化时的买入信号。

## 4.3.1 上升趋势确认的买入信号

上升趋势的确认，从趋势线的角度分析，就是上升通道的成立，也就是由三个高点与三个低点来确认，即三个震荡高点中，后一个高点必须高于前一个高点，三个震荡低点中，后一个低点必须高于前一个低点。

这是因为，虽然两个高低点可连成一条表明方向的趋势线，但三个高低点出现后，才可确定这一趋势运行方向是不是震荡行情。在选择三个高低点时，应以下跌过程中创出新低的低点为起始低点，低点后出现的第一个震荡高点为起始高点计算。

一旦通过三个震荡高低点确认上升通道的成立，就应当在第三个低点确认时买入股票，或是选择在其后出现回调止跌的信号时买入股票。对于止跌点的判断，就是股价止跌回升的时候，但为了安全起见，尤其是在上升通道刚刚确立之后，应选择在成交量出现阳量明显放大或持续阳量时再买入股票，以防止趋势为大波段的震荡，同时这一低点不低于上一个低点时则更为可靠。

**案例解读**

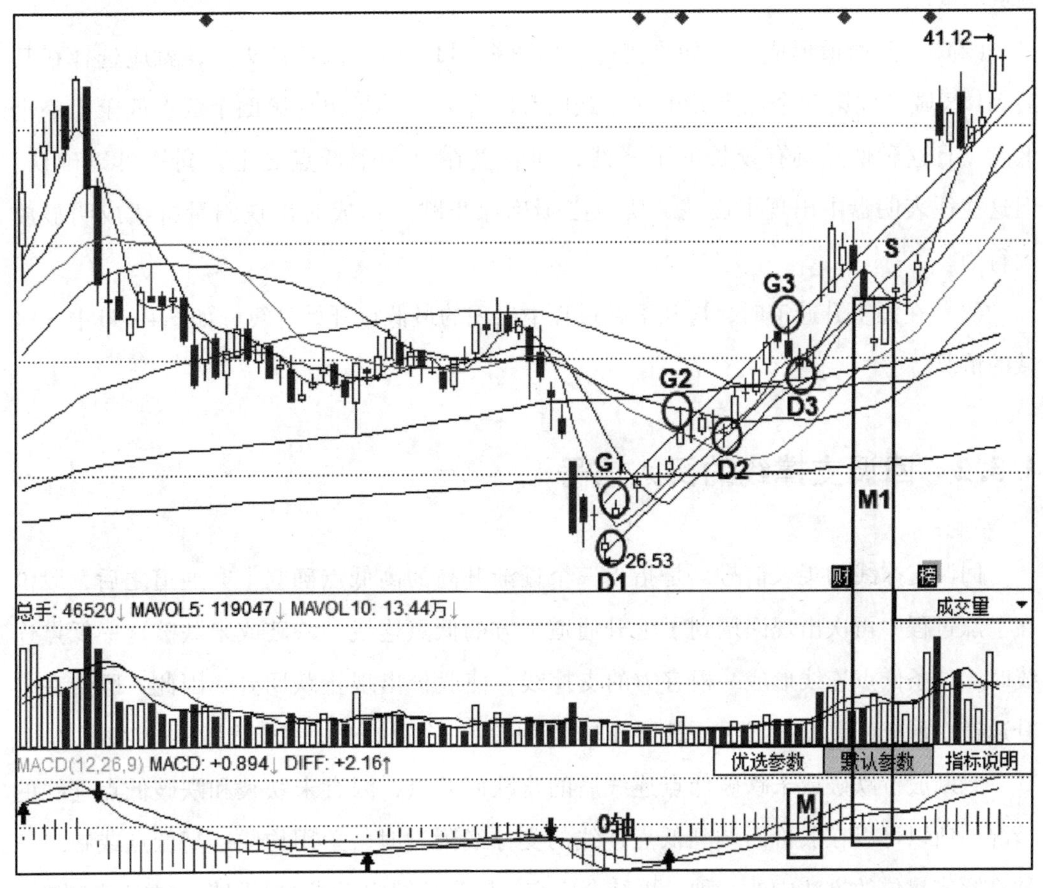


图 4 – 11　双鹭药业的日线图

图 4 – 11 是双鹭药业（002038）的日线图，在下跌过程中，进入 S 区域后，股价创出 26. 53 元的新低，其后出现 G1 的震荡高点，之后从低点观察，D2 低点明显高于 D1 低点，D3 低点明显高于 D2 低点；而 G2 高点明显高于 G1 高点，G3 高点明显高于 G2 高点。即使不画 S 区域的趋势线，亦可确认这一上升通道，所以买入股票的最佳时机为 D3 形成后，股价出现止跌回升时，或是在其后 M1 区域出现一个高于 D3 低点的低点后，股价出现止跌回升，阳量明显持续放大时。这一点，可以通过 MACD 发现，

D3 形成时，MACD 双线已经出现向上突破 0 轴的情况，表明趋势已经转为多头上涨趋势。

实战要点

（1）在上升趋势形成时，必须是三个高低点均高于前一个高低点，如图 4－11 中 S 区域的情况。

（2）上升通道形成后，如果错过了如图 4－11 中 D3 的最佳买点，就应选择在其后 M1 区域形成第四个低点并出现止跌回升时介入。如果出现第四个低点低于上一个低点，且这种低点具有较长的下影线，即收盘在上一个低点之上，同样可以确认。但这往往表明盘中出现了震荡，所以必须确保止跌点形成时出现阳量持续或明显放大行为。

（3）在画上升通道时，应从下跌过程中出现的最低点开始计算，如图4－11中 S 区域的情况。

## 4.3.2 回调支撑线的买入信号

回调支撑线的买入信号，是指当三个逐渐升高的高低点确立上升通道之后，股价在上涨过程中再次出现回调到了上升通道下方的低点连线，跌破或未跌破这一低点连线时，这条低点连线形成一根有力的支撑线，使股价出现止跌回升。因此，股价在上升通道中形成回调支撑线后止跌回升时，就成为一个很好的短线介入股票的时机。

判断股价跌破或未跌破低点连线后的止跌回升点，因有未跌破和跌破低点连线的情况，所以可以在股价回调到低点连线的支撑线附近时，采用均线、高低点或缺口三种观察支撑位的方法中的一种，再结合成交量转为持续阳量或放大阳量的方法来判断。

由于股价在上涨过程中经常出现背离式上涨，所以趋向类指标的观察不可以以短期技术指标的方向来判断，反而越是出现指标震荡下行、股价上行的背离时，后市的上涨越是可信，因为这是处于背离式上涨阶段。

案例解读

图 4－12 是太阳纸业（002078）的日线图，在弱势震荡中，进入 G 区域，通过 4、5、6 三个低点的不断抬高，和 1、2、3 三个高点的不断抬高，即可确认 G 区域的上升

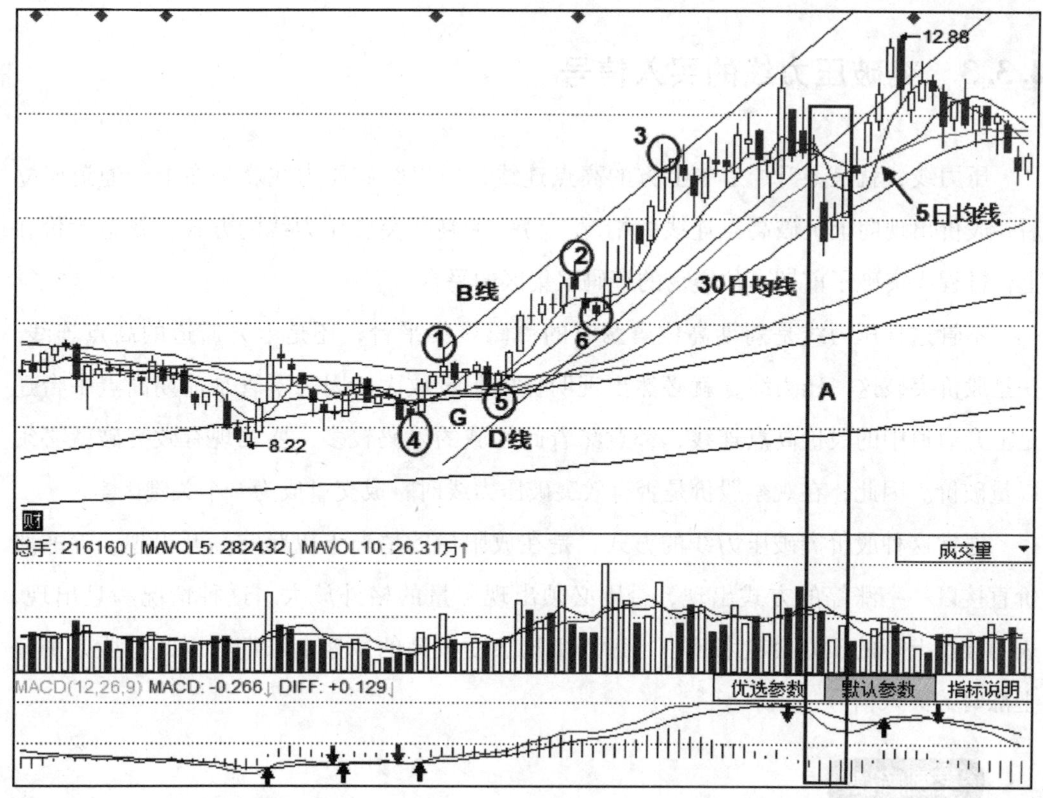


图 4－12　太阳纸业的日线图

通道已经形成。高点连线为 B 线，低点连线为 D 线，当运行到 A 区域时，股价出现跌破支撑线 D 线，成交量缩减后转为持续放大的阳量，呈量价齐升状态，30 日均线呈向上运行。股价在跌破 30 日均线后回升到其上，表明股价在 30 日均线处得到支撑，因此可在 5 日均线拐头向上时果断买入股票。再观察 MACD 指标，此时双线处于相距较小的略平行状态，表明高位的震荡加大，但未形成明显双线下行，因此不能以 MACD 指标来否定股价跌破低点支撑线后出现的买入信号。

**实战要点**

（1）回调支撑线出现时，必须是在前期确定上升通道后，出现股价向下回调到低点连线附近的情况，如图 4－12 中 G 区域的情况。

（2）当股价回调到支撑线附近时，股价可以跌破低点连线，也可以不跌破。对于具体买点的判断，应根据持续阳量或明显阳量放大状态下出现获得支撑的止跌回升情况来判断，如图 4－12 中 A 区域的情况。

### 4.3.3 突破压力线的买入信号

压力线，就是上升通道中上方的高点连线，所以突破压力线就是在上升通道确立后，股价出现向上突破高点连线的情况。另一种判断突破压力线的方式，就是股价在上行过程中突破了前期高位震荡的筹码聚集区的平台。

不管这种压力线是前期高位震荡时的筹码聚集平台，还是上升通道的高点连线，一旦股价突破这一压力线，就必然出现明显的阳量放大。因为不管是前期高点平台还是上升通道中的股价高点连线，都意味着此区域的筹码较多，要实现有效突破就必须以量破价。因此，在观察股价是否有效突破压力线时，成交量成为一个关键因素。

通常这种股价突破压力线的方式，是在放阳量的情况下以跳空高开出现，除非股价直接以一字涨停的方式出现，否则必须出现阳量的格外放大。这种情况一旦出现，表明股价上行的压力会越来越小，进入市场热度极高的快速上涨期，因此是股票加速上涨时的买入信号。

**案例解读**

图4－13是鲁阳节能（002088）的日线图，股价在震荡走低，于4区域创新低后，出现5区域和6区域的持续抬高，同时1、2、3高点区域持续走高，形成S区域的上升通道。进入A区域，当股价上行向上突破高点连线G线时，刚好遇到前期下跌时的震荡平台，即C线这一价格位置的筹码聚集区，因此在股价向上突破这两条压力线时，出现阳量的格外放大，股价直接以T字涨停出现。这一过程中股价直接以涨停价开盘后，盘中出现瞬间的打开涨停板后又迅速封于涨停，最终以涨停收盘。因此这是股价快速上涨时的买入信号，若当日未能在封板之际买入股票，次日应果断买入股票。此时，不能以技术指标的情况来判断，如B区域出现KDJ指标中的J线高点震荡走低，与S区域形成背离，说明股价已进入背离式上涨，且这种上涨方式尚未结束，所以更应买入股票。

**实战要点**

（1）压力线的判断有两种情况：一是前期高位的震荡整理平台，如图4－13中的C线；二是上升通道的高点连线，如图4－13中的G线。

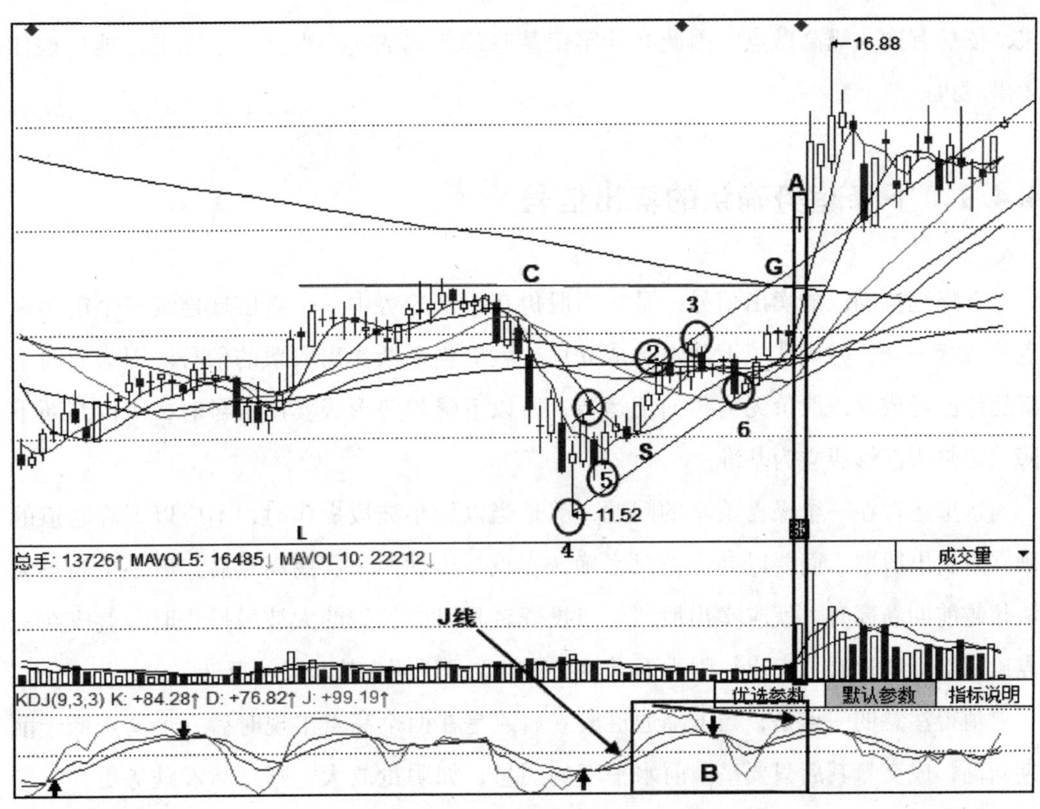


图4－13　鲁阳节能的日线图

（2）在利用压力线判断突破时，无论是前期高点震荡平台或是上升通道的高点连线，两者可以如图4－13中刚好在同一价位，也可不出现重合的情况。但无论是否重合，股价突破压力线时均需要明显的阳量放大，以实现以量破价。

## 4.4　趋势线卖出信号

趋势线是下降通道时为卖出信号，但如果错过了下降趋势线成立时的最佳卖出时机，依然有次一级高抛点，因此必须牢记某些趋势线的卖出形态，才能更好地把握住卖出时机。

### 4.4.1 下降趋势确认的卖出信号

下降趋势确认的卖出信号，是指当股价在上涨趋势中，一旦出现连续三个震荡高点的持续下降，并确认了下降通道成立后，就应当果断卖出股票的信号。因为此时下降趋势已经成立，股价无力再向上运行，所以下降趋势形成卖出信号时，应以判断下降通道是否能够成立为基准。

这里还存在一个操盘策略的问题，就是当以较小波段操作时，不应以下降通道的确立来卖出股票，而要以高点情况来确认卖点，出现两个震荡高点后，后一个高点无法超越前期新高时，就应卖出股票。当投资者是以中长线的大波段操作时，就应在三点确认下降通道时再卖出。因为下降通道的确立，说明大趋势已经反转。

值得注意的一点是，当下降通道成立后或是在两个高点出现时后一个高点低于前期新高，成交量其后只要呈当前水平下的阴量，如阴量放大，则意味着跌势更大，应果断卖出股票。而技术指标方面，在第二个高点低于第一个高点，特别是三个高点形成下降通道时，技术指标会明显出现向下运行的弱势状态。

**案例解读**

图 4－14 是中泰化学（002092）的日线图，在 G 段明显处于上涨趋势，当进入 A 区域时，股价创出 19.14 元的新高，其后转为下跌后再次回升。进入 B 区域形成第二个高点，高点最高价为 17.59 元，明显要低于 A 区域的高点，成交量其后为阴量，MACD 双线持续下行后出现震荡，为弱势特征，小波段操作者应在此时果断卖出股票。当运行到 C 区域时，股价出现第三个震荡高点，最高价为 17.46 元，低于 B 区域时的高点价格，成交量其后同样转为阴量，MACD 出现死叉，为弱势运行形态。由此，可确定 X 区域的下降通道，大波段操作者就应在下跌趋势形成时卖出股票。

**实战要点**

（1）对下降趋势的确认，也就是对下降通道的确认，而对下降通道的确认主要是从震荡的三个高点出发，呈逐级向下的趋势，即后一个高点依次低于前一个高点。即

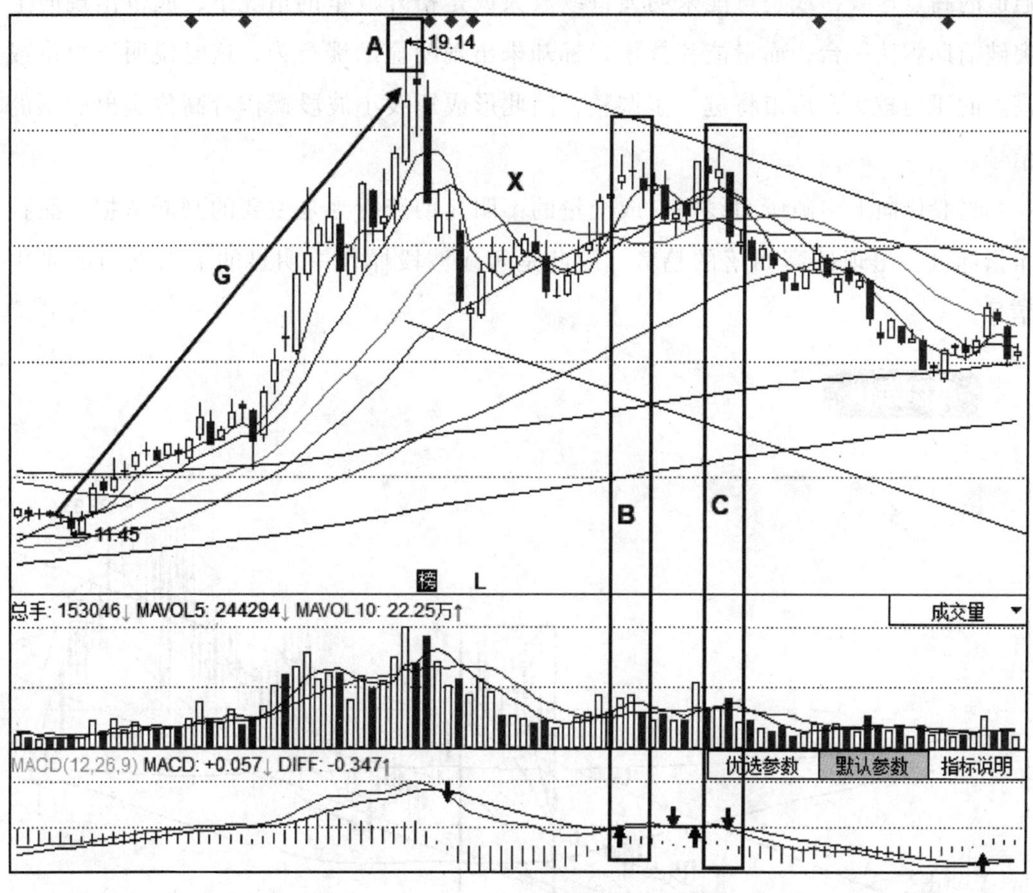


图 4－14　中泰化学的日线图

使低点出现高于前低的情况，也只能说明下跌的幅度较小和下跌的速度较慢，如图 4－14 中 X 区域的情况。

（2）大波段操作者，应在下降通道确认时卖出股票。小波段操作者，只要在两个震荡高点出现时，后一高点低于前一高点，其后成交量为阴量，技术指标呈弱势向下，即可确认为趋势反转卖出股票信号，如图 4－14 中 B 区域的情况。如果是中长线大波段操作者，可在下降通道成立后再选择卖出，如图 4－14 中 C 区域的情况。

## 4.4.2　突破压力线的卖出信号

突破压力线的卖出信号，是指股价在形成上升通道后，量能和技术指标保持稳步上行的过程，在不出现明显的突破压力位的上涨时，突然出现股价向上突破上升通道的高点连线，或是量能未明显持续放大或是格外放量的情况下，股价出现向上突破前期震荡平台，而量能和技术指标却未出现明显助涨行为，这时说明压力位或高点的压力较大，后市将进一步调整，因此形成短线小波段操作者高位卖出股票的信号。

当股价向上突破压力线时，成交量的不明显助涨行为是主要的判断依据，而技术指标也会出现冲高回落的趋势，因此是短线波段操作中明显的上涨乏力的卖出信号。

案例解读

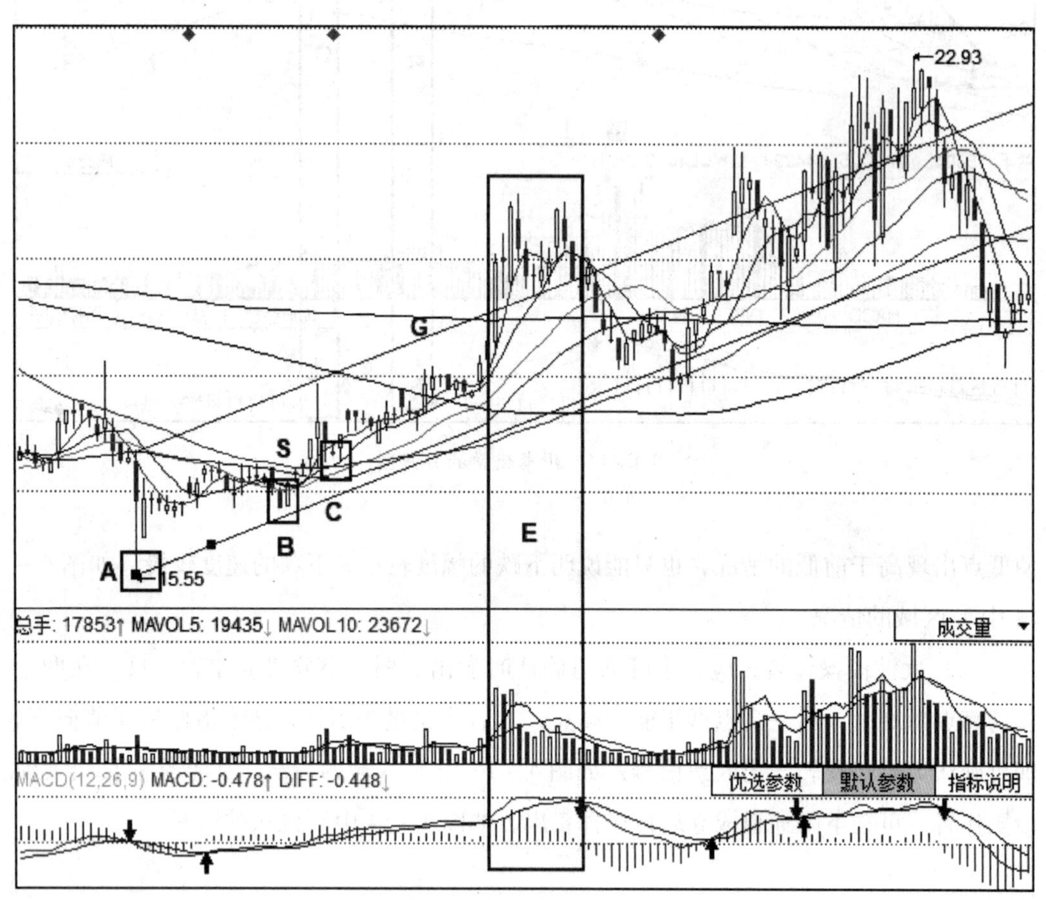


图 4－15　康强电子的日线图

图 4－15 是康强电子（002119）的日线图，在 A、B、C 区域三个低点不断抬高

的情况下，确认 S 区域的上升通道。在其后的上涨过程中，当进入 E 区域时，股价出现放量突破高点连线 G 线，即高点压力线，但成交量无法持续放量，出现持续的缩量，表明上涨缺少动能，同时 MACD 指标出现冲高后的震荡回落，形成死叉。这表明，股价短期受到上方的压力较大，因此是小波段操作中股价处于高点即将回落调整的卖出信号。

实战要点

（1）股价向上突破压力线，即如图 4－15 中 S 区域的股价向上突破上升通道的上轨线，也就是高点连线，或是前期的高位震荡整理区域。

（2）股价向上突破压力线时，必须保持量能放大状态下的股价持续强势，若量能不支持，技术指标出现冲高回落，则意味着这种突破难以持续，会形成小波段的高点卖出信号。

### 4.4.3　跌破支撑线的卖出信号

跌破支撑线的卖出信号，指在上升通道成立后，当股价向下跌破上升通道中下方的低点连线时，没有出现止跌回升，这就说明上涨趋势已经转弱，所以是卖出股票的信号。

判断股价跌破支撑线时的弱势信号，是成交量以放大状态的阴量持续出现、技术指标出现高位死叉或快速回落、股价跌破重要均线支撑后无法止跌。所以判断的关键，在于成交量、技术指标和股价跌破支撑线时的表现，股价的前期涨幅有一定的参考意义，但意义并不大。只有在累积涨幅较大出现时，趋势转弱的概率才更高些，所以前期涨幅不是判断的主要依据。

案例解读

图 4－16 是科陆电子（002121）的日线图，在接连 A、B、C 三个低点不断出现抬高后，确认 S 区域为上升通道，其后的上涨过程中，在 E 区域虽然出现跌破低点连线 G 线的情况，但很快就回升到支撑线 G 线之上，因此此时不应卖出股票。到了 D 区域后，股价再次出现向下跌破支撑线 G 线，成交量在缩减的情况下转为阴量，MACD 指标呈明显的双线向下趋势，表明此时形成趋势转弱的卖出信号，应果断卖出股票。如

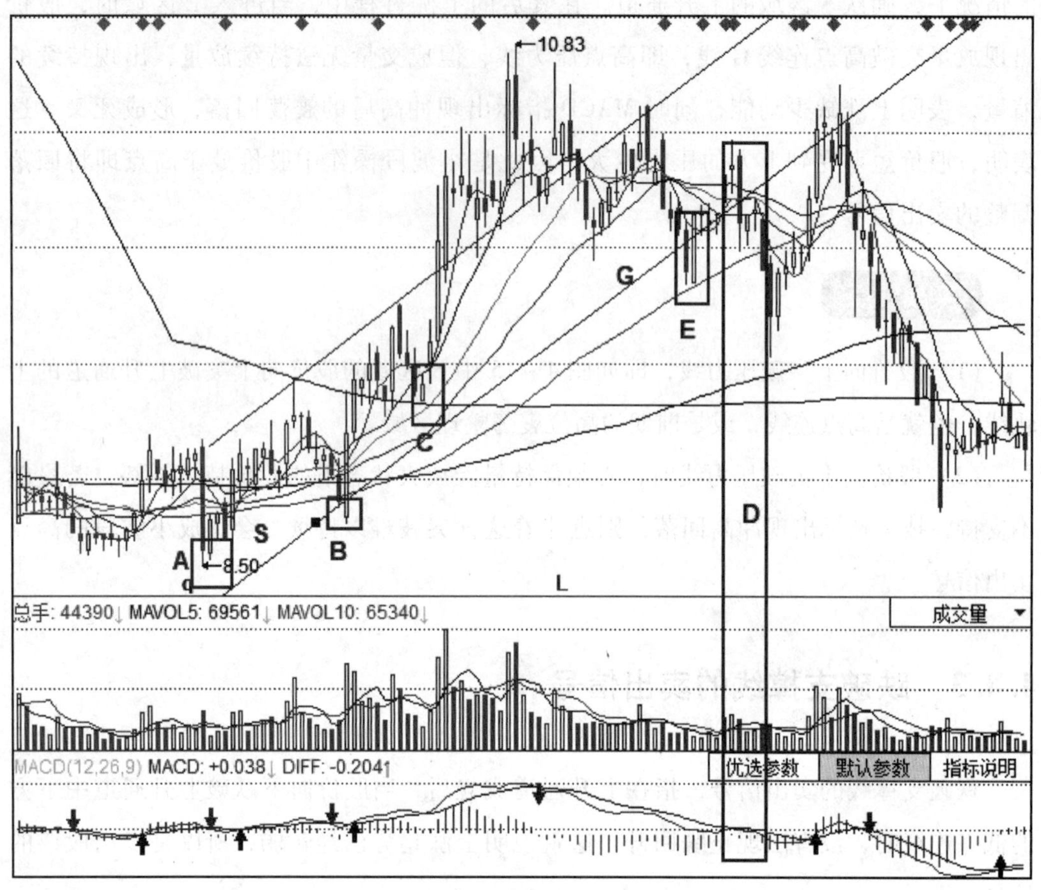


图 4－16　科陆电子的日线图

果从累积涨幅来看，高点与低点相比，最高只上涨了 80% 多。

## 实战要点

（1）股价跌破支撑线，是指股价向下跌破上升通道的低点连线，如图 4－16 中 E 区域与 D 区域的情况。

（2）如果要判断股价跌破支撑线后是否形成趋势转弱的卖出信号，应观察股价在跌破支撑线后是否能够止跌回升，成交量和技术指标是否支持上行，如图 4－16 中 E 区域与 D 区域的情况。如果股价快速回升到支撑线之上，表明趋势尚未转弱，不应卖出股票，如图 4－16 中 E 区域的情况。

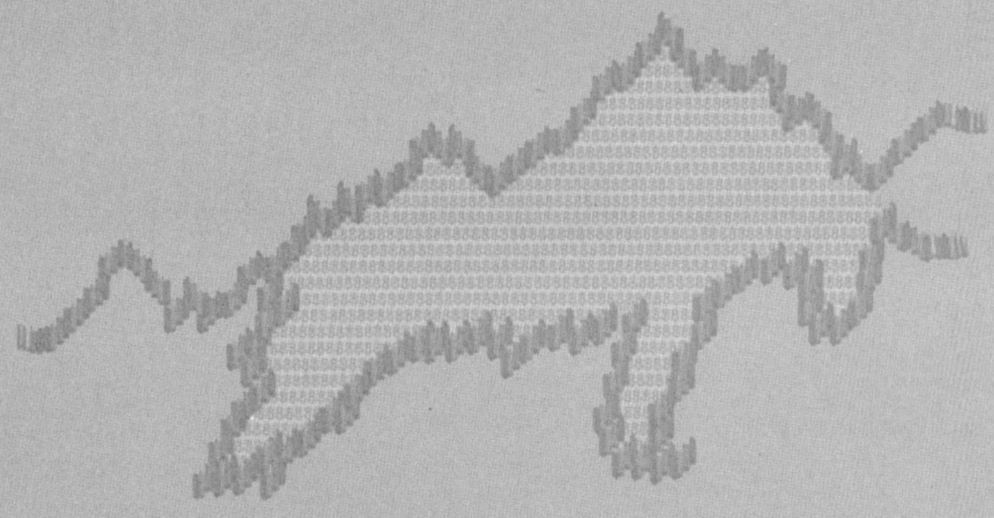

/ 第5章 /

# 成交量：追踪量能波动的买卖信号

无论趋势如何演变，都说明市场资金流动的方向，比如上涨时大多数资金是以买入为主，而下跌时，大多数资金又会以卖出为主。趋势的变化，都能够从成交量的变化中窥到端倪，因为量能决定了资金的动向，同时决定了趋势的变化。所以在看盘时，追踪成交量的变化，才能准确地洞悉到买卖股票的信号。

# 5.1　成交量的表现形式

不同颜色的成交量代表不同的意义，而且量柱的长短也代表不同的意义，只有充分了解成交量的不同表现形式，才能从量能的角度准确判断趋势变化的买卖信号。

## 5.1.1　阴量柱

阴量柱，就是成交量显示区域中表现成交量的量柱为绿色。这表明，在这一交易时间内，盘中卖出的股票交易量要大于买入股票的交易量，即市场是以卖出股票为主的。所以，若以单一成交量来看，在这一时间内以卖出股票为主，则意味着股价会出现下跌，是主跌的信号，应当以卖出回避的操作为主。

然而，在判断行情与趋势变化时，阴量只有形成格外放大的长阴量柱，或持续当前放大水平的情况下，股价持续下跌的状况才会显现。也就是说，用阴量判断股价的下跌，是与量能的大小有关系的。

不过对这种阴量大小的判断，应以相对的眼光来看，结合之前的量能才能做出准确的判断。比如在震荡弱势下跌趋势中，量能始终保持在较低水平时，如果阴量柱出现小幅的变化，无论是变长还是变短，意义通常都不大，只有格外放大时才有参考价值。因为在下跌或弱势运行中，股票的参与度本身就极小，阴量柱细微的大小变化，只能代表当前投资者的市场情绪，对整个趋势的变化影响不大。

案例解读

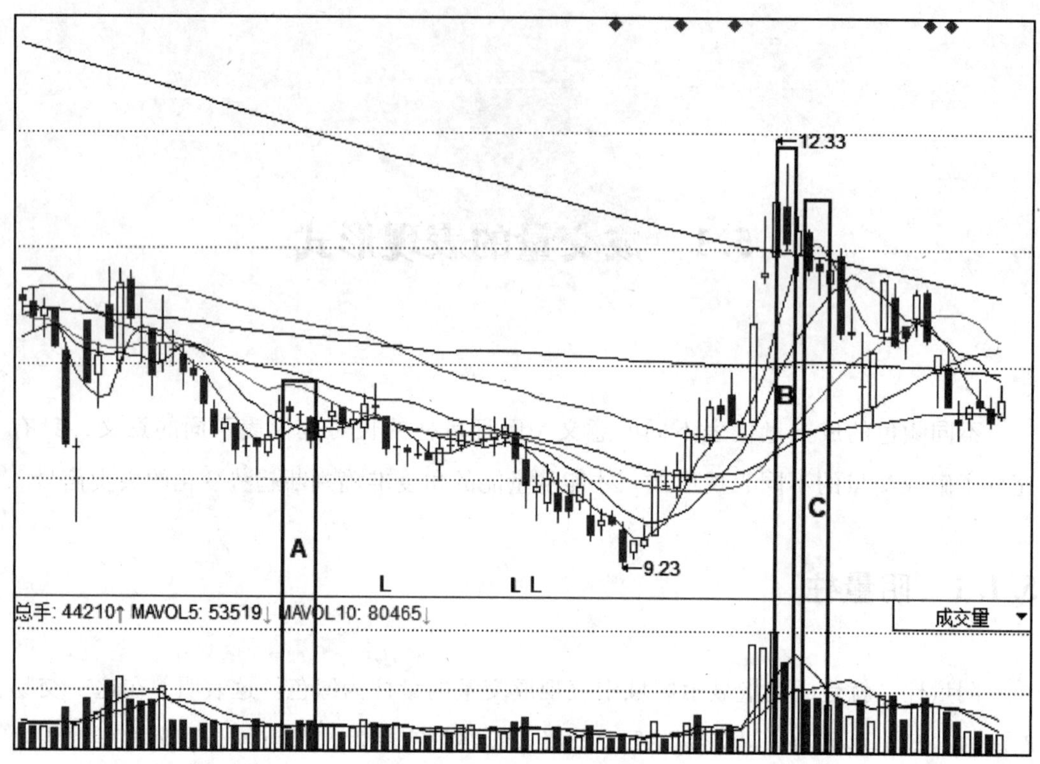


图 5－1　梦网集团的日线图

图 5－1 是梦网集团（002123）的日线图，在弱势震荡趋势中，A 区域出现接连三根绿色的成交量柱，即为阴量柱，但当前柱量均较短，所以阴量的接连放大，并未影响到当前的股价趋势出现大的变化，依然维持在了当前的弱势震荡。到了 B 区域，股价在上涨过程中，量能与之前相比呈现明显放大的情况，出现一根绿色的成交量状柱，且保持了当前较大的量能水平，表明此处上涨行为遇到大量的卖盘，股价出现冲高后的快速回落。其后的 C 区域，同样形成两根绿色的阴量柱，从长短可看出，量能大小依然保持在当前放大水平，不过是较前几个交易日中的量能略有缩减，但股价依然呈持续下跌的状态。如果再结合 B 区域的情况，就可以判断出趋势的持续下行，也就说明前期的放量上涨已经结束。

**实战要点**

（1）阴量柱在 K 线图上，是指位于 K 线显示下方的成交量区域，表现为绿色的成交量柱，如图 5－1 中 A、B、C 区域的情况。

（2）阴量柱代表盘中是以卖出为主的状态，同时又有长短之分。长的阴量柱代表量能较大，如图 5－1 中 B 区域和 C 区域的情况；短小的阴量柱，代表量能较小，如图 5－1 中 A 区域的情况。

（3）在研判行情与趋势演变时，单一的量柱除非特别大，或是保持在当前放大水平下，才会具有下跌的意义，如图 5－1 中 B 区域。连续放大水平下的阴量柱的出现，同样意味着趋势的转跌，如图 5－1 中 C 区域的情况。

### 5.1.2　阳量柱

阳量柱，即在成交量显示区域中，颜色呈红色的成交量柱。和阴量一样，阳量柱有长短之分，较长的阳量柱代表在这段时间内的成交总量较大，较小的阳量柱则代表成交量在这段时间内较小。

然而，和单根阴量一样，单根阳量往往也只是短暂的上涨波动，只有阳量能够持续出现时才具有实战意义。同时阳量柱出现，较小状态下的持续阳量，只能代表资金的持续涌入，尤其是在较低水平的成交量情况下。如果偶尔出现阳量的放大行为，并不能改变当前的趋势，只有在放大状态下出现的阳量持续才是稳健的上涨征兆。

因此，在根据阳量判断买点时，应看这种阳量的出现是否能够持续，并且要看在什么数量水平下出现的持续放大，才具有参考意义。

**案例解读**

图 5－2 是宝德股份（300023）的日线图，在震荡趋势中，成交量处于较低水平，于 A 区域接连出现阳量，并出现单根阳量的突然放大，说明此时股票处于盘整向上的波动。进入 B 区域后，成交量在放大状态下，出现持续阳量的放大，造成股价持续上涨。

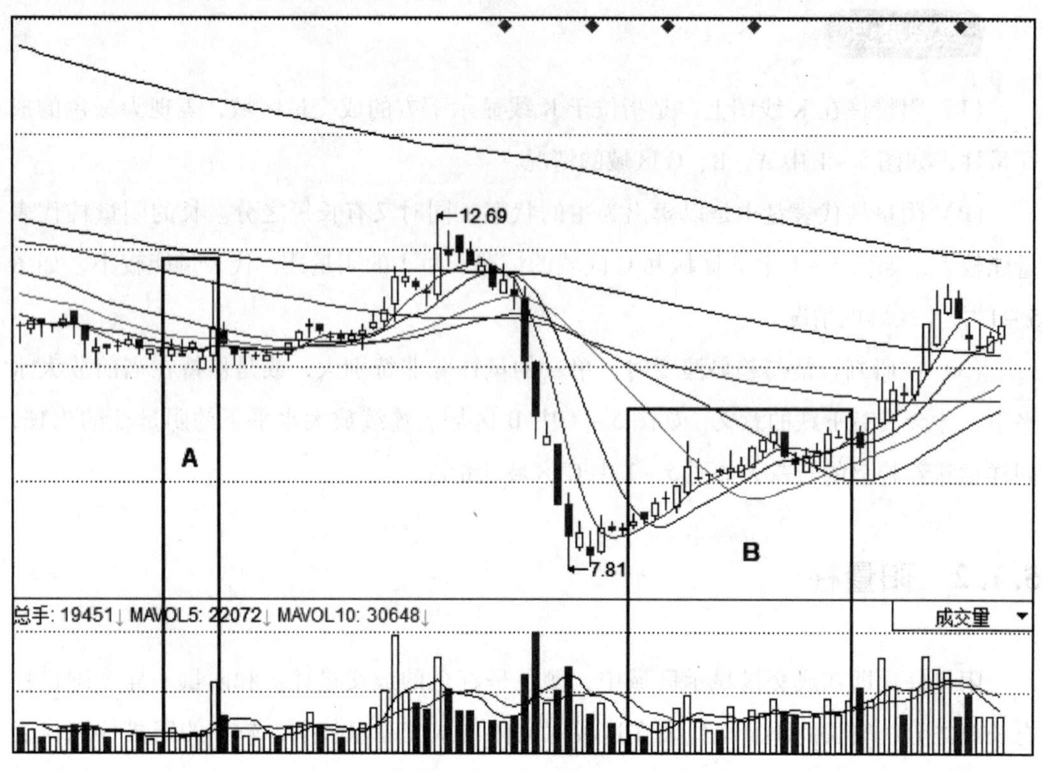


图 5－2　宝德股份的日线图

实战要点

（1）阳量柱是指成交量区域中的红色成交量柱，其长短代表量能的大小，如图 5－2 中 A 区域为较低水平下的阳量柱，B 区域为放大状态的阳量柱。

（2）在根据阳量柱判断行情与趋势演变时，单根阳量的意义往往不大，尤其是成交量在较低水平下的阳量放大，意义通常不大，如图 5－2 中 A 区域的情况。只有当放大状态的阳量持续出现时，上涨行情才会持续，如图 5－2 中 B 区域的情况。

# 5.2　成交量在判断买卖信号时的重要作用

当买卖信号出现时，成交量总会有相应的反应，因此，成交量是辅助判断买卖信号不可忽视的重要依据。只有量能出现助涨或助跌时，买卖信号才能成立。

## 5.2.1　成交量的助涨形态及作用

成交量的助涨行为，是指股价在上涨过程中，成交阳量出现持续放大的形态。具体的表现形态为：（1）持续放大状态下的阳量柱；（2）放大状态的阳量柱温和变长；（3）保持相对较高水平下的阳量柱突然变长。

这三种成交量形态一经出现，说明股价在上涨时得到了量能的支持，形成健康的助涨形态。股价的上涨，是由于买入股票的资金数量越来越多，导致股价不断向上攀升。这是供需关系变化的结果，所以，一切的股价上涨，如果脱离了成交量的支持，往往是难以持续的。

这里需要注意一个问题，因为 A 股市场受涨停板制度的制约，当一只股票出现以涨停价开盘时，成交量往往不大，甚至是没有成交量。这是由于盘中没有卖盘或卖盘极少造成的，所以是一种健康的上涨行为，股价此时往往表现为一字涨停或 T 字涨停。这是一种特殊的成交量状态，应区分来对待。

**案例解读**

图 5－3 是机器人（300024）的日线图，在 B 区域的弱势情况下，成交量阳量在保持相对于 Z 区域较大的前提下，出现小阳量柱的持续变长，但到尾声时突然出现阳量

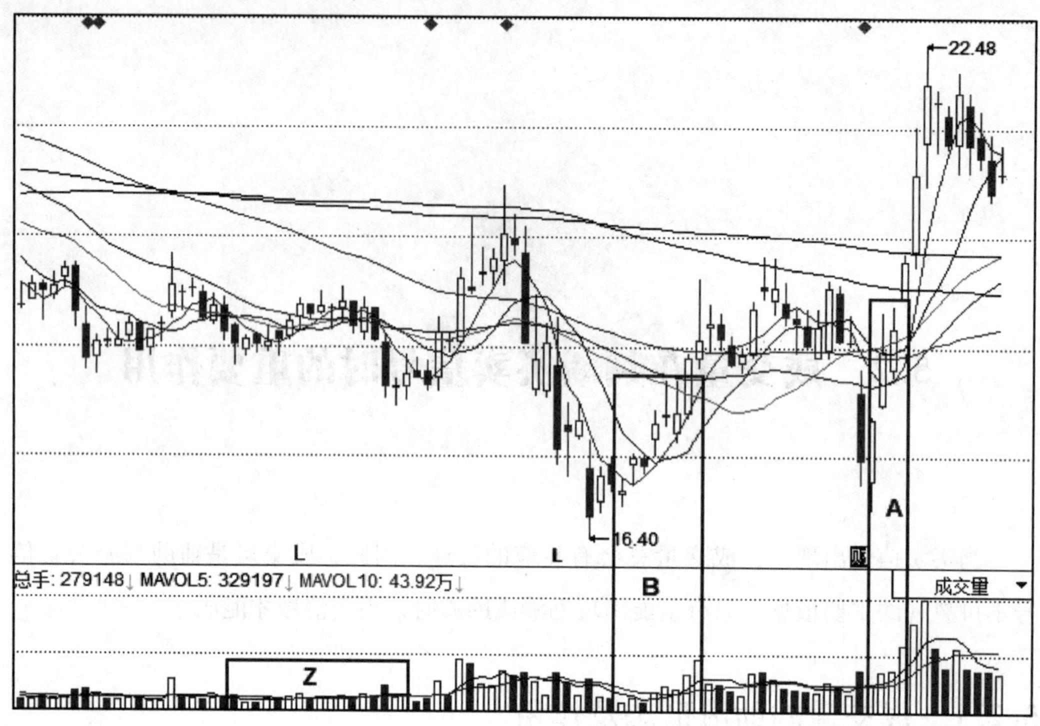


图 5-3 机器人的日线图

的快速增长，阳量柱明显变长，股价持续上涨，成交量对股价形成助涨。其后在 A 区域，股价再次出现持续上涨，成交阳量柱在保持较高量能水平下再次出现持续明显的变长，同样形成一种对股价的助涨，为买入股票的信号。

**实战要点**

（1）成交量的助涨形态，表现为持续较高水平下的阳量柱不断出现，或成交量保持相对较高水平下的阳量柱持续变长或突然变长，如图 5-3 中 A 区域与 B 区域的情况。

（2）如果是在震荡趋势中出现成交阳量柱保持小幅变长，只能证明股价在震荡走高，虽然也是一种助涨的行为，但并不意味着后市行情能够持续，因此应谨慎参与这种小幅反弹行情。

### 5.2.2 成交量的助跌形态及作用

成交量的助跌，是指当股价由涨转跌时，成交量保持在当前较高水平下的持续阴量，或出现格外放大的阴量柱，表明这种下跌得到了成交量的配合，形成成交量对股价的助跌。之所以形成这种助跌的形态，是因为在涨势良好的状态下，突然涌现出大量的卖盘，使得上涨趋势遇到极强的阻力作用。

另外，如果是在震荡趋势中，当股价下跌时，量能可能不会出现明显的放大，但只要保持阴量不断，或是出现阳量缩减，就意味着股价上涨乏力，股价会转为下跌。这是因为，在震荡趋势里，甚至是小幅上行过程中，原本成交量就不大，保持在了较低的水平，市场参与度不高。所以在震荡趋势中，只要出现阳量滞涨，就可认为是上涨无力的行为，同时只要阴量下跌，就是下跌行为，量能变化往往不会十分明显。

需要注意的是，当股价出现一字跌停时，成交量是没有或是极小的，此时是一种特殊的无量下跌行为。

案例解读

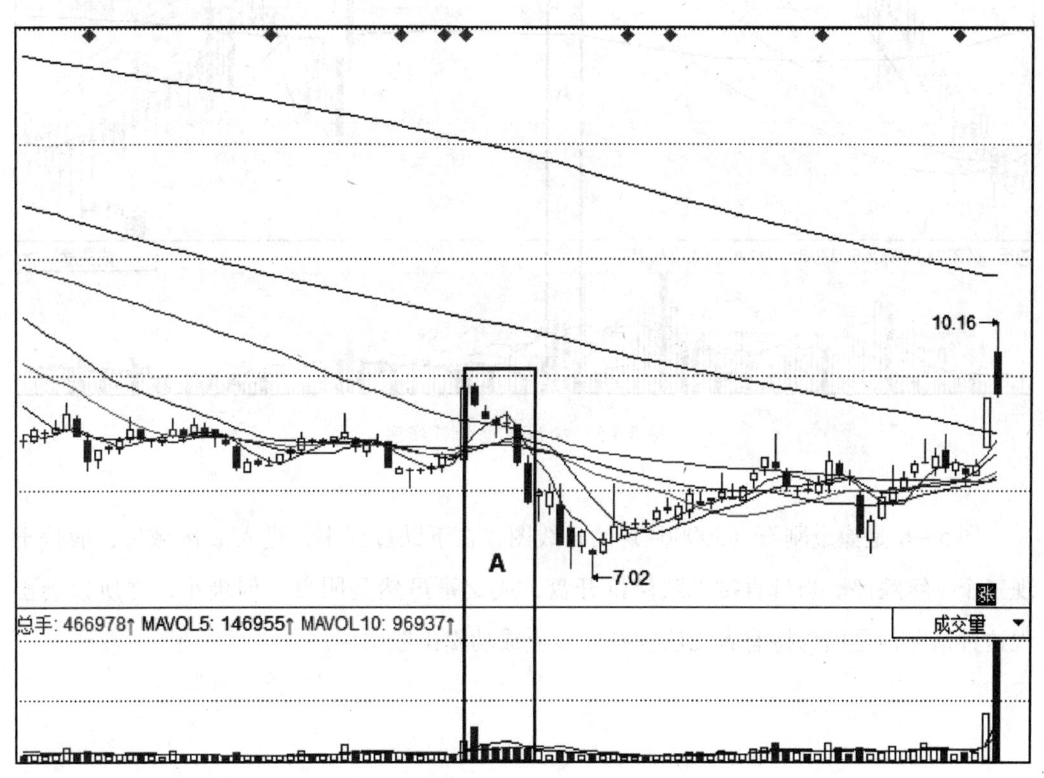


图 5－4　阳普医疗的日线图

图 5－4 是阳普医疗（300030）的日线图，在震荡趋势里，当进入 A 区域震荡走弱

时，成交量虽然为阴量，但放大不明显就形成助跌作用。这是因为此时盘中走势较弱，市场买入力量较小造成的。

图 5-5 是金龙机电（300032）的日线图，在上涨趋势中，当进入 A 区域时，成交量保持在较高水平下的持续阴量，股价快速下跌，就是成交量的助跌作用引发的。这是因为，卖方力量的突然持续出现，造成趋势突变时股价的下跌。

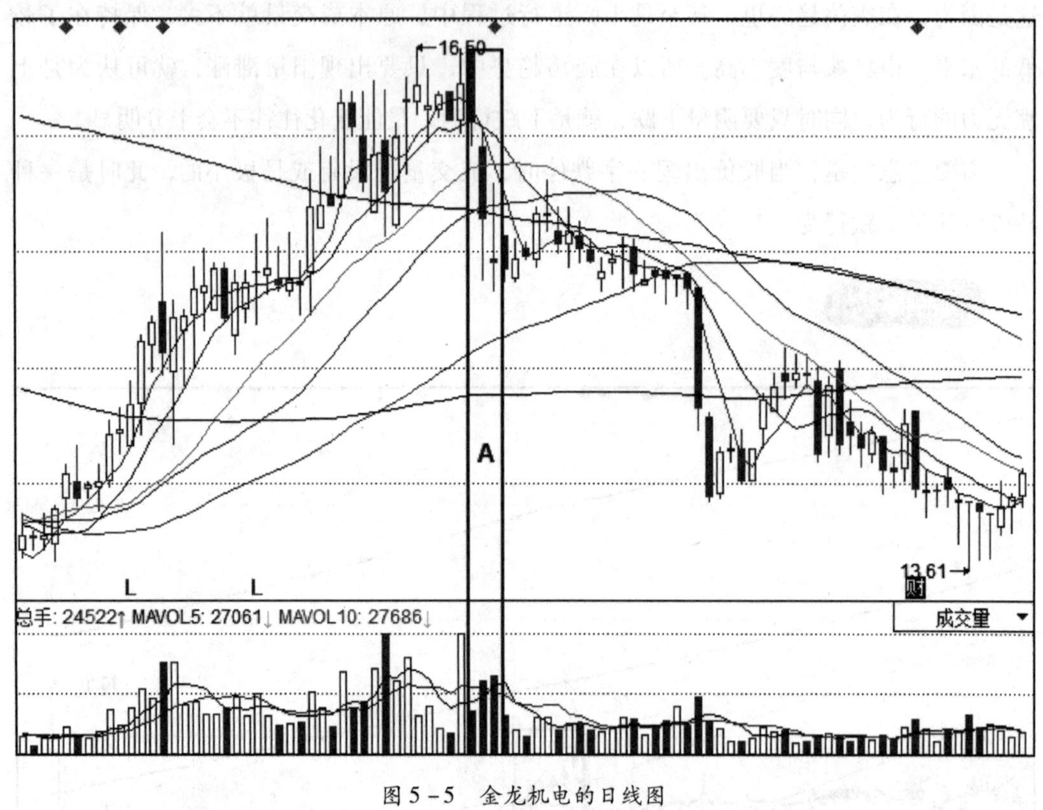


图 5-5　金龙机电的日线图

图 5-6 是豫金刚石（300064）的日线图，在下跌过程中，进入 A 区域后，股价出现三个一字跌停。当日直接以跌停价开盘，成交量虽然是阴量，但极小，之所以会出现这种情况，是因为持有者无法在跌停板上成功卖出股票。

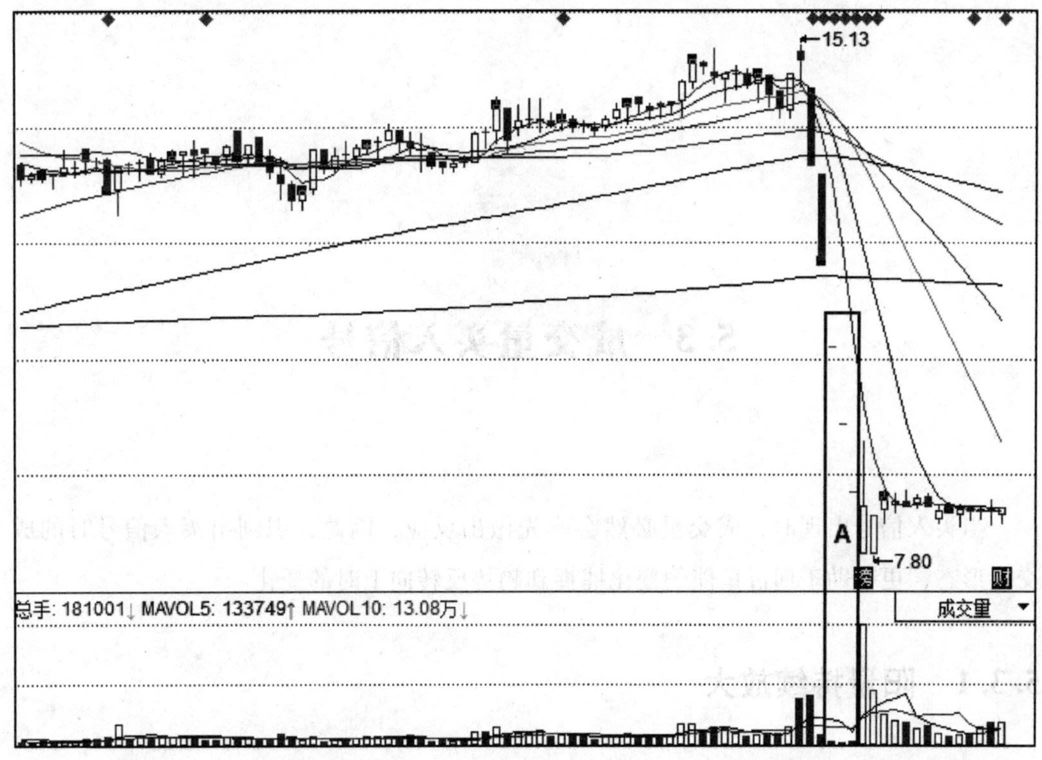


图5-6 豫金刚石的日线图

实战要点

(1) 成交量助跌时，均表现为阴量。在震荡行情中，股票出现震荡走高，阳量无法继续是转跌的表现，如图5-4中的情况。上涨趋势中的转跌，需要较高水平下的持续阴量来完成助跌行为，如图5-5中的情况。

(2) 当股价出现一字跌停时，成交量会极小，但这不是止跌的征兆，而是因为股价跌停后持有者无法进行交易导致的，因此也是一种持续下跌的表现，如图5-6中的情况。

# 5.3 成交量买入信号

当买入信号出现时，成交量必然会率先做出反应，因此，识别出买入信号时的成交量形态，更有助于通过量能的变化捕捉到趋势反转向上时的变化。

## 5.3.1 阳量持续放大

阳量持续放大，是一种健康的助涨行为的征兆，是指成交量在呈阳量的情况下，出现持续的增长和放大，具体表现在K线图上时，可以发现成交量区域的阳量柱出现明显的持续变长的情况。

由于震荡趋势中成交量通常是在较低水平状态下上下反复伸缩，所以此时的小阳量持续放大，只能表明短线资金的不断介入。若要判断其后股价是否会出现大幅上涨，应结合股价具体走势和阳量是否较长时间在股价低区聚集，来分析主力资金是否真的介入了一只股票。所以，较低水平下的小阳量持续放大，也就是通常所说的地量水平下的小阳量持续放大或出现，是不能单独用来判断行情演变的。

只有成交量在一定放大状态下出现的阳量持续放大行为，股价出现持续上涨形成量价齐升状态，或是阳量持续放大、股价却出现滞涨，才是股票快速启动上涨时的买入信号。此时，技术指标往往会出现与股价同步向上的运行状态。在成交量较低水平下出现的小阳量持续放大，技术指标的趋向经常会发生与股价运行方向的背离，此时应根据背离状态结合大趋势演变来判断行情。

案例解读

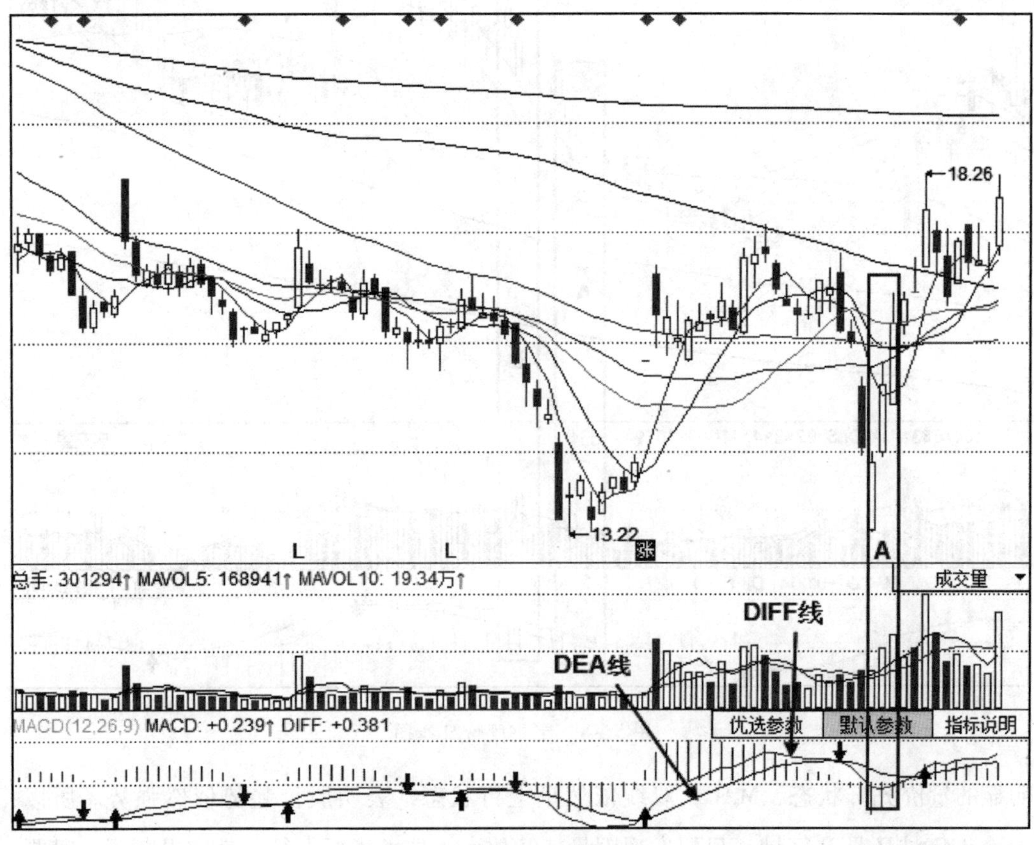


图 5 - 7　数字政通的日线图

图 5 - 7 是数字政通（300075）的日线图，自低位上涨后，成交量出现明显的放大，这从成交量柱均较长的情况即可得出结论。在上涨后的震荡下跌过程中，当进入 A 区域时，成交量接连在三个交易日呈阳量，并且阳量柱的长度明显是后一根要高于前一根，形成放大状态下的持续阳量，股价持续上涨。与此同时，MACD 指标中 DEA 线已出现下行渐缓，即将转为上行。当 DIFF 线明显转为上行时，说明股价短线已转为上涨，形成趋势短期转变的买入股票信号，应果断选择买入股票。

图 5 - 8 是宝钢股份（600019）的日线图，在上涨调整行情中，进入 A 区域，当成交量呈阳量状态较高水平时，出现阳量柱变长，形成阳量持续放大形态，说明调整已经结束。而 MACD 双线呈明显的上行状态，股价先滞涨后转为上行，因此是买入股票的信号。其后的 B 区域，再次出现量能缩减后的持续阳量放大，股价持续上行，形成

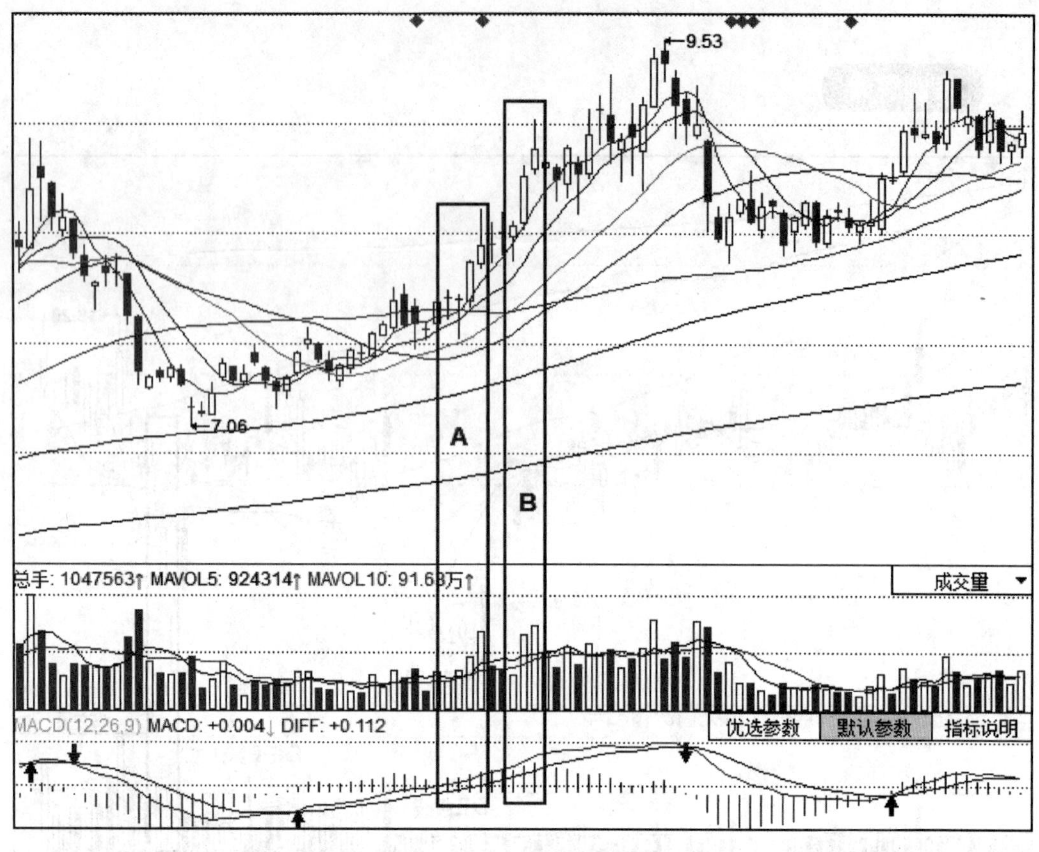


图 5－8 宝钢股份日线图

明显的量价齐升状态，MACD 双线依然呈上行状态，表明股价趋势依然强势。所以，无论 A 区域还是 B 区域，只要发现阳量持续放大、技术指标上行，就应果断买入股票。

## 实战要点

（1）如果阳量持续放大出现在弱势反弹行情中，应确保成交量是在放大状态下出现阳量持续放大、技术指标出现短期上行的情况，方可确认为买入股票的信号，如图 5－7 中 A 区域的情况。

（2）当上涨调整结束时，同样会出现阳量持续放大，若是接连出现阳量放大的情况，表明上涨持续，通常技术指标也是呈上行状态的，如图 5－8 中的情况。若是出现技术指标下行，则是一种背离式上涨，只要确保此时阳量持续放大，即可忽略技术指标的走向。

（3）如果成交量处于较低水平下，通常表现为地量状态下出现的小阳量持续放大，那么就不能单独作为判断行情变化的依据。

## 5.3.2　量堆

量堆，是指股价在运行过程中，成交量一直处于相对较低的状态时，突然出现成交量柱变长的情况，并且在其后的一定时期内成交量都保持在这一水平状态。其间以阳量居多，整个成交量的形状像一个小的土堆，显得比较明显但股价出现震荡，同时在这一量堆期间，换手率一直较高，技术指标也呈震荡的表现。

这种情况一旦出现在大幅下跌或快速下跌后的低位区或震荡走低后的区域，就意味着其后必然会出现快速上涨。因为这是一种放阳量滞涨的行为，也是量先于股价放大的表现，是资金快速介入一只股票的表现，因此是一种买入股票的信号。

如果量堆出现在股价的较高区域，并且阴量与阳量参半，甚至是阴量总体超过阳量，或是一出现阴量时即表现为量柱较长，技术指标也呈下行状态，那么就应引起注意了，尤其是股价出现高位震荡时，反而不应视其为买入信号，要远离这种形态的股票。

案例解读

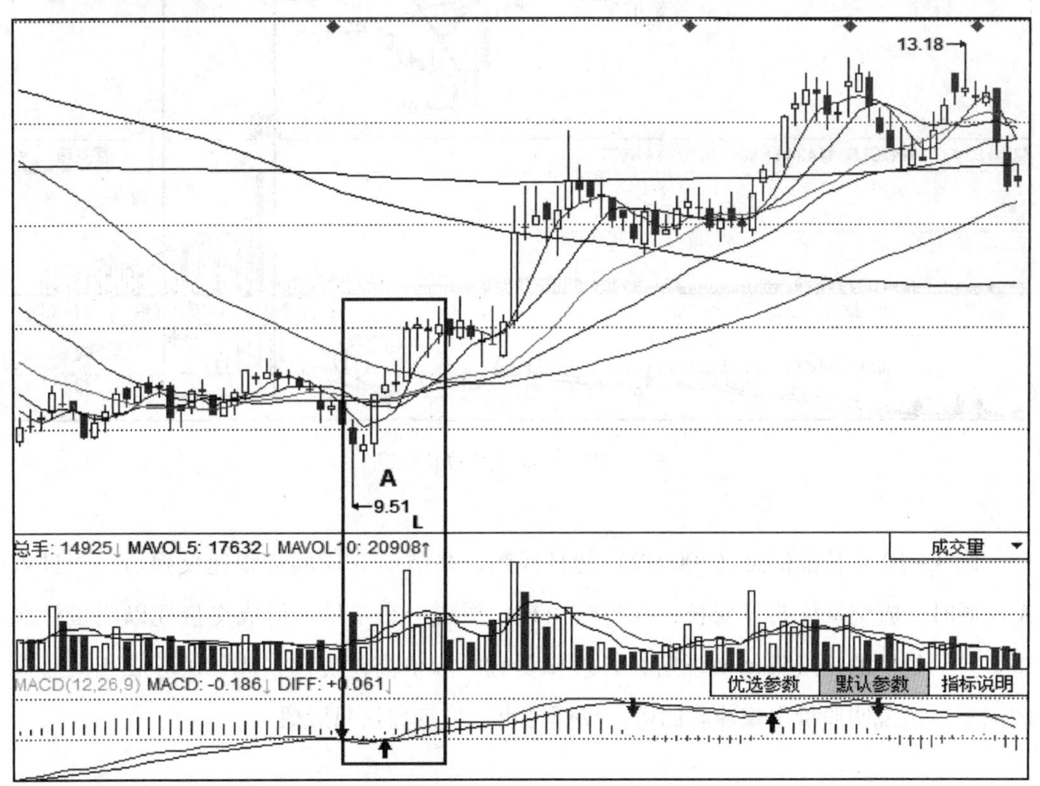


图 5－9　康芝药业的日线图

图 5－9 是康芝药业（300086）的日线图，在弱势震荡趋势中，进入 A 区域后，成交量柱明显出现变长的情况，并接连呈放大状态下的阳量柱，其间只有首次放量时的一根阴量柱，股价出现小幅震荡的上涨，形成量堆，并且此期间的换手率由原来的不足 1% 一下子升至 1% ~2%，表明有资金在快速介入。MACD 双线也在震荡中出现金叉后双线向上运行，形成明显的股价即将快速启动的买入股票信号，投资者应果断在量堆形成后买入股票。

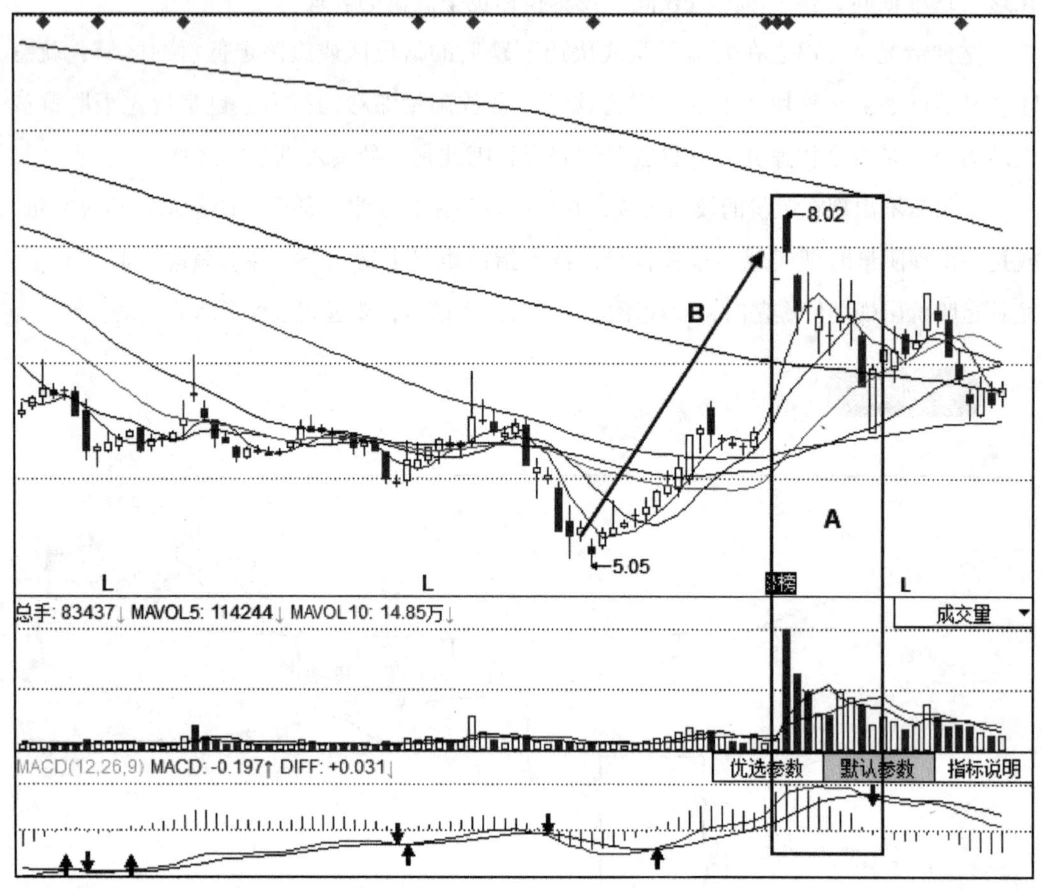


图 5－10　精准信息的日线图

图 5－10 是精准信息（300099）的日线图，在结束 B 段弱势快速反弹后，当进入 A 区域时，成交量柱明显变长，并持续出现，形成一个量堆，但成交量柱以阴量柱居多，且阴量柱的长度整体来说明显长过阳量柱，股价高位震荡，MACD 形成死叉后双线向下。这说明股价出现冲高回落，反弹结束，应远离这只股票。

**实战要点**

（1）量堆出现时，往往从成交量柱的长度上即可发现，为突然变长后的持续较长量柱的堆积，但只有阳量柱居多，并且是出现在股价相对较低、技术指标向上运行时，方可认为是买入股票的信号，如图 5－9 中 A 区域的情况。

（2）若量堆形成时是在股价高位，并且多为明显的较长状态的阴量柱，技术指标又呈向下运行的状态，则反而不应买入股票，如图 5－10 中 A 区域的情况。

### 5.3.3　大幅缩量后持续阳量

大幅缩量后持续阳量，是指成交量在前面放大的情况下，其后出现持续的大幅缩量行为，但在随后转为阳量，且持续出现。这种形态通常出现在上涨趋势的调整行情中，大幅的缩量意味着盘中卖盘的减少，持有者出现惜售心理，导致盘中交易量的持续减少。当转为阳量后，又出现持续阳量，甚至是阳量柱不断变长的情况时，表明市场上买盘强劲。因此，这是一种上涨趋势中的短线调整行情结束的征兆，是买入股票的信号。

在根据大幅缩量后持续阳量买入股票时，应观察技术指标，必须短线出现明显的向上运行的趋势，方可确认调整的结束。

**案例解读**

图 5－11 是金通灵（300091）的日线图，在 B 段落明显的上涨趋势中，出现 E 段调整后，进入 A 区域，成交量出现明显的大幅逐渐缩减，但在转为阳量后，出现持续阳量后的逐渐放大，形成大幅缩量后持续阳量的形态。MACD 双线在震荡中出现明显的金叉向上运行的情况，表明调整已经结束，是买入股票的信号。其后，出现 C 段的持续上涨。

**实战要点**

（1）只有在上涨趋势的短线调整行情中，出现大幅缩量后持续阳量形态，才是调整结束的买入信号，如图 5－11 中 B 区域的上涨趋势与其后 C 区域的短线调整，以及其后 A 区域的大幅缩量后持续阳量的情况。

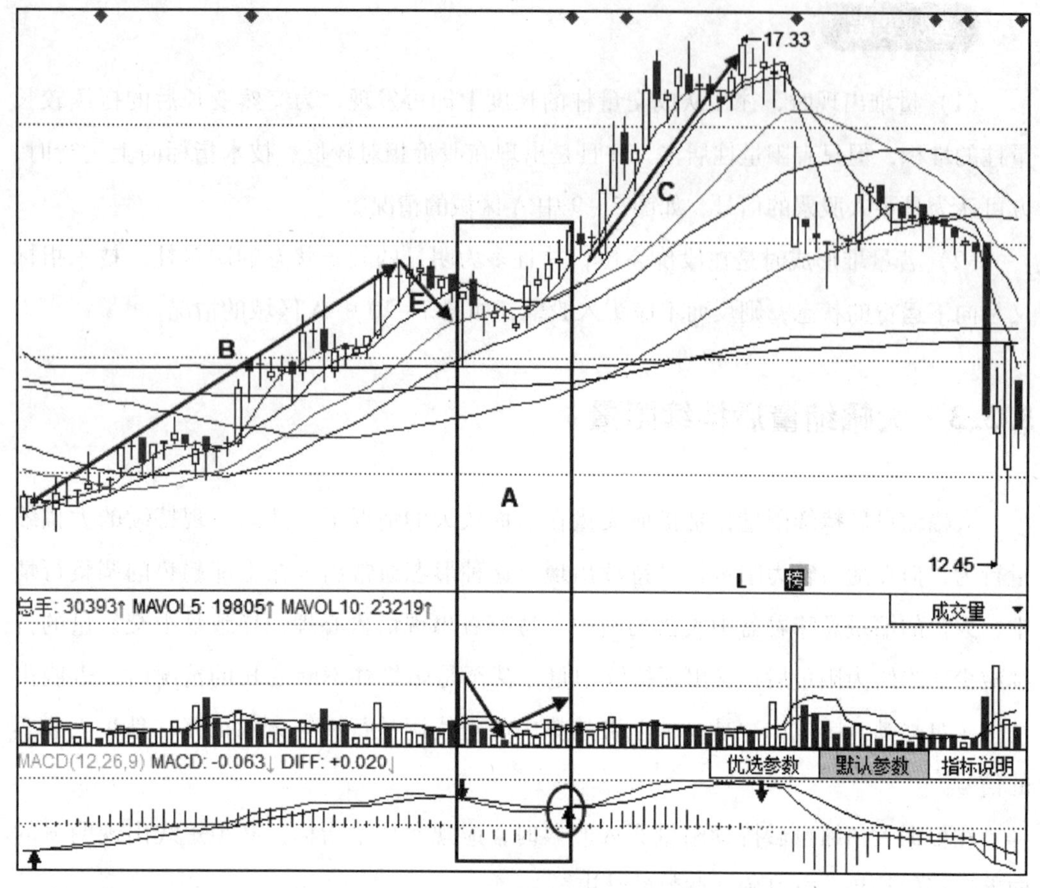


图 5-11　金通灵的日线图

（2）当上涨趋势的调整行情中出现大幅缩量后持续阳量的形态时，技术指标必须呈明显的向上运行的态势，方可买入股票，如图 5-11 中 A 区域的情况。

## 5.3.4　小阳量温和增长后突然阳量放大

小阳量温和增长后突然阳量放大，是指成交量处于较低水平的情况下，即成交量柱较短小时，出现阳量后，呈阳量状态的小幅地量柱逐渐变长，然后又出现阳量的突然放大。

这种形态多数是出现在弱势反弹行情中，小阳量温和放大，说明资金在不断涌入，买方力量在不断增强，之后的阳量突然放大，意味着买入资金从量上大举增加。所以，这是反弹行情加速上涨的表现，是短线捕捉快速上涨行情的买入信号。

由于这是一种短线的买入信号，所以在买入股票后，应重点关注量价关系中量能与 K 线的变化。一旦发现短线上涨行情无法持续，应果断卖出股票。但这时一些技术指标的变化，往往表现相对迟缓，所以这种买入的操作，应采取轻技术指标、重量价变化的策略。

案例解读

图 5－12 是双林股份（300100）的日线图，在弱势震荡行情中，进入 A 区域后，出现成交量保持在当前较低水平状态下的阳量柱持续增长，形成小阳量温和增长。其后进入 B 区域时，出现阳量的突然放大，形成小阳量温和增长后突然阳量放大，说明反弹加速，是短线买入股票的信号。但是在买入后，应在 C 区域形成 K 线形态中的高位星孕线形态时，果断卖出股票，而不要过于依赖技术指标。从 C 区域此时的 MACD 指标变化中可发现，K 线形成星孕线时，DIFF 线尚处于沿区间上沿平行运行的高位钝化之中，还未形成下行形态，反应较迟钝，而其后股价出现回落。

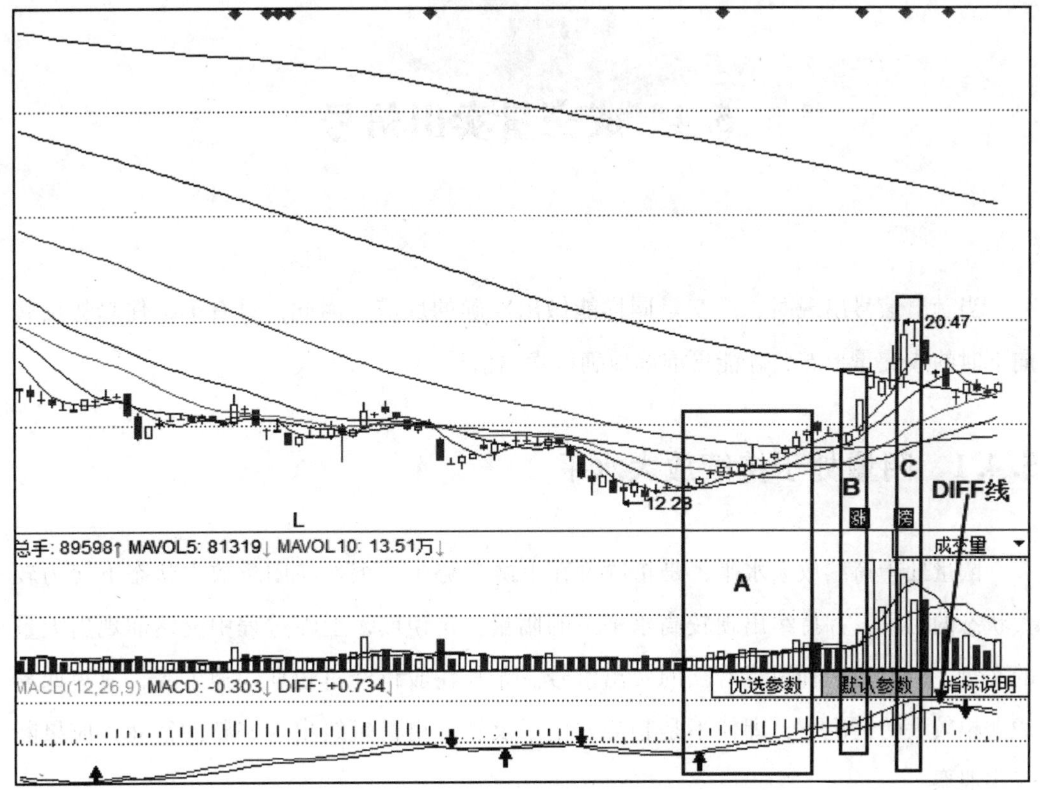


图 5－12　双林股份的日线图

**实战要点**

（1）小阳量温和增长后突然阳量放大，大多出现弱势反弹行情中，是反弹加速的表现，所以是短线买入强势股的信号，如图 5－12 中的情况。

（2）小阳量温和增长后突然阳量放大出现时，是阳量的突然放大，而非阴量，如图 5－12 中 B 区域的情况。

（3）在根据小阳量温和增长后突然阳量放大买入股票时，一定要基于短线操作，不可过于看重技术指标的变化，应多从量价关系和 K 线形态考虑，如图 5－12 中 C 区域的情况。即使未卖在最高点，也不应后悔，因为短线操作只要获利即可，不可期望过高，否则就会因过贪造成亏损。

# 5.4 成交量卖出信号

当卖出信号出现时，成交量同样能做出准确的反应，因此，只有牢记住趋势反转向下时的成交量形态，才能更准确地确认卖出信号。

## 5.4.1 阴量处于持续放大水平

阴量处于持续放大水平，是指股价在上涨趋势中，突然在阳量放大状态下转为较大状态的阴量，并持续出现较高水平下的阴量。这说明，上涨过程中突然涌现出大量的卖盘，所以是一种短线看跌的卖出信号。尤其在股价经过短期快速上涨，或短期累积涨幅较大的情况下，即使不是趋势发生了反转，也是短线出现调整的征兆，应果断卖出股票。

从短期趋势波动的角度来看，阴量持续放大水平的出现，意味着短期的趋势变弱，所以卖出股票时，应轻技术指标的走向，注重量价形态和 K 线变化。除非是基于中长期的目的持有股票，否则这种情况下应卖出股票。

案例解读

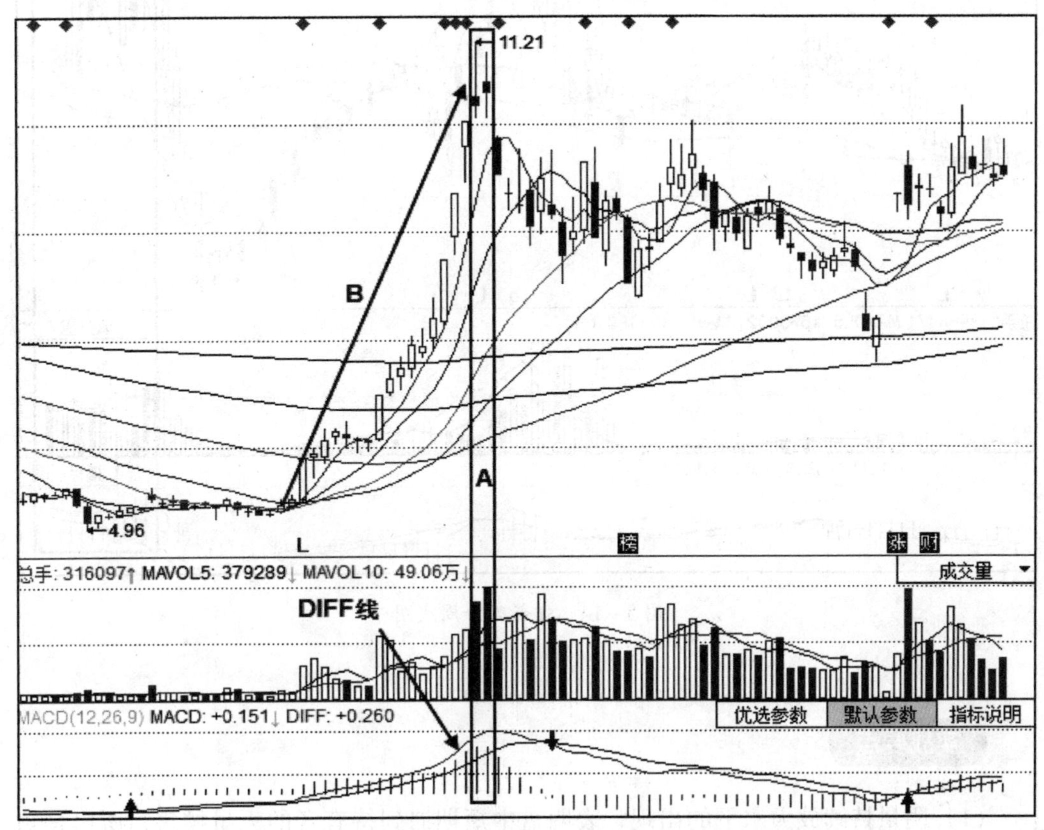


图 5－13　建新股份的日线图

图 5－13 是建新股份（300107）的日线图，在经历了 B 段持续快速的上涨后，当进入 A 区域时，股价短期涨幅出现翻倍行情，成交量却突然转为放大状态的阴量，并接连出现两个交易日的持续放大阴量。这说明短期盘中快速涌现出大量卖盘，是短线趋势转为向下的卖出股票信号，应果断卖出股票。观察 MACD 指标，正处于 DIFF 线沿区间上沿平行移动的高位钝化状态，尚未显示出下行之态。

然而，如果是中长线持有者，观察图 5－14 中的周线图发现，在创新高回落后的 A 区域，各条均线依然呈向上运行的多头排列，MACD 双线依然稳健向上运行，所以可以忽略短期的波动，继续持股。

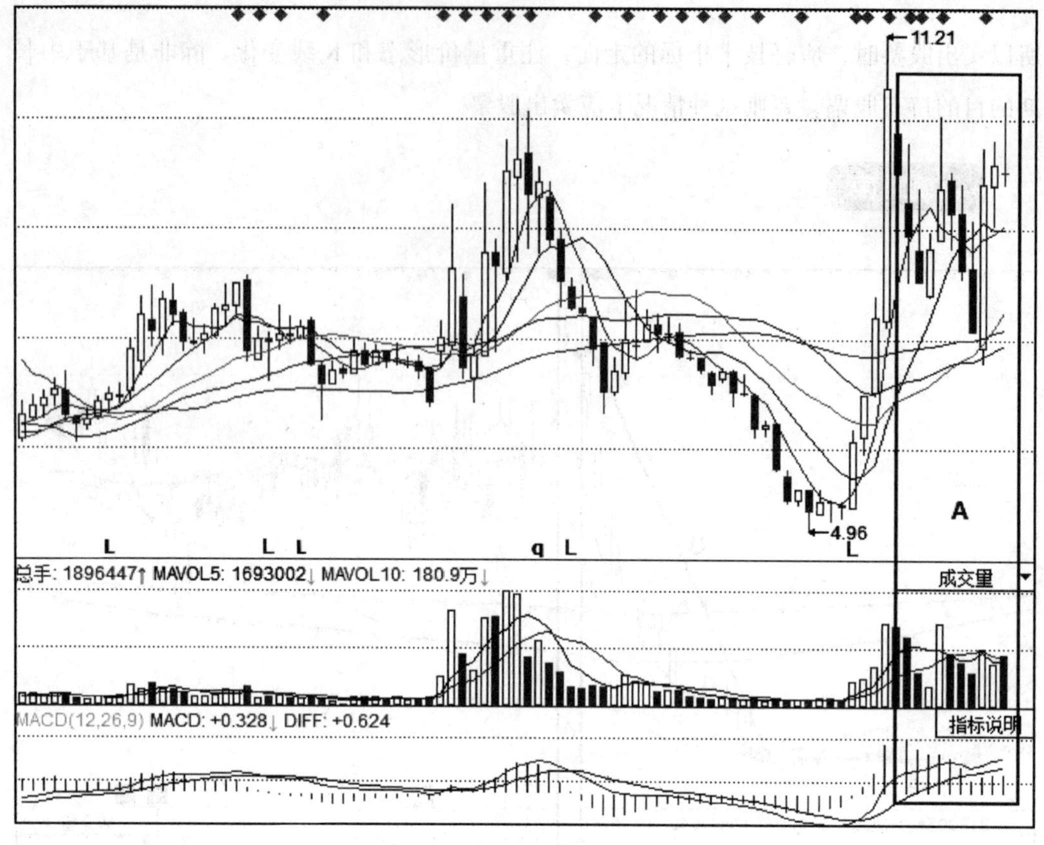


图 5－14　建新股份周线图

实战要点

（1）阴量持续放大水平的出现，表明盘中短期遇到持有者的大量抛售，所以是短线看跌的卖出信号。因此，只要是波段操作者，均应卖出股票，尤其是股票在短期涨幅较大的情况下出现这种情况时，更是快速转跌的表现，如图 5－13 中的情况。

（2）如果是中长线投资者，在发现一只股票出现阴量持续放大水平的情况时，应从更长周期的 K 线图去观察趋势，如图 5－14 中 A 区域的情况，如果发现趋势未转跌，应继续持股。但如果是在更长周期图上同样出现了趋势转弱，那就应果断卖出股票。

## 5.4.2　天量阴量

天量是一种成交量格外放大并放大到极致的表现，但在判断天量时，从成交量的数额和比例看，并没有一个标准的数量，只要在 K 线图上，发现成交量区域的成交量柱向上达到指标区域的顶部位置，即可确定为天量水平。天量阴量，就是天量出现时，成交量柱的颜色为绿色。

由于天量的出现时，量柱已向上到达成交量区域的顶部，表明量能格外大，而阴量天量又表明卖出的股票数额格外大，因此是短线快速转跌的卖出股票信号。量通常是比价格的变化先行一步，大的阳量意味着其后的上涨。相反，天量阴量则意味着其后的快速下跌。

因此，当上涨过程中出现大量阴量时，就要格外小心了，即使涨幅不大，技术指标未上行到顶部区域，短线必然也会出现快速下跌，哪怕是基于中长线持股的策略，也应进行小波段的操作，先行卖出股票，其后止跌时再买回相同数量的股票。

天量阴量出现时，应尽量忽略技术指标的走向，因为技术指标多数在面对短期快速波动时，都会出现短时的反应迟钝。相对来说，由于 CCI 指标上下运行的区域可以无穷大或无穷小，所以此时基于 CCI 指标走向的观察则更为准确。

**案例解读**

图 5－15　振芯科技的日线图

图5－15是振芯科技（300101）的日线图，在经历了B段持续上涨后，当进入A区域时，成交量在之前逐步放大的情况下，突然由阳量转为巨大的阴量。从成交量区间可以明显看出，这根成交量柱为绿色的阴量，并且向上一直到达区间的顶部，形成一根天量阴量柱。同时CCI指标呈明显的向下运行状态，股价也出现冲高后的快速回落，收于一根长阴线，说明短期趋势出现快速转弱，盘面形成明显的趋势反转的卖出股票信号，投资者应果断卖出股票。

**实战要点**

（1）天量阴量，往往是在上涨过程中的高位区出现，如图5－15中经过B段上涨后出现的A区域的情况。

（2）天量阴量出现时，成交量柱为阴量，在成交量区域，这一阴量柱必须向上到达区间的顶部，如图5－15中A区域的情况。

（3）天量阴量出现时，如果要确认趋势短期出现快速反转的卖出信号，观察技术指标时应以CCI指标为准。因这一指标在运行过程中可以无穷大或无穷小，反映的趋势较为准确，如图5－15中A区域的情况。

### 5.4.3 持续较高水平的阴量

持续较高水平的阴量，是指股价经过一定幅度的上涨后，成交量处于放大的状态，突然由最初的阳量转为了绿色的阴量，并且量能的大小，即阴量柱的长度保持在当前水平的状态，且持续出现。

这种成交量的阴量持续出现，说明股价在上涨过程中遇到接连的卖盘压力，才导致量能的由阳转阴，而大量的卖盘出现，必然会导致股价的持续下跌，因此这是一种趋势快速转跌的信号。

由于是股价在上涨过程中出现快速反转向下时成交量的反映，所以在确认为卖出股票的信号时，技术指标应以CCI的运行方向为准，即CCI出现明显向下运行时，即可确认趋势的突然反转。

**案例解读**

图5－16是东方日升（300118）的日线图，在经历了B段反弹后，当股价上行到

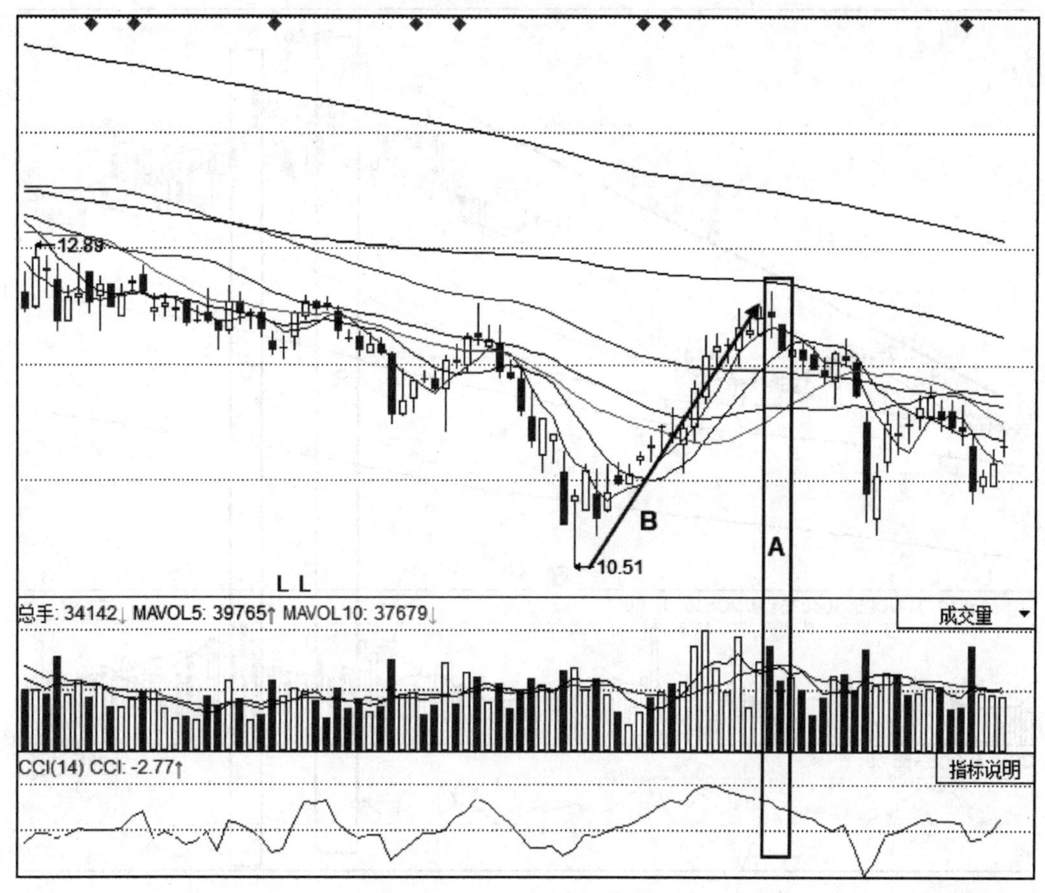


图 5－16　东方日升的日线图

A 区域时，成交量突然由之前的阳量转为了阴量，且两根阴量柱均较长，保持在当前较大水平状态，形成持续较高水平的阴量。CCI 指标也呈明显的向下运行趋势，于是盘面形成反弹结束的卖出股票信号，此时应果断选择卖出股票。

图 5－17 是信维通信（300136）的日线图，在经历了 A 段明显的上涨后，当运行到 B 区域与 C 区域时，股价呈高位小幅震荡的状态，成交量接连出现保持当前量能水平下的阴量柱，形成持续较高水平的阴量形态，CCI 指标也均出现明显下行的趋势。这说明趋势已经出现快速反转向下的转弱信号，投资者应果断卖出股票。

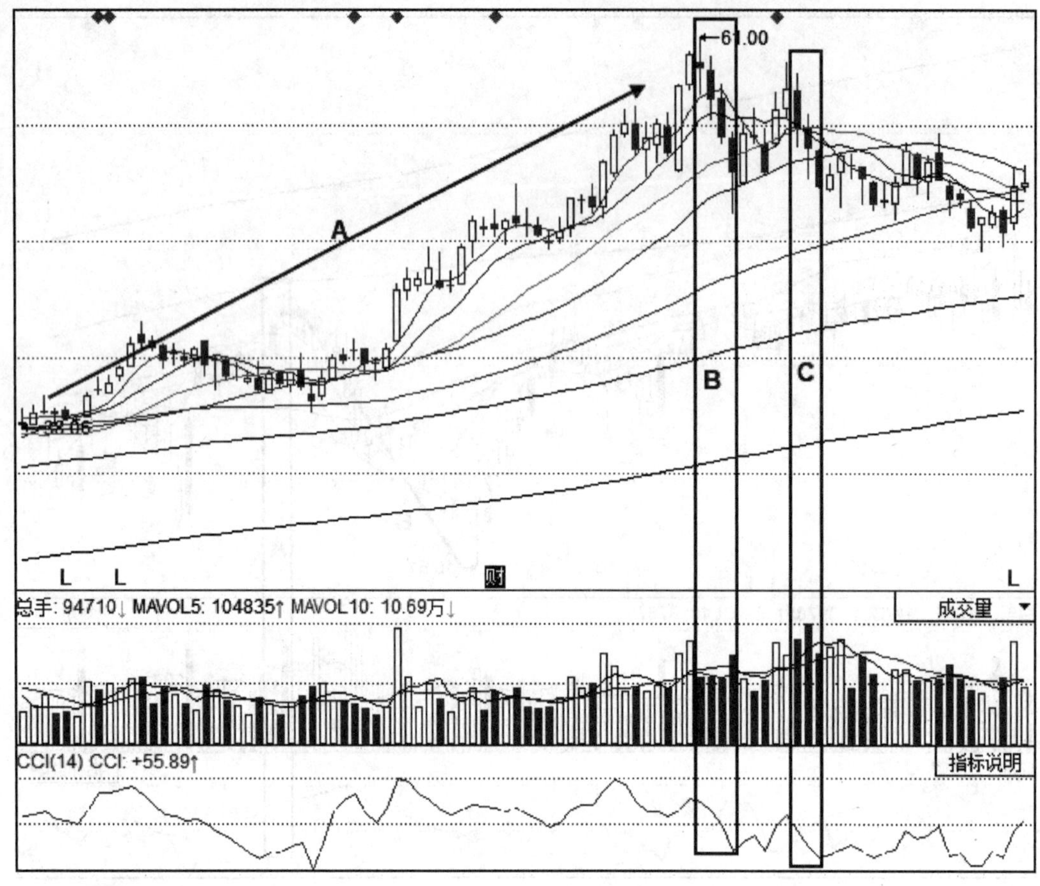


图 5－17 信维通信的日线图

**实战要点**

（1）持续较高水平的阴量形态大多数出现在如图 5－16 这样的反弹行情中，或是如图 5－17 中的上涨趋势里，但这种阴量量能不能是单根成交量柱，起码要持续两个交易日，如图 5－16 中 A 区域的情况。

（2）当持续较高水平的阴量形态出现时，若较高水平的阴量柱较多，则意味着后市快速转弱的概率更高，应在首次出现持续较高水平的阴量，CCI 指标明显向下运行时卖出股票，而不要等到这种阴量持续再次出现时再卖出，如图 5－17 中 B 区域和 C 区域的情况。

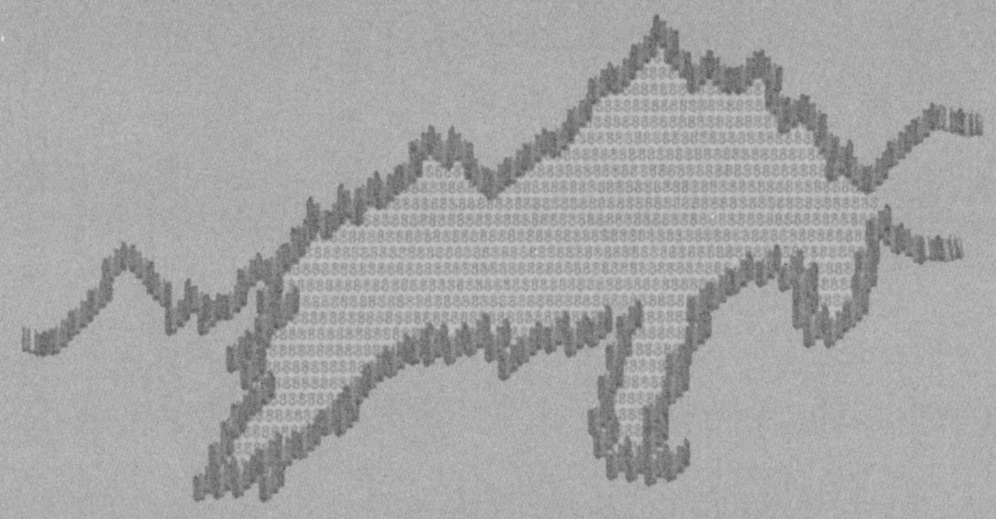

/ 第 6 章 /

# 技术指标：挖掘指标涨跌的买卖信号

技术指标，无论是哪一种指标，都是根据开盘价、收盘价的情况，再运用统计学中的某些原理计算出来的，能够真实地反映出股价的趋势演变。洞悉技术指标的方向变化，实际上就是从概率学的角度推演未来趋势变化，因此能够更准确地捕捉到买卖股票的信号。

# 6.1　判断买卖信号时的主要技术指标

技术指标是判断趋势变化的重要依据，虽然指标很多，但在判断买卖信号时，主要以中长线操作策略、观测 MACD 指标为主，在短线判断趋势变化时以观测 KDJ、CCI 为主，而在股票面临短期暴涨暴跌时以 BOLL 来判断则更为准确。

## 6.1.1　指数平滑移动平均线 MACD

MACD 指标是指数平滑移动平均线，由快线 DIFF 与慢线 DEA 组成，DEA 运行相对较慢，DIFF 运行相对较快，所以上行时 DIFF 线位于 DEA 线之上，下行时 DIFF 线位 DEA 线之下。DIFF 线向上与 DEA 线交叉时为金叉，是助涨的征兆，DIFF 线向下与 DEA 线交叉时为死叉，是助跌信号。

MACD 指标还包括 MACD 量能柱。位于上方的红色竖线为红柱，红柱出现持续变长时为上涨的象征，持续缩短时为量能减弱时股价震荡走低的信号；位于区域下方的绿色竖线为绿柱，绿柱持续变长时为卖盘增强的下跌状态，绿柱逐渐缩短时为股价跌势渐缓的回升状态。

在根据 MACD 指标辅助判断趋势时，除了对 MACD 双线方向的判断，还有一个关键就是 0 轴，即上方红柱与下方绿柱之间的那条水平方向的线。当 MACD 双线在 0 轴以上运行时，为多头上涨趋势，表明市场为强势状态，双线在 0 轴之上向上运行时为上涨趋势，双线相距较近状态下的震荡或向下运行时为震荡调整行情；当 MACD 双线向下跌破 0 轴后，为空头下跌趋势，此时若是双线向下运行则为弱势下跌行情，若是双线在 0 轴以下震荡则为弱势震荡行情。

**案例解读**

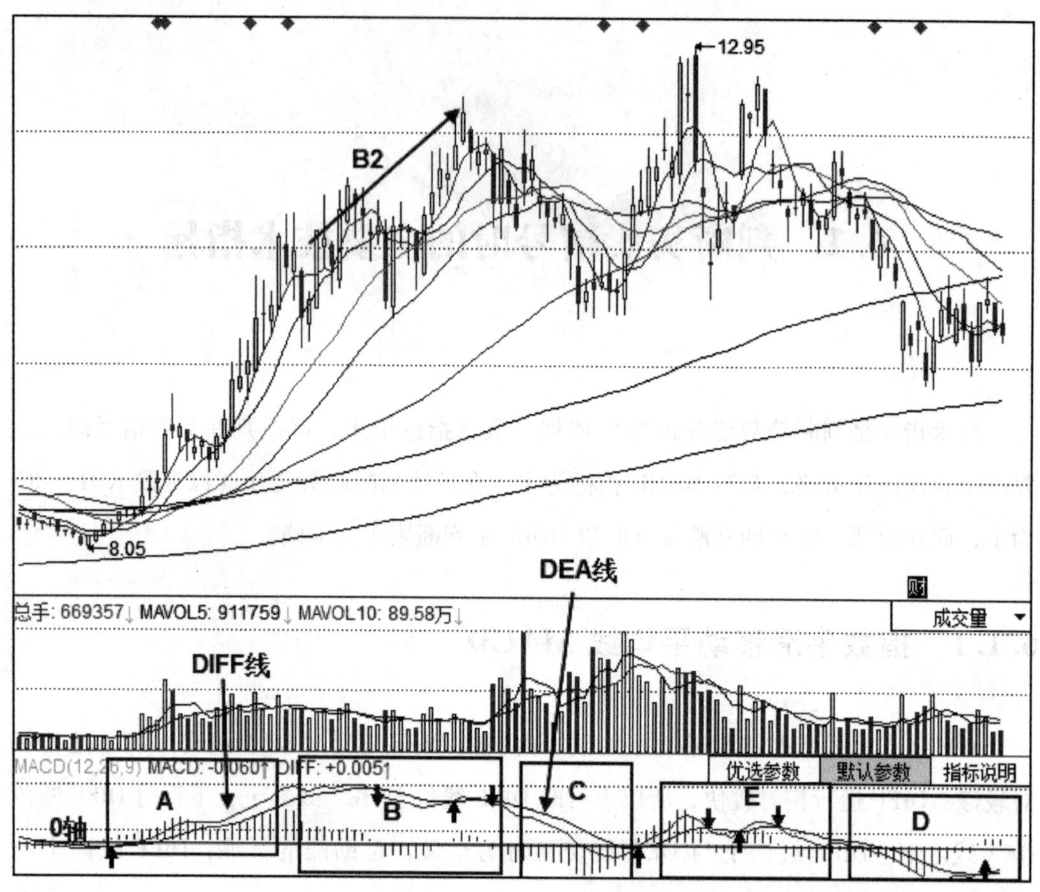


图 6-1 南方航空的日线图

图6-1是南方航空（600029）的日线图，其中A区域位于上方的线为DIFF线，C区域位于上方的线为DEA线，红柱与绿柱之间的水平线为0轴。A区域开始向上的箭头处为MACD金叉，是助涨的征兆，其后MACD双线在0轴之上向上运行，DIFF线在DEA线上方，双线呈向上运行态势，红柱出现持续变长，为多头上涨趋势。B区域与对应的B2区域为背离式上涨，其中向下的小箭头标识处为MACD死叉。C区域双线在0轴之上向下运行，为上涨调整行情，绿柱开始逐渐变长，其后逐渐变短，说明先是调整，在深入后不断缩小下跌幅度。E区域为调整结束后的再次上涨，D区域双线跌破0轴为弱势下跌与震荡行情。

**实战要点**

（1）在利用MACD指标辅助判断买卖信号前，应对MACD各指标进行一定的了解和认识，尤其是双线的状态，以及0轴的确定和判断多空趋势的形态等情况，如图6－1中的情况。

（2）在利用MACD指标辅助判断买卖信号时，主要是对趋势的辅助判断，即双线上行或下行的方向性判断，以及是否出现金叉助涨或死叉助跌等情况。正因为是辅助性判断，所以双线的方向和金叉死叉的情况，是要重点掌握的内容。

### 6.1.2　随机指标KDJ

KDJ随机指标，由K线、D线和J线三根线组成，其中K线和D线计算周期较长，其方向性代表的时间更长，而在短期判断趋势变化初期，J线的敏感性往往更强，所以在辅助判断买卖信号时，J线的方向起着重要的指引作用。

这就需要在了解KDJ指标构成的前提下，能够准确区分出K线、D线和J线三条线，尤其是其中的J线，因为股价的每次涨跌J线都会做出明确的方向指引。

另外，当J线向上与K线和D线交叉时为金叉，是股票转强的象征；J线由上向下与K线和D线交叉时为死叉，是股票转弱的信号。

**案例解读**

图6－2是三一重工（600031）的日线图，在A区域，出现J线由下向上与K线和D线的交叉，形成KDJ金叉，为助涨信号，其后股价上涨。A区域最上方的线即为J线，中间一条为K线，最下方的线为D线。B区域出现J线由上向下与K线和D线形成交叉，形成KDJ死叉，是助跌信号，其后股价出现震荡下跌。

**实战要点**

（1）KDJ为随机指标，由K线、D线和J线三条线组成，其中K线和D线的反应相对较慢，J线反应较灵敏，在判断买卖信号时，若是要对短期的方向判断，则主要观察J线的方向。

（2）KDJ金叉为助涨信号，死叉为助跌信号，分别如图6－2中A区域与B区域的

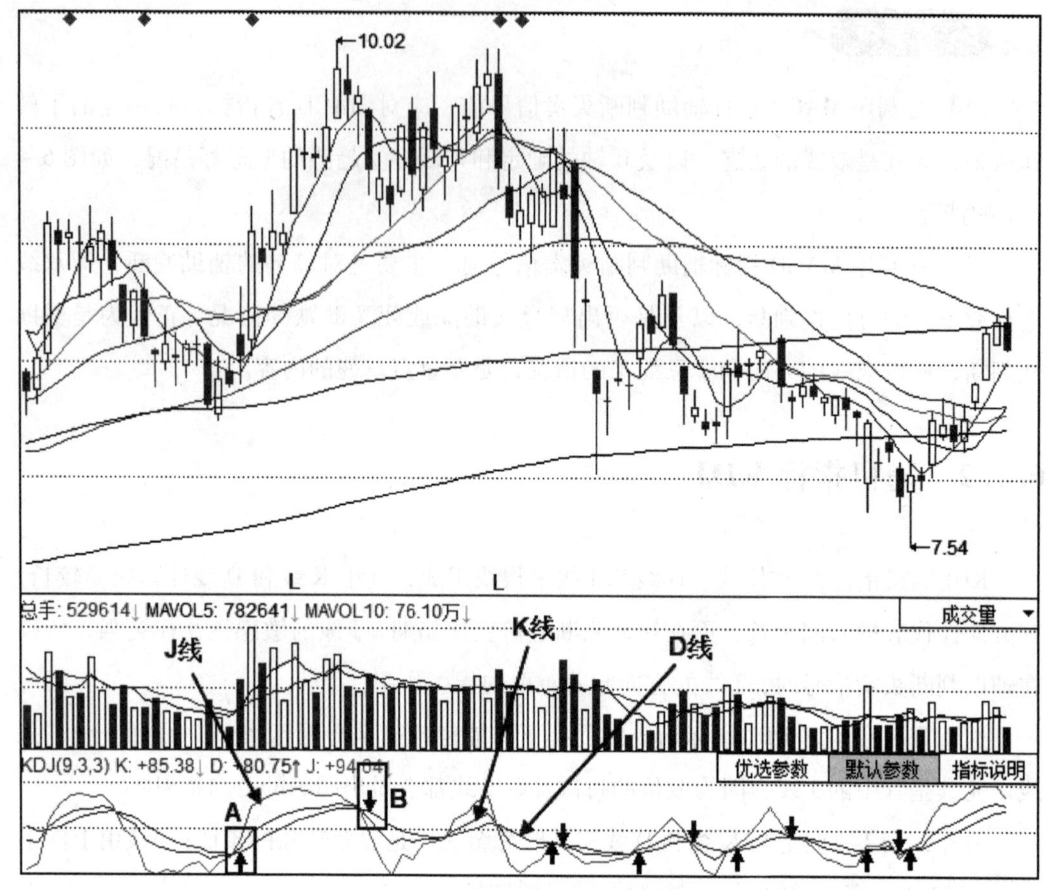


图 6-2 三一重工的日线图

情况。KDJ 三线向上时，为趋势上涨的征兆，三线向下时为趋势下跌的征兆。如果出现 KDJ 方向与股价背离，作为买卖点的参考时，可更换其他指标来观察。

## 6.1.3 路径指标 BOLL

BOLL，叫作布林线，又被称为布林带或布林通道，是一种反映路径的指标，由三根线组成，分别为上轨、中轨、下轨。布林线指标的构成虽然简单，但其技术相对复杂。在利用 BOLL 进行买卖信号的辅助判断时，应以布林通道的整个方向性来观察涨跌状态，但使用这种方式的前提主要是趋势已经确定。然而，当趋势反转时，辅助判断买卖信号应以上轨和中轨的方向变化为准。

对 BOLL 的形态判断，还有开口与收口。三轨形成向上开口时，意味着上涨；向下开口时，意味着下跌；收口，则意味着趋势的渐缓。

在根据 BOLL 指标判断买卖信号时，主要观察股价与上轨、中轨的位置和上轨、中轨的方向变化。股价于中轨之上震荡向上时，表明趋势转强，但真正的转强应结合成交量的助涨来确认，同时观察其他技术指标是否同步向上。股价于中轨之下震荡时代表着弱势，应回避。布林通道收缩到极窄状态水平小幅震荡时，意味着趋势的震荡，也应回避。当股价转弱时，会出现向上突破上轨后跌破中轨，同时量能出现助跌，其他技术指标向下。

**案例解读**

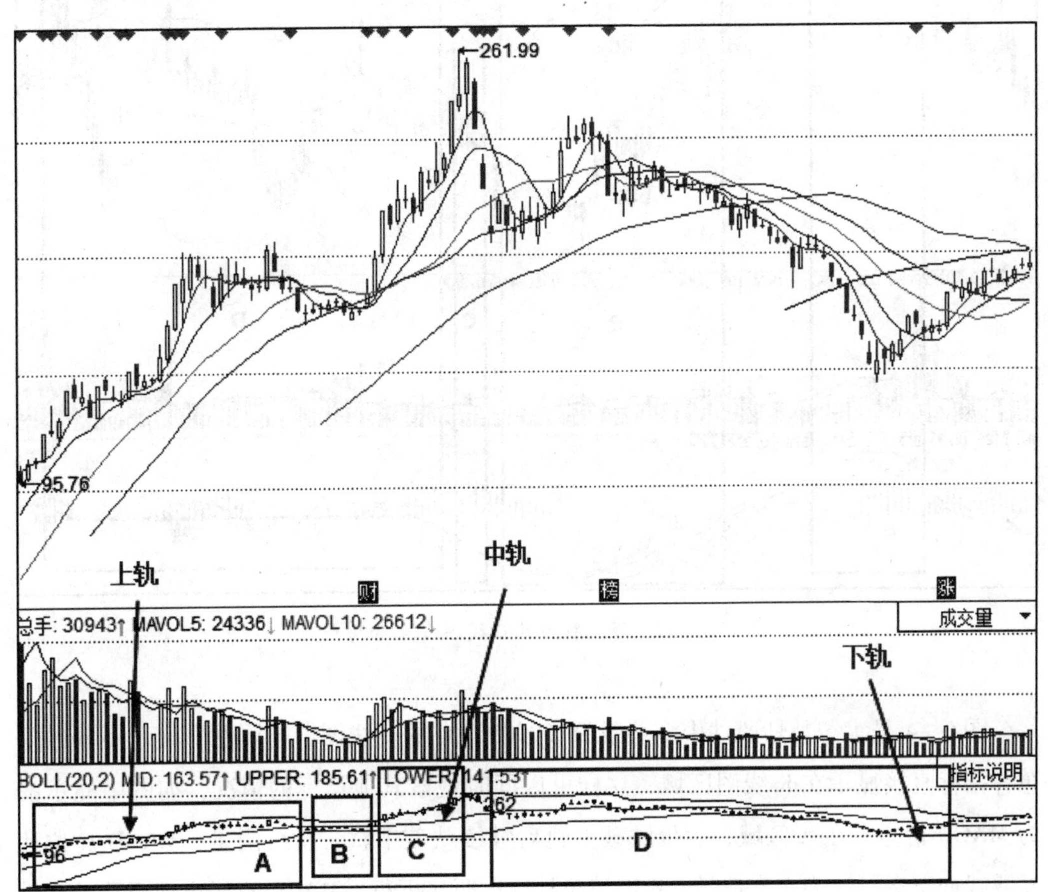


图 6－3　华大基因的日线图（同花顺）

图 6－3 是同花顺炒股软件中华大基因（300676）的日线图，在 A 区域，布林线上轨、中轨、下轨组成的布林通道呈明显的向上运行，股价一直处于中轨以上震荡向上

并接近上轨，表明为上涨行情。此期间，只要观察短期量能变化，就可在股价止跌时以买入股票为主。B区域布林通道收缩到极窄水平小幅震荡时，为上涨过程中的震荡行情，此时应以观望为主。C区域布林通道再次恢复向上运行，股价沿上轨附近向上运行，此时可以积极参与行情。D区域出现布林通道震荡向下运行，股价跌破上轨后跌破中轨并阴量放大时，为卖出股票的时机。

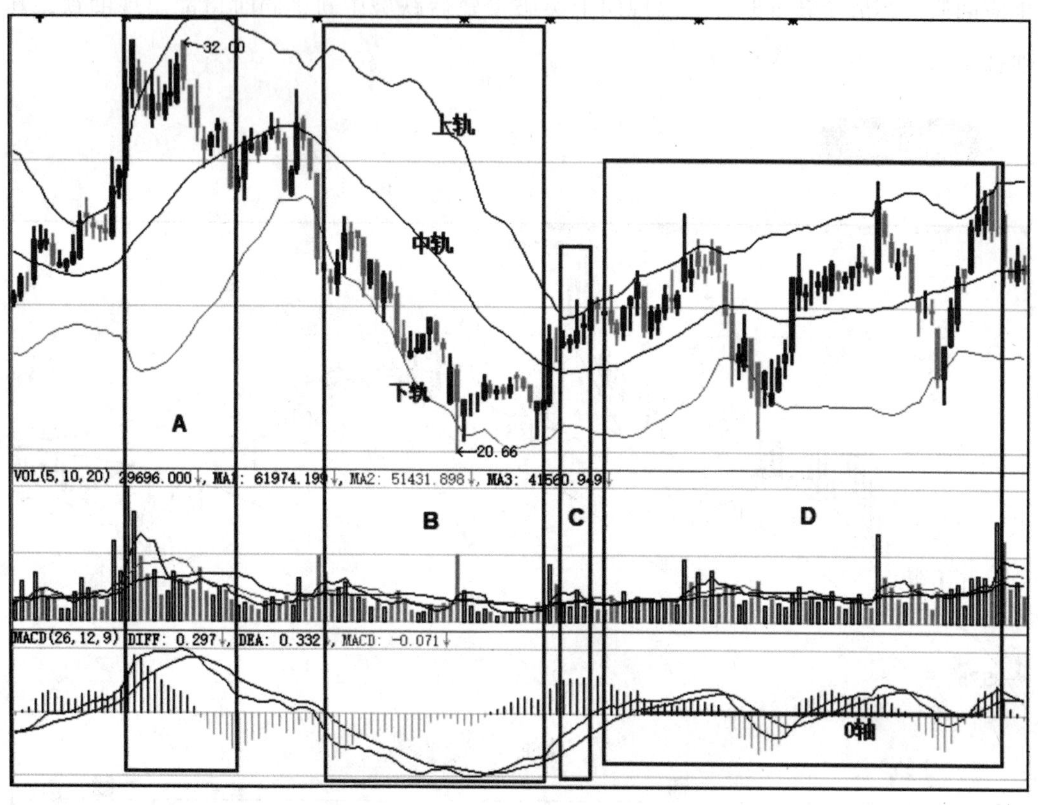


图6-4 海德股份的日线图（大智慧）

图6-4是大智慧炒股件中海德股份（000567）的日线图，与同花顺显示不同的是布林指标直接显示在K线图区域，这样可以同时观察其他指标的情况，如图中显示的为MACD指标。在A区域，股价跌破上轨后继续跌破中轨，持续阴量，MACD高位死叉双线向下运行，为卖出信号。B区域布林通道明显下行，MACD双线也出现跌破0轴后的下行和弱势震荡，表明为下跌的弱势，应回避。C区域，股价持续在中轨上方震荡上行，成交量为阳量放大，MACD双线上行，为买入股票信号。进入D区域，布林通道明显震荡上行，MACD双线在0轴之上震荡上行，为强势震荡上涨行情，可根据

量能的变化，捕捉低位止跌点的买入信号，积极参与。

实战要点

（1）BOLL 为路径指标，是由上轨、中轨、下轨组成，但在不同的炒股软件中其显示是不一样的，在以同花顺为代表的炒股软件中是显示在 K 线下方的指标区域的，指标中的阴阳线即为 K 线的显示，如图 6－3 中的情况，在以大智慧为代表的炒股软件中，是直接显示在 K 线区域的，更为直观，如图 6－4 中的情况。

（2）当以 BOLL 指标为买卖信号的辅助判断时，主要观察布林通道的运行方向；当以 BOLL 指标为主要判断买卖信号的依据时，应结合成交量与其他趋向类指标的情况来判断走势状态和买卖点。

## 6.2　技术指标买入信号

不同的技术指标，在股价趋势发生向上变化时，会形成不同的形态，只有牢记这些经典的技术指标买入形态，才能准确地捕捉到趋势反转时的买入信号。

### 6.2.1　J 线大角度上行

J 线大角度上行，是 KDJ 指标的一种短线快速转强的买入股票信号，是指在 KDJ 三线弱势震荡或下行过程中，J 线突然出现向上反转运行，且 J 线向上运行的水平角度大于 60 度。

这种形态的出现，意味着股价的快速转强，但在判断短线行情突然反转时，应结合成交量来确定。只有成交量也出现明显的阳量放大，或持续较高水平的阳量，方可确认为买入股票的信号。

案例解读

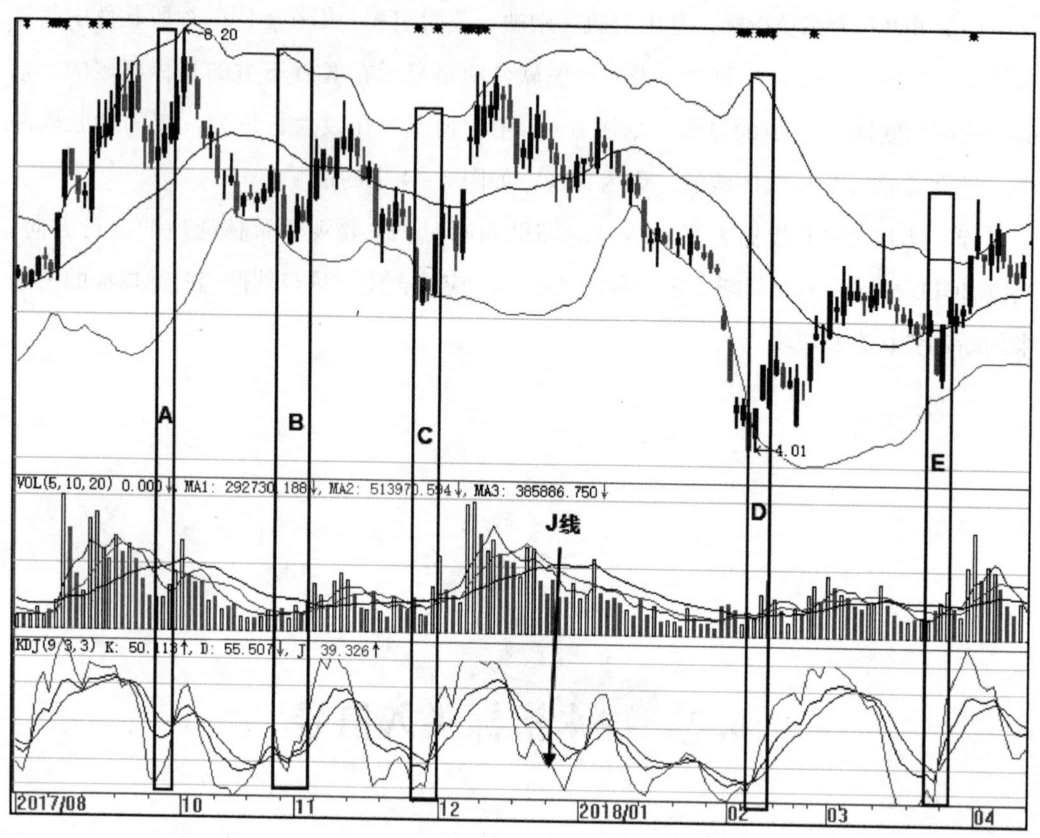


图 6-5 *ST 盈方微的日线图

图 6-5 是*ST 盈方微（000670）的日线图，位于指标区间下方的线为 J 线，在 A、B、C、D、E 五个区域，J 线均出现由下行转为快速上行的情况，且向上的水平角度均超过 60 度，形成 J 线大角度上行。在 A、B、C 三个区域中，布林线指标呈高位震荡的状态，成交量均呈不同程度的阳量持续放大或格外放大，为明显的买入信号。考虑到此时为布林线高位震荡趋势，投资者应以短线参与为主，快进快出。在 D 区域，由于布林通道此时处于明显的三轨向下运行的弱势，即使阳量持续放大，但下跌趋势中的快速 J 线反转必须持续，所以应控制好仓位参与。E 区域，成交量为阳量维持之前较高水平的持续放量，且布林线已出现三轨平行后下轨转为上行，另外从 K 线图上发现，此时的股价低点明显高于 D 区域的低点，低点在不断抬高，趋势转强的意向更为强烈，

所以可大胆买入股票。

**实战要点**

(1) J 线大角度上行出现时，J 线必须位于 K 线和 D 线之下，上行时出现向上的水平角度大于或等于 60 度，原则上是 J 线向上的角度越大，后市转强的速度和概率越大，如图 6－5 中 A、B、C、D、E 五个区域的情况。

(2) 在利用 J 线大角度上行判断买入信号时，应结合成交量与其他技术指标来观察，成交量必须为阳量明显放大或持续放大，若其他技术指标向上运行，则股价反转后的持续行情越强烈，如图 6－5 中 E 区域的情况，否则就意味着反转行情持续的时间较短，应以短线参与为主，如图 6－5 中 A、B、C、D 四个区域的情况。

### 6.2.2　KDJ 金叉后三线向上发散

KDJ 金叉后三线向上发散，是指当 KDJ 指标出现 J 线向上与 K 线和 D 线形成金叉后，三线呈向上发散的状态。这种形态的出现，说明趋势转为明显的上涨，因此是买入股票的信号。

然而，在判断买入信号时，应确保 KDJ 金叉后三线向上发散形成时，成交量出现持续阳量，且整个量能保持在当前的放大状态。如果量能为地量水平，这种形态就不具有任何实战意义，只能证明其为震荡向上的波动。同时，我们应结合其他技术指标进行观察，只有其他趋向类指标也向上时，方可确认为买入股票的信号。

**案例解读**

图 6－6 是华东数控（002248）的日线图，在 A 区域，KDJ 形成金叉后，三条线呈明显的向上发散的状态，成交量保持当前较高水平下的阳量持续放大，BOLL 指标上轨、中轨、下轨已转为平行，此时应果断买入股票。在其后的 B 区域，虽然 KDJ 同样形成金叉后三线向上发散形态，但成交量已经缩减到极小的水平，结合对 BOLL 的观察，三轨出现平行状态的小幅波动，说明股价在高位区处于震荡状态，所以应回避操作。

**实战要点**

(1) KDJ 金叉后三线向上发散出现时，必须形成三线向上的金叉，而后呈明显的

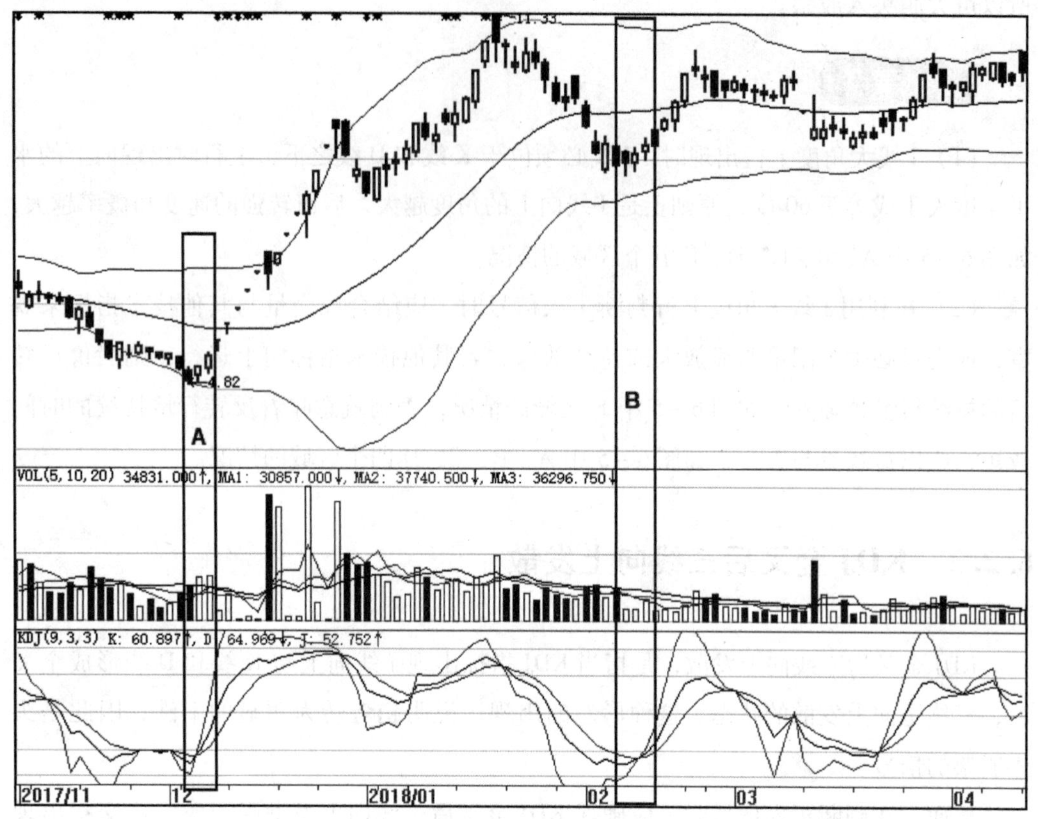


图 6-6　华东数控的日线图

三线向上运行状态下的发散，如图 6-6 中 A 区域和 B 区域的情况。

（2）KDJ 金叉后三线向上发散形成后，如果要确认为买入股票的信号，应确保成交量呈现持续阳量放大状态，同时其他技术指标出现止跌回升的迹象，如图 6-6 中 A 区域的情况。

（3）如果是在震荡行情中出现 KDJ 金叉后三线向上发散，量能较小甚至达到地量，尤其是在股价上涨后的高位区时，应谨慎参与，如图 6-6 中 B 区域的情况。

### 6.2.3　DIFF 线突然向上翘起

DIFF 线突然向上翘起，是指 MACD 双线在平行小幅震荡期间，DIFF 线突然出现明显的向上翘起行为，且伴随着 MACD 红柱的突然变长，是 MACD 指标启动上行时的征兆。这种形态一经出现，就表明股价已启动上涨，是买入股票的信号。

要想确认 DIFF 线突然向上翘起为买入股票的信号，应结合量能和其他指标进行确认。只有当 DIFF 线突然向上翘起出现时，其他技术指标同样转为上行，成交量为明显的阳量放大，且 MACD 红柱也变长，方为买入股票的信号。

**案例解读**

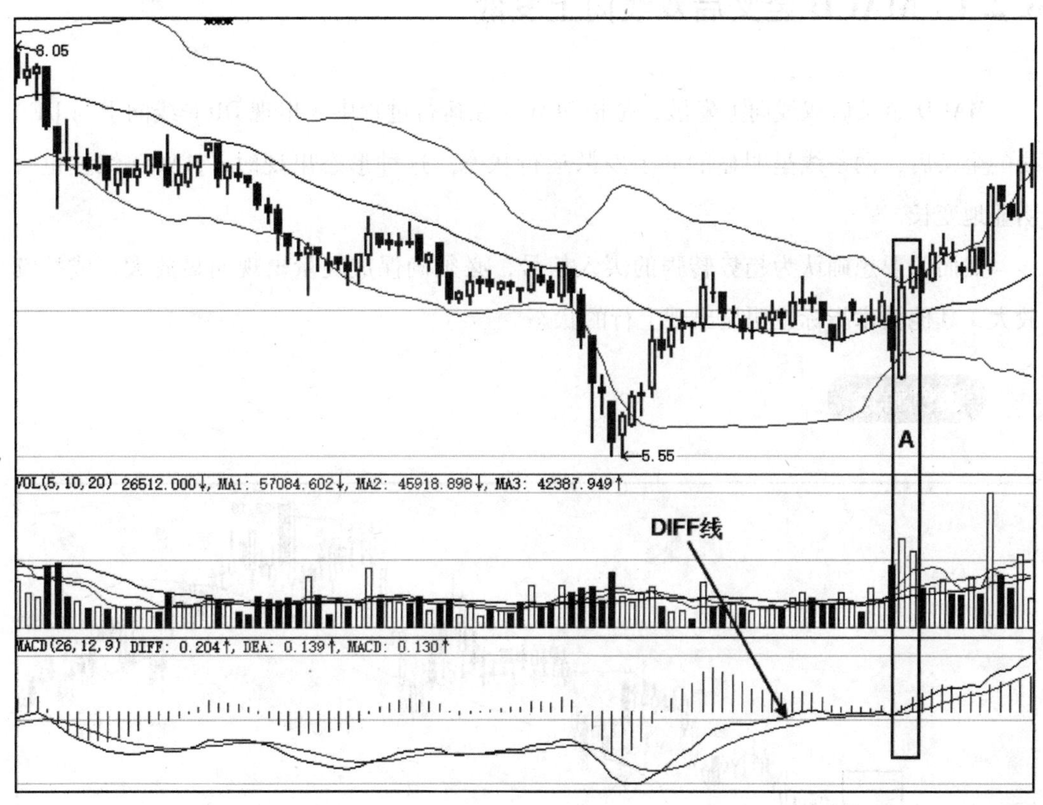


图 6－7　海陆重工的日线图

图 6－7 是海陆重工（002255）的日线图，在 MACD 双线小幅震荡向上运行过程中，当进入 A 区域时，MACD 红柱突然持续变长，DIFF 线出现明显的向上翘起的行为，成交量由较高水平的阴量转为更高水平的阳量，BOLL 指标形成上轨与中轨向上、下轨向下的向上开口，说明趋势已由弱转强，是明显的买入股票信号，应果断买入。

**实战要点**

（1）DIFF 线突然向上翘起出现前，MACD 双线必然呈小幅震荡或平行或略上行的状态，如图 6-7 中 A 区域之前的情况。

（2）DIFF 线突然向上翘起出现时，MACD 红柱必须出现明显变长，成交量在较高水平下由阴量转为阳量的明显放大，其他技术指标也出现转强向上，方可确认为买入信号，如图 6-7 中 A 区域的情况。

### 6.2.4 MACD 金叉后双线向上发散

MACD 金叉后双线向上发散，是指 MACD 在运行过程中，出现 DIFF 线向上与 DEA 线的金叉后，两条线呈明显的向上发散运行状态。这种形态出现时，MACD 红柱也会明显地变长。

然而，要想确认为趋势转强的买入信号，必须确保成交量出现明显放大，或持续放大，其他技术指标也明显出现上行的状态。

案例解读

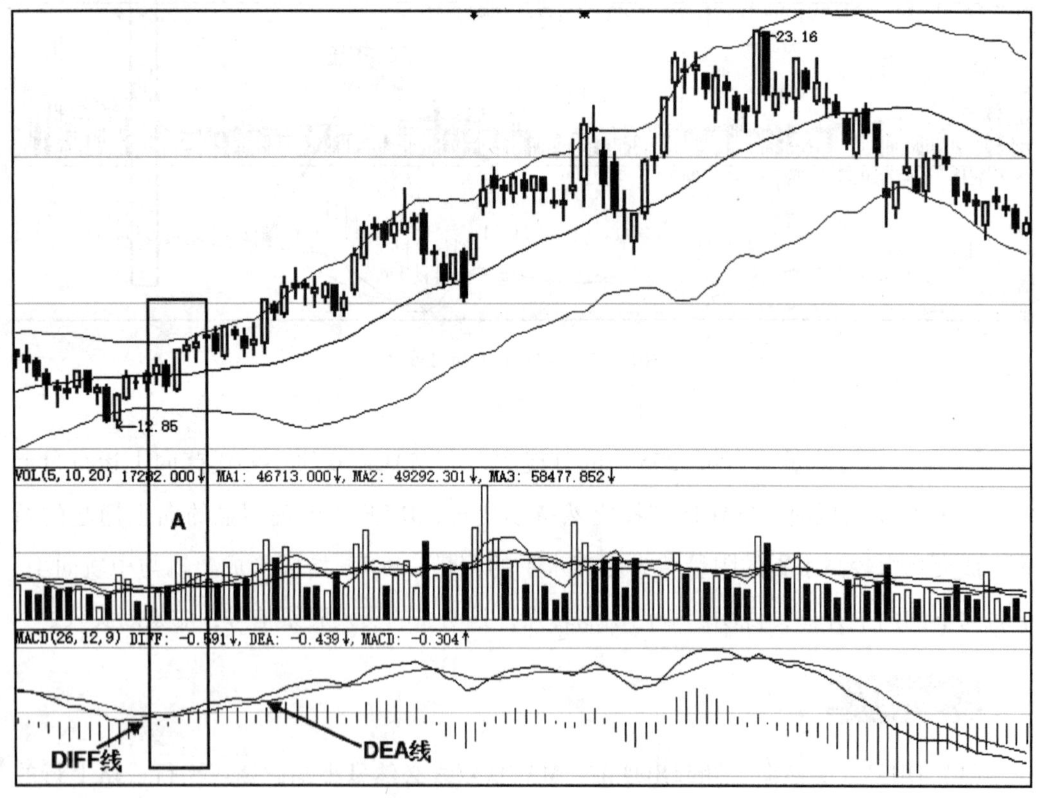


图 6-8　利尔化学的日线图

图 6－8 是利尔化学（002258）的日线图，在 A 区域，DIFF 线在 DEA 线之下运行时，出现向上与 DEA 线交叉的金叉。其后 DIFF 线在上方 DEA 线在下方，双线在持续向上运行时，间距出现不断扩大，形成 MACD 金叉后双线向上发散的形态。同时 MACD 红柱持续变长，成交量保持在放大水平下的持续阳量，而 BOLL 指标出现上轨与中轨平行略向上、下轨向下的向上开口，因此可确认为买入形态，应果断买入股票。

**实战要点**

（1）MACD 金叉后双线向上发散出现前，DIFF 线是位于 DEA 线之下运行的，其后必须形成向上与 DEA 线的金叉后才转为位于 DEA 线之上运行，并且双线形成方向明显向上、两线之间的距离在不断加大的向上发散的形态，如图6－8中 A 区域的情况。

（2）当 MACD 金叉后双线向上发散出现时，要确认为买入信号，成交量必须呈明显的阳量放大，或持续阳量状态，并且一定要保持在相对较高的水平，其他技术指标也同时转强，方可买入股票，如图 6－8 中 A 区域的情况。

### 6.2.5　股价持续向上突破布林线上轨

股价持续向上突破布林线上轨，是指布林线指标与股价在弱势运行当中，当股价向上突破布林线上轨后，继续上行，出现不断向上突破上轨的形态。这表明，趋势在持续地转为强势，因此这是一种买入股票的信号。

要确认买入信号，必须在股价持续向上突破布林线上轨时，上轨与中轨出现明显的向上运行，成交量始终保持阳量状态的持续或温和放大，其他趋向类指标呈明显的向上运行状态，方可确认趋势转强。

**案例解读**

图 6－9 是久其软件（002279）的日线图，在弱势震荡行情中，进入 A 区域后，股价出现向上突破布林线中轨后持续向上突破上轨的情况。同时上轨与中轨出现明显的向上运行的情况，成交量也以保持在较高水平下的阳量居多，且突然出现明显的阳量放大行为，MACD 指标出现金叉后双线向上发散的形态，说明趋势已经转强，形成明显的买入信号，投资者此时应果断买入股票。

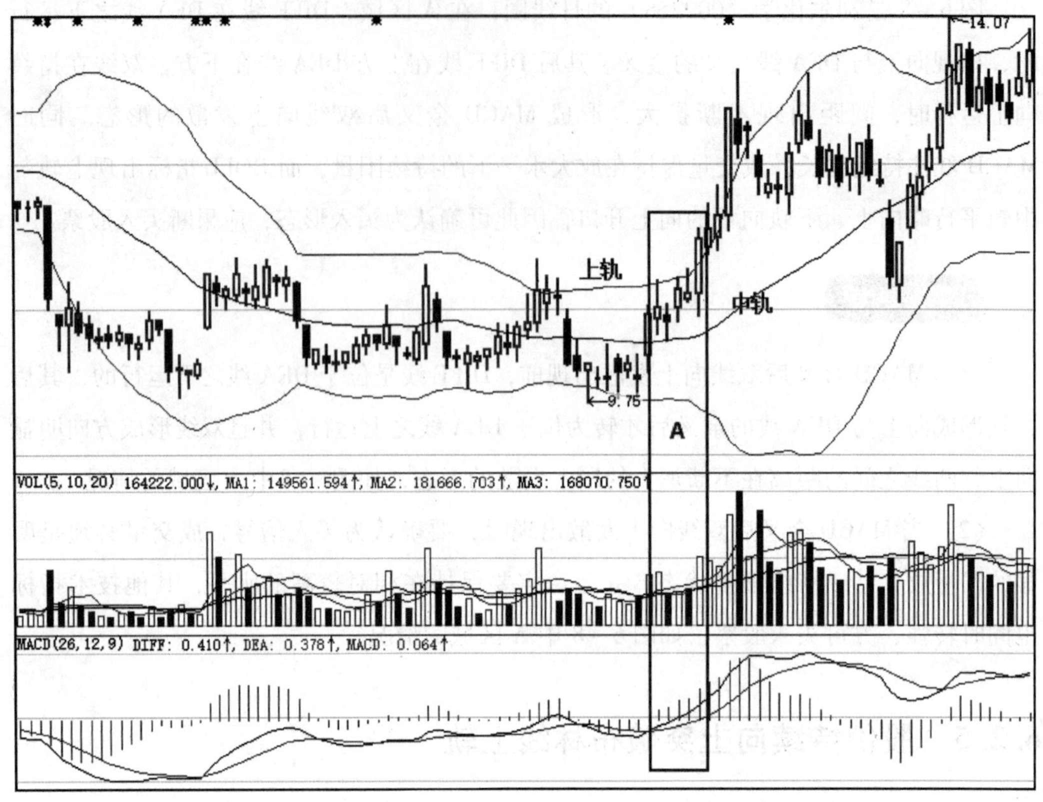


图6-9　久其软件的日线图

实战要点

（1）股价持续向上突破布林线上轨前，趋势往往是一种弱势整理形态；出现股价持续向上突破布林线上轨时，股价必须持续不断地出现向上突破上轨的情况，如图6-9中A区域和之前的情况。

（2）当股价持续向上突破布林线上轨时，如果要确认为买入股票的信号，成交量必须为持续当前较高水平下的阳量，或突然放大的阳量，其他趋向类指标必须明显向上运行，方为转强的买入信号，如图6-9中A区域的情况。

## 6.2.6　开口型喇叭口

开口型喇叭口，是布林线指标中一种独特的买入形态，是指股价经过较长时间的弱势整理，布林线上轨与下轨逐渐收缩，上轨与下轨之间的距离变得极小后，随着成交量的逐步放大，股价突然出现快速上涨，因为此时，上轨突然出现快速上扬，下轨却加速下扬，中轨略向上，形成一个像喇叭的开口。

案例解读

图 6－10　中利集团的日线图

图 6－10 是中利集团（002309）的日线图，经过 A 段走势的持续下跌和 B 区域的弱势震荡整理后，成交量在转为阳量的持续温和放大情况下，布林线出现上轨快速上扬、下轨快速下扬、中轨向上的形态，形成一个明显的向上张开的开口，即开口型喇叭口。同时 MACD 双线一直处于明显的双线向上发散的形态，说明趋势已经快速转强，是股价启动快速上涨的信号，投资者此时应果断买入股票。

**实战要点**

（1）开口型喇叭口出现前，股价通常会经过较大幅度和较长时间的弱势整理，如图 6－10 中 A 段的下跌和 B 区域的弱势整理。原则上是之前的弱势整理时间越久、下跌幅度越大，后市启动上涨时的上涨幅度越可观。

（2）当开口型喇叭口出现时，必须是布林线上轨向上大角度上扬、中轨向上、下轨快速下扬，形成明显的向上开口的形状，同时成交量表现为阳量的持续放大或温和放大，其他趋向类指标也明显向上，方为买入股票的信号，如图 6－10 中的情况。

（3）开口型喇叭口往往是股价即将出现暴涨的征兆，所以必须确保量能的持续，以及其他趋向类指标是向上运行的。

# 6.3 技术指标卖出信号

当趋势出现反转向下时，各种技术指标同样会发出明显的向下反转，牢记这些技术指标的经典卖出形态，就更容易捕捉到卖出信号。

## 6.3.1 J 线大角度下行

J 线大角度下行，形态刚好与 J 线大角度上行相反，是指 KDJ 指标在向上运行过程中，当 J 线不再继续上行转为下行时，向下的水平角度大于 60 度。这种形态的出现，说明趋势已经出现快速转跌的情况，因此是一种卖出股票的信号。

然而，由于 KDJ 指标上下波动较快，所以在判断趋势是否出现反转向下时，应结合成交量与其他指标进行确认，即成交量保持在当前较高水平下的由阳量转为阴量，或持续出现阴量，或出现格外放大的阴量，其他趋向类指标转为角度较大的下行，方可确认趋势出现反转向下，再果断卖出股票。

案例解读

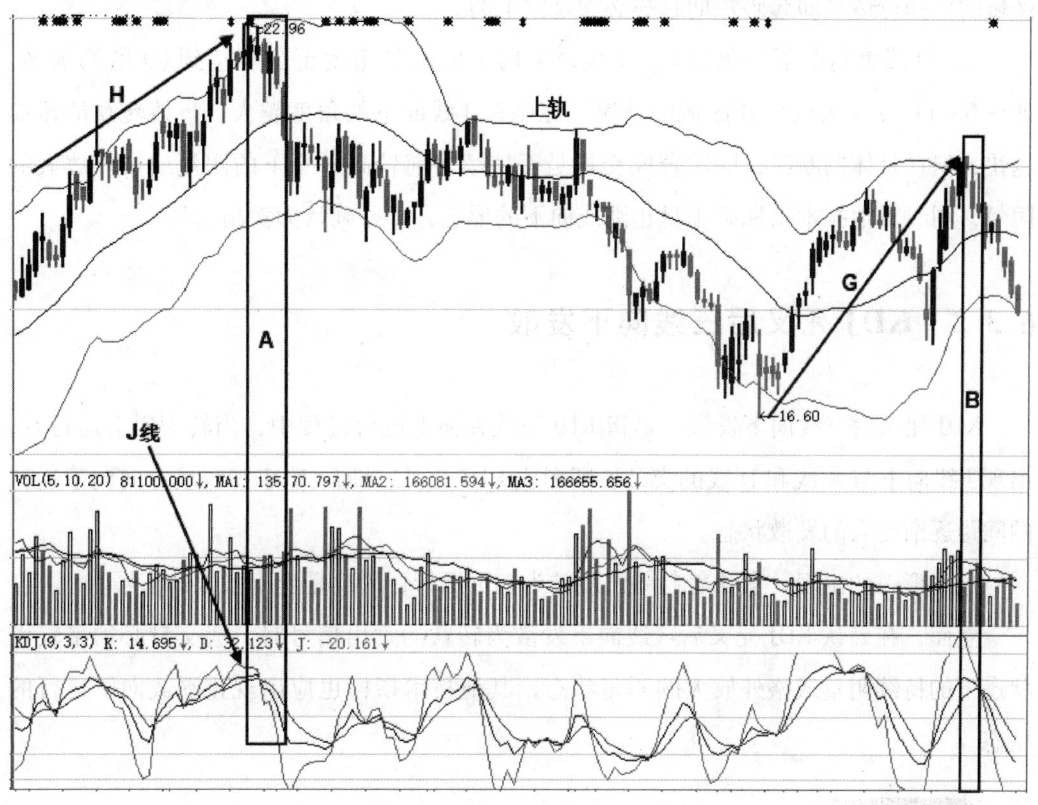


图 6－11　东方园林的日线图

图 6－11 是东方园林（002310）的日线图，该股经历了 H 段上涨，进入 A 区域后，J 线出现下行，随后向下的水平角度快速转为大于 60 度，几近垂直下行，形成 J 线大角度下行，股价出现冲高回落跌破布林线上轨并继续跌破中轨，表明趋势转弱。成交量持续出现当前较高水平下的阴量，形成趋势反转向下的卖出信号，此时应果断卖出股票。

在其后震荡下跌的 G 段反弹行情中，进入 B 区域，J 线不再上行，转为下行时，同样以接近 60 度水平角度的方式下行，成交量保持当前水平下的持续放大状态的阴量，BOLL 指标中止上行，股价突破布林线上轨后快速回落，说明反弹行情已经结束，应果断卖出股票。

实战要点

（1）J 线大角度下行出现前，通常是处于如图 6－11 中 H 区域的上涨趋势，或是 G 区域的反弹行情，即起码短期趋势必须是向上的。

（2）J 线大角度下行出现时，J 线由上向下的水平角度至少要达到 60 度的水平，如图 6－11 中 A 区域与 B 区域的情况。原则是 J 线向下的角度越大，行情转跌的速度越快，但在具体判断时，应结合成交量是否持续当前较高水平下的阴量或格外放大的阴量，同时其他技术指标必须呈止涨或向下的形态，方可确认为卖出信号。

## 6.3.2　KDJ 死叉后三线向下发散

KDJ 死叉后三线向下发散，是指 KDJ 三线在向上运行过程中，当转为向下运行时，出现 J 线向下与 K 线和 D 线的交叉，即形成 KDJ 死叉，而后 KDJ 三线呈方向向下运行的间距逐渐变大的发散状态。

这种形态的出现，意味着趋势已经转为向下运行，因此是卖出股票的信号。

然而，在确认 KDJ 死叉后三线向下发散为转跌的卖出信号时，成交量必须呈较大状态下的持续阴量或格外放大的阴量状态，其他技术指标也应出现止涨或向下运行的状态。

案例解读

图 6－12 是金一文化（002721）的日线图，在结束 A 段上涨趋势，进入 B 区域后，KDJ 指标不再上行，J 线由向上转为向下运行，与 K 线和 D 线交叉形成 KDJ 死叉。之后 KDJ 三线呈大角度向下逐渐发散，形成 KDJ 死叉后三线向下发散形态，成交量转为阴量持续放大的状态，布林线指标中，股价向上突破上轨后，又跌回上轨内，其后继续跌破中轨，形成明显的趋势反转初期的卖出信号，应果断卖出股票。

实战要点

（1）KDJ 死叉后三线向下发散出现前，往往有过一段明显的股价上涨趋势，如图 6－12 中 A 段的走势。

图 6 – 12　金一文化的日线图

（2）KDJ 死叉后三线向下发散形成时，J 线位于 K 线和 D 线之上，向下与 K 线和 D 线形成死叉，其后三线呈向下逐渐发散的状态，原则上是在三线向下的水平角度越大，快速反转的意味越浓。此时，成交量必须为放大状态的阴量，其他技术指标也形成反转向下的卖出形态，方可确认为趋势反转向下的卖出信号，如图 6 – 12 中 B 区域的情况。

## 6.3.3　DIFF 线大角度向下

DIFF 线大角度向下，是指 MACD 指标在向上运行过程中，不再向上运行，即上方的 DIFF 线出现转头向下运行，向下运行的水平角度大于 60 度。这种形态的出现，说明趋势已经出现快速反转向下，所以是卖出股票的信号。

如果要确认 DIFF 线大角度向下为转跌时的卖出信号，成交量必须出现持续较高水平下的阴量，或格外放大的阴量，同时其他技术指标出现止涨或转为下行的趋势。

案例解读

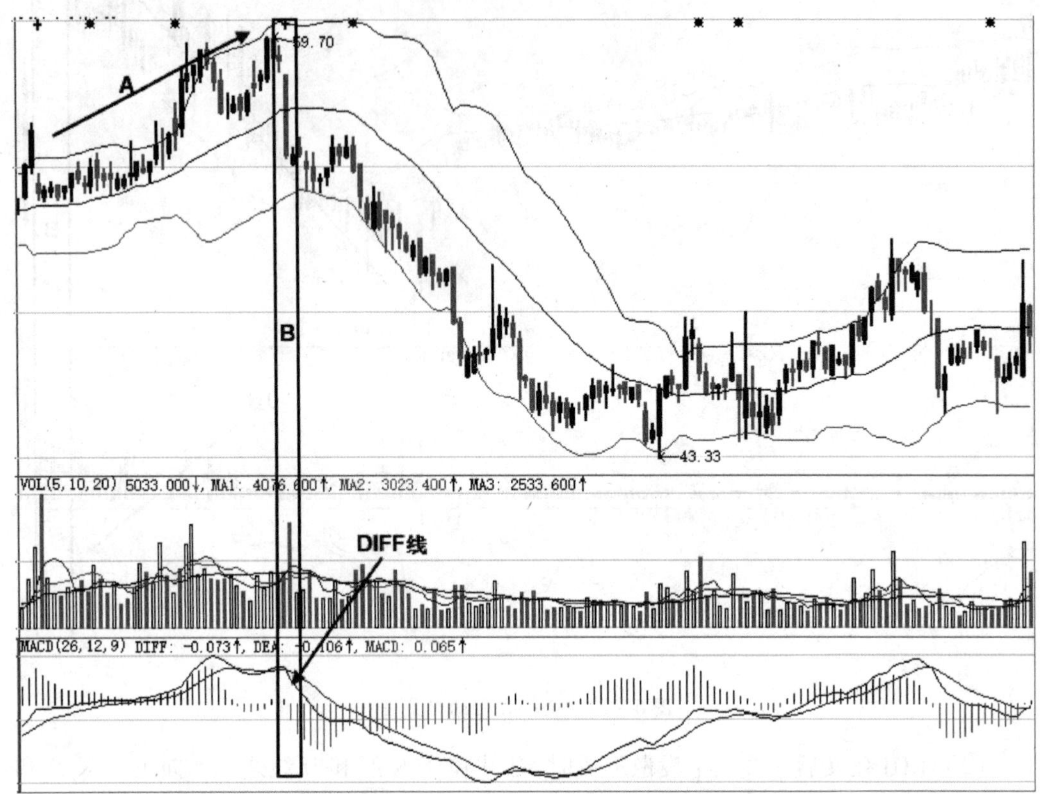


图 6-13　友邦吊顶的日线图

图 6-13 是友邦吊顶（002718）的日线图，该股在经历了 A 段上涨，进入 B 区域后，MACD 双线出现下行，并形成死叉。其后 DIFF 线向下的水平角度突然达到 60 度左右，形成 DIFF 线大角度向下形态，同时成交量变为放大状态的阴量并持续放大，布林线指标中，股价突破上轨后回落到上轨内，其后持续向下跌破了中轨，趋势转弱形态明显，因此可确认为卖出股票的转弱信号，应果断卖出股票。

实战要点

（1）DIFF 线大角度向下出现前，往往是经历了一段明显的上涨行情，MACD 双线已运行到区间的高位区，形成 DIFF 线向下角度大于 60 度的大角度后，出现 MACD 死叉，如图 6-13 中的情况。

（2）DIFF 线大角度向下出现期间，成交量为放大状态的阴量或持续阴量，其他技术指标也形成明显的转弱形态时，方可确认为趋势反转时的卖出股票信号，如图 6－13 中 B 区域的情况。

## 6.3.4　MACD 死叉后双线向下发散

MACD 死叉后双线向下发散，是指 MACD 双线在向上运行的过程中，不再向上运行，即 DIFF 线在上方出现转头向下运行后，形成向下与 DEA 线的交叉，也就是形成 MACD 死叉后，双线在向下运行的前提下，出现间距逐渐加大的发散形态。这说明，趋势已经彻底转弱，是卖出股票的信号。

然而，要确保 MACD 死叉后双线向下发散为趋势反转向下的卖出信号，成交量必须形成转高水平下的持续阴量，或是格外放大的阴量状态，同时其他技术指标呈止涨或已转为下行的趋势，这种情况下方可卖出股票。

案例解读

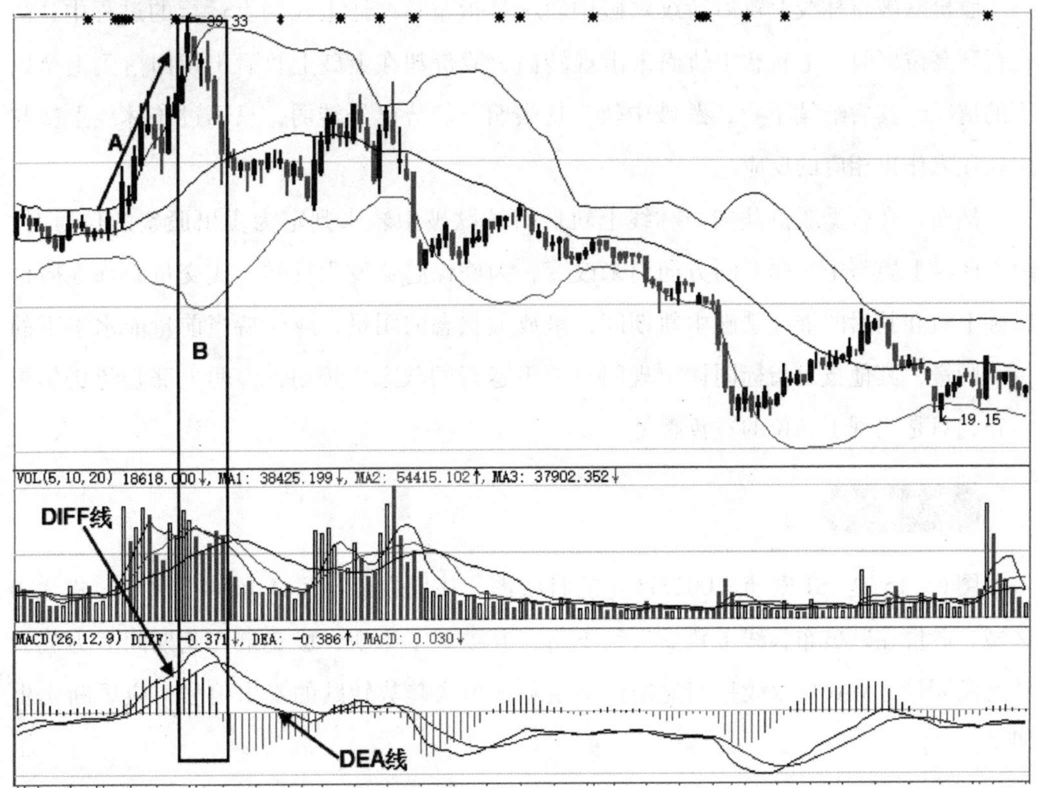


图 6－14　金轮股份的日线图

图6－14是金轮股份（002722）的日线图，该股在经历了A段上涨，进入B区域后，MACD双线运行到高位区，DIFF线出现向下与DEA线的死叉，之后双线呈逐渐距离拉大的向下发散状态，形成MACD死叉后双线向下发散的形态。同时成交量持续为放大状态的阴量，股价跌破布林线上轨后，继续向下跌破中轨，形成明显的卖出股票的信号，应果断卖出股票。

实战要点

（1）MACD死叉后双线向下发散形成前，往往股价会经历一段明显的上涨趋势，如图6－14中A段的走势。

（2）在利用MACD死叉后双线向下发散判断走势反转的卖出信号时，成交量必须为格外放大的阴量或持续当前较高水平的阴量，其他技术指标同样形成卖出形态，方可确认趋势的反转，如图6－14中B区域的情况。

## 6.3.5 股价跌破布林线上轨后持续跌破中轨

股价跌破布林线上轨后持续跌破中轨，是指布林线通道在向上运行的过程中，当运行到高位区时，上轨和中轨尚未出现转向，股价却在突破上轨后出现回落到上轨以下的情况，其后继续下行，跌破中轨。这表明，趋势已经转弱，只不过布林线上轨与中轨还未作出相应的反应。

然而，在根据股价跌破布林线上轨后持续跌破中轨来判定为卖出股票的信号时，由于此时上轨与中轨向上的方向尚未改变，为确保趋势发生反转，成交量必须在股价跌破上轨和其后的继续跌破中轨期间，呈放大状态的阴量，或保持当前量能水平下的持续阴量，其他技术指标同样出现明显向下运行的状态。否则，说明上涨趋势仍然未终止，只是出现了高位的短暂震荡。

案例解读

图6－15是*ST欧浦（002711）的日线图，该股在经历了A段的上涨后，进入B区域，股价在跌破布林线上轨后继续下行，并跌破了中轨，成交量在此期间多为放大状态的阴量，MACD双线呈明显的向下走势，形成趋势转跌的卖出信号，应果断卖出股票。

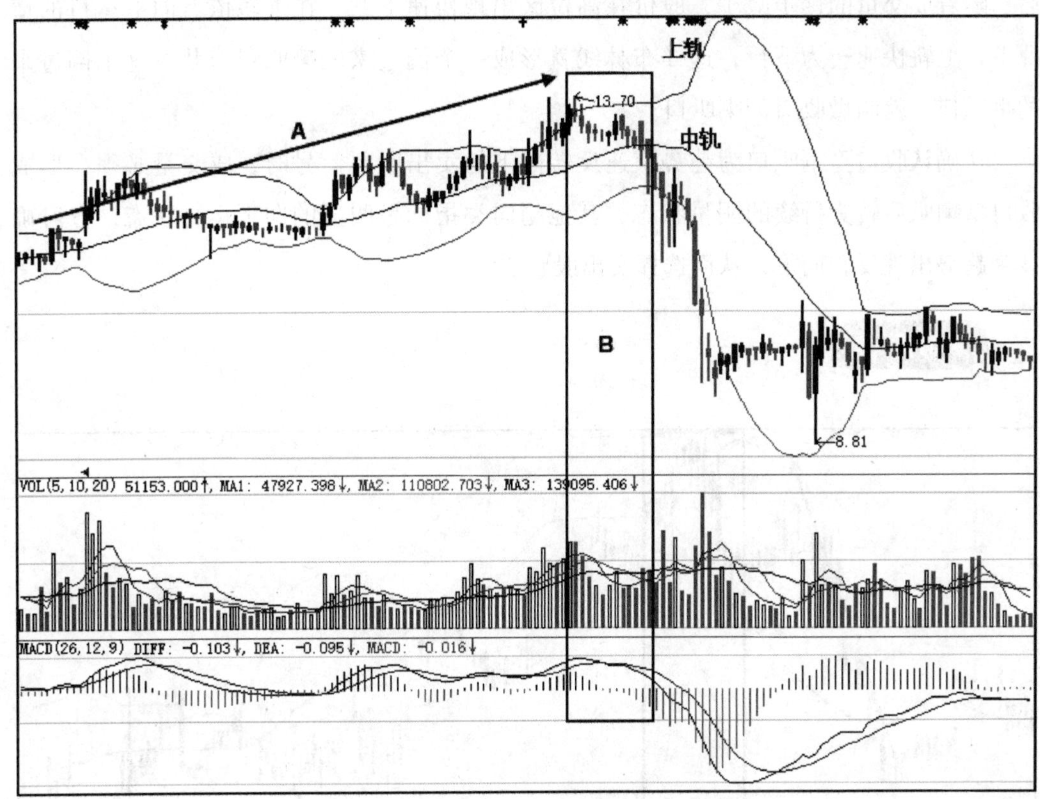


图6-15　*ST欧浦的日线图

**实战要点**

（1）股价跌破布林线上轨后持续跌破中轨出现之前，往往会有一段较为明显的上涨趋势，如图6-15中A区域的情况。

（2）当用股价跌破布林线上轨后持续跌破中轨来判定趋势反转向下的卖出信号时，成交量必须在此期间为以放大状态下的阴量居多，其他趋向类指标必须呈明显向下运行的状态，方可确认趋势的反转向下，如图6-15中B区域的情况。

## 6.3.6　收口型喇叭口

收口型喇叭口是用布林线指标来判断趋势突然反转向下的一种特殊形态，是指股价经过较长时间和较大幅度的上涨，布林线的上轨与下轨出现向上与向下的极度扩张后，随着成交量的逐步减少，股价在高位区出现快速下跌。在下轨依然向上运行的情况下，上轨快速转为下行，这样布林线就形成一个倒过来的喇叭口形状。这个倒过来的喇叭口，就叫做收口型喇叭口。

在确认收口型喇叭口为趋势快速反转向下的卖出股票信号时，成交量必须在形成收口型喇叭后转为持续的阴量状态，其他趋向类指标呈明显的向下运行状态，方可确认为趋势出现反转向下，从而选择卖出股票。

**案例解读**

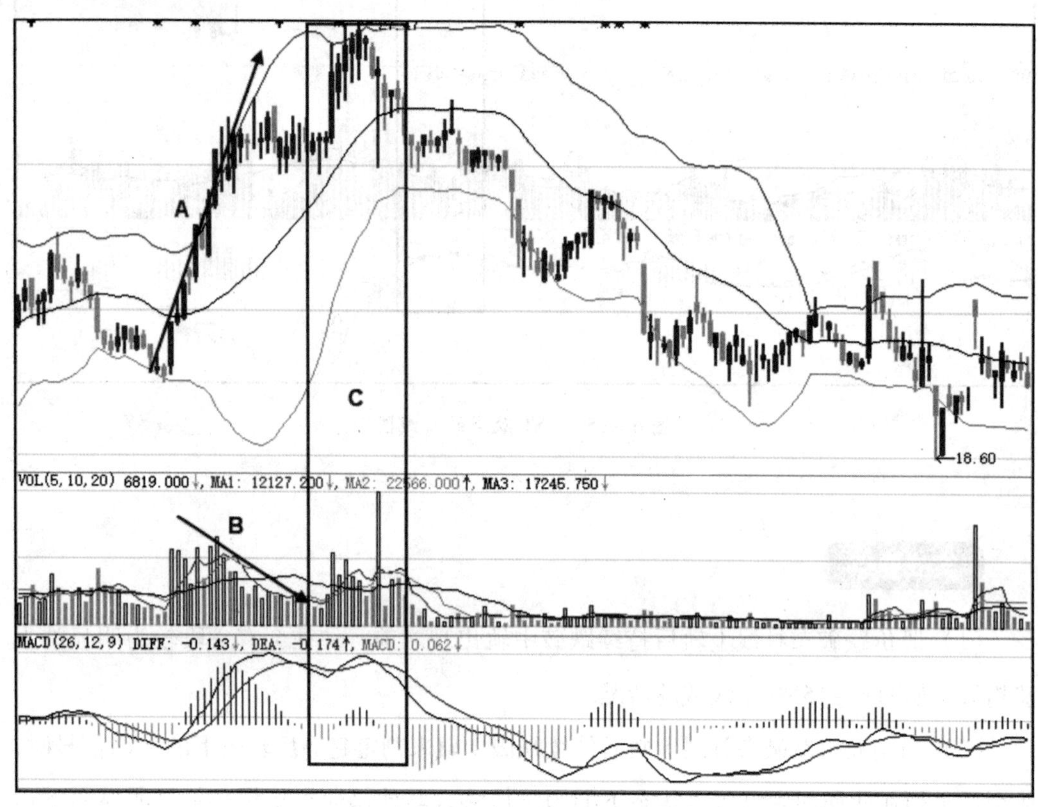


图 6－16　思美传媒的日线图

图 6－16 是思美传媒（002712）的日线图，在经过 A 段持续快速的上涨后，布林线指标出现上轨向上、下轨向下的极度扩张，开口变得很大。运行到 C 区域后，下轨方向继续向上，上轨却出现明显的向内紧缩，于是整体布林线形成一个明显的收口，这个收口像一个倒着的喇叭口，即是收口型喇叭口。成交量也是在之前 A 段上涨中出

现 B 段的大幅缩减后，再次放量后转为持续的阴量，MACD 双线呈向下发散形态，因此可确认为趋势发生反转向下，应果断卖出股票。

实战要点

（1）收口型喇叭口出现前，股价必须有一段明显的快速上涨行情，整个布林线指标必须出现上轨向上、下轨向下的极度扩张，也就是要形成一个突然放大的喇叭口，并且成交量也会出现持续缩减，如图 6－16 中 A 区域与 B 区域的情况。

（2）收口型喇叭口出现时，下轨处于向上运行状态，但上轨必须出现明显的向内紧缩，形成收口，若要判定趋势出现快速反转向下，则成交量必须转为阴量，趋向类指标形成明显向下的形态，此情况方可确认为卖出信号，如图 6－16 中 C 区域的情况。

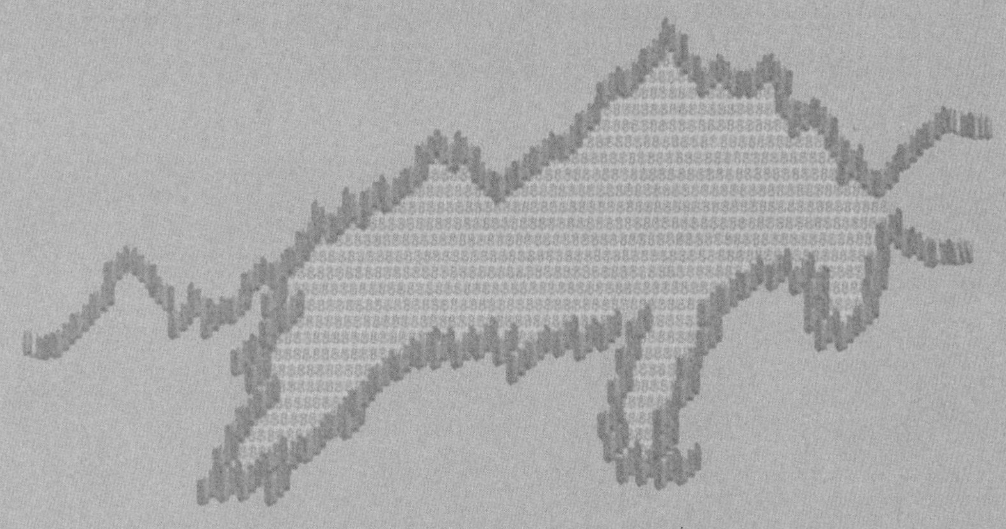

/ 第7章 /

# 盘口语言：洞悉股价异动的买卖信号

盘口语言，反映的是即时交易中买卖双方交易的状态，比如换手率、量比、委买与委卖、振幅等。也就说，盘口语言是短期交易的信息汇总，更适用于短线捕捉一只股票的强势与弱势情况，尤其是当一只股票出现某些异动行为时，盘口语言都会显现出某些数据形态，可以准确反映股价异动时的买卖信号。

# 7.1　买卖股票时的盘口主要信息

盘口信息就是 K 线图右侧的某些数据，盘口信息很多，但在判断买卖信号时，不是所有的盘口信息都有参考意义。只有明白哪些盘口信息是重要的，在判断趋势变化时，投资者才能做到有效判断。

## 7.1.1　换手率

换手率又叫周转率，是指一定时间内股票在市场上转手交易的频率。换手率是反映股票流通性强与弱的重要指标。换手率大的股票，表明流通性强，市场关注度高；换手率低的股票，表明流通性弱，市场关注度相对不高。

但是，换手率有时间的约束，即一定时间内的换手率才有意义，比如日换手率说明的是一个交易日内的换手率大小，而 1 分钟换手率说明的是 1 分钟内的换手率大小。

换手率是以百分比的方式显示的，即在这一时间内交易的股票数量所占这只股票总股本的比例。因此，换手率 = 某一段时期内的成交量 ÷ 发行总股数 ×100% 。

在捕捉买卖信号时，日换手率越高、1 分钟换手率呈逐渐加大，若买入的股票较多，即成交量为阳量，则说明短期股价会出现快速上涨，所以是买入股票的信号。通常以短线捕捉买入信号时，以日换手率 5% 左右为标准，之前的换手率一直处于较低的水平，若之后换手率接近 5% ，1 分钟换手率逐渐变大时，则说明买盘较强，是短线抢涨停板的买入信号。若日换手率较大，1 分钟换手率逐渐变大，股价却在下跌，成交量表现为阴量，则说明卖盘较多，应回避这类股票。

同时，在通过换手率观察交易机会时，应结合 K 线走势、成交量和其他技术指标来判断短期趋势的变化。

案例解读

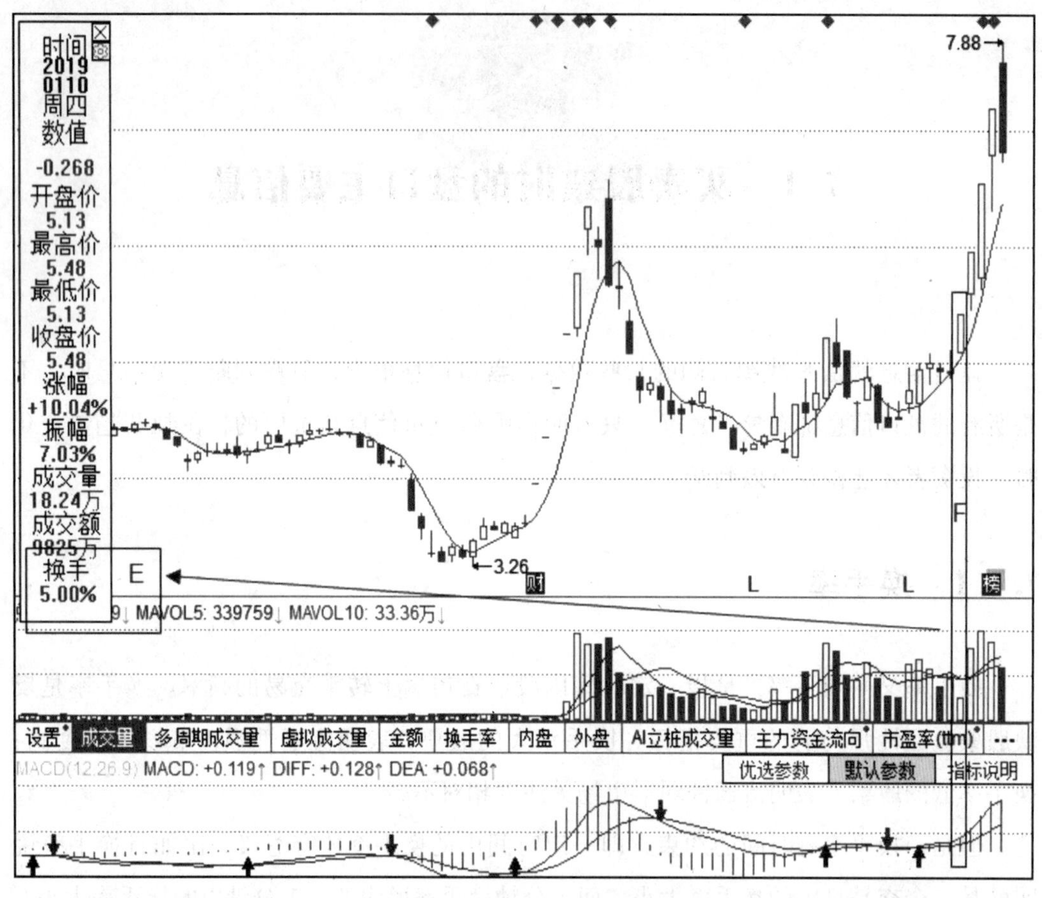


图 7－1　中元股份的日线图

图 7－1 是中元股份（300018）的日线图，在震荡调整行情中，当该股进入 F 区域时，股价出现止跌回升，当日换手率突然达到 5%，此时就应引起注意了。对于有经验的投资者，此日收盘前就应果断短线买入这只股票，因为该股换手率快速增长达到 5% 的水平，量能以阳量的方式放大，股价持续上涨并快速涨停，MACD 明显呈双线向上发散状态，说明该股已经调整结束将步入快速上涨期。如果是新股民，可再观察下一个交易日的 1 分钟图的变化。

图 7－2 是中元股份 2019 年 1 月 10 日的 1 分钟图，该股在当日开盘股价略小幅调整后，A 区域出现快速上涨，1 分钟换手率由 0.32% 快速蹿升到了 0.67%，A 区域后

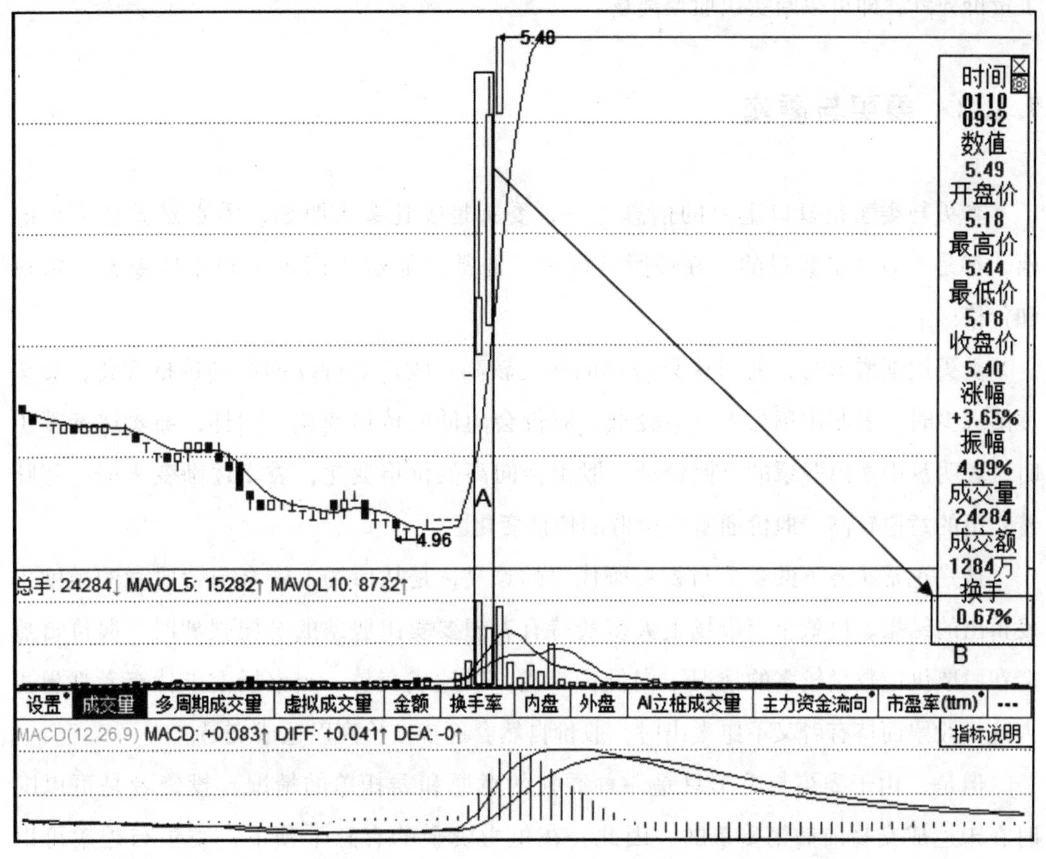


图 7－2　中元股份 2019 年 1 月 10 日的 1 分钟图

又快速上升到 0.93%，说明 1 分钟换手率快速放大，而量能为阳量突然格外放大，下方 MACD 双线快速向上发散，说明该股出现明显的量价快速齐升状态，投资者应果断在股价涨停前买入该股。果不其然，该股在当日开盘 5 分钟内，换手率即出现接近 5% 的高换手率，量能放大，明显形成区间放量快速上涨的买入形态。

## 实战要点

（1）投资者在根据换手率捕捉买入股票的信号时，通常应以日换手率达到 5% 左右或是日换手率持续保持在 4% ～5%、成交量阳量增长、技术指标向上为准，即可在股价涨停前买入股票，如图 7－1 中的情况。也可以如图 7－2 中观察 1 分钟图上换手率依然保持在快速增长的量价齐升的状态下买入股票。

（2）如果是以换手率判断卖出信号，只要发现换手率较大、成交量为阴量、形成了量价齐跌，即可果断卖出股票离场。

### 7.1.2 委买与委卖

委买与委卖是盘口重要的信息之一，委买是委托买入股票，委卖是委托卖出股票，都是有具体的数量的。在炒股软件中，通常只显示5档委买和5档委卖的数量和价格。

委买逐渐增多时，表明这只股票的热度较高，股价会持续向高的价格变化；委买逐渐减少时，表明市场买入意愿较低，股价会向低的价格变化。同样，委卖逐渐减少时，表明盘中卖出股票的意愿较低，股价会向高的价格变化；委卖逐渐变大时，意味着卖出的意愿较高，股价通常会向低的价格变化。

这是正常状态下的委买与委卖所代表的意义，是从市场上资金与持股者的角度出发得出的结果。也就是当市场上大多数持有者想要卖出股票的意愿强烈时，股价自然会在股票供应数量较多的情况下向低价靠拢，以达成交易；当市场上未持有者都想买入这只股票而持有者又不愿卖出时，股价自然会逐步被抬高以达成交易。

但是，由于委买与委卖只是一种委托的意愿和委托单的情况，投资者是可以随时在未达成交易前撤销委单的，因此，在主力资金的有意干预下，委买与委卖可以成为主力有意向上作价或向下作价的工具。这就是盘口的异动行为，我们会在后面具体讲到。

**案例解读**

如图7－3是新华联（000620）的1分钟图，在2018年4月17日9点40分时，即A区域，右侧信息栏委卖栏内，委卖的价格在不断趋向高价，数量较多，说明持股者希望能够卖到较高的价格。

这种状态持续到当日的9点45分时，依然不变，所以A区域对应的股价出现了如图7－4中的持续上行。

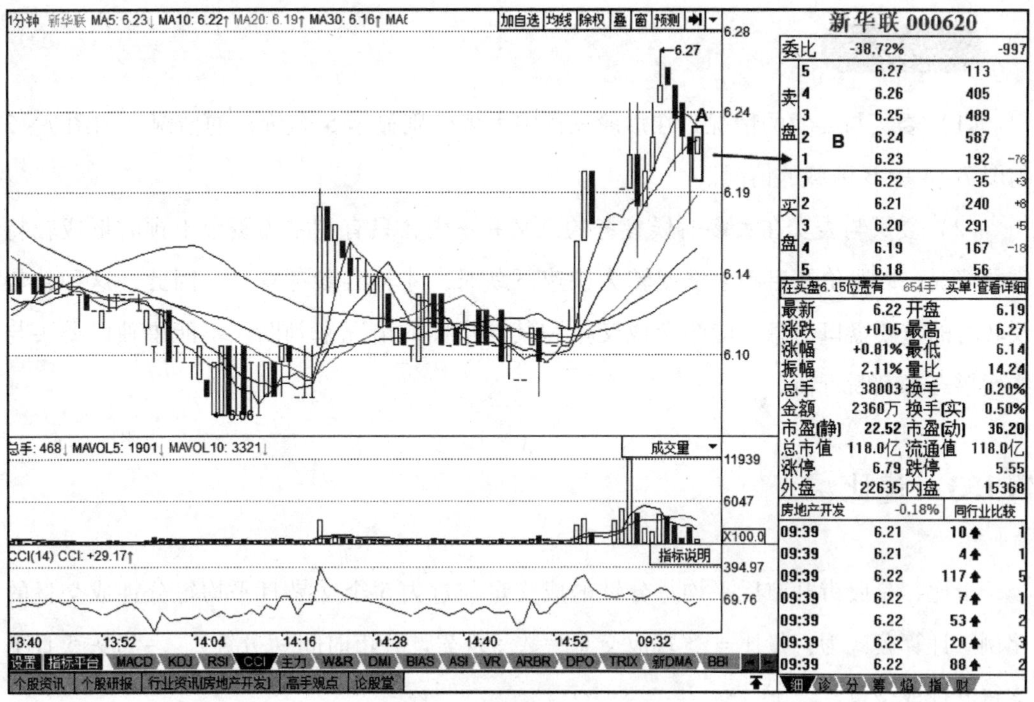


图 7－3　新华联的 1 分钟图

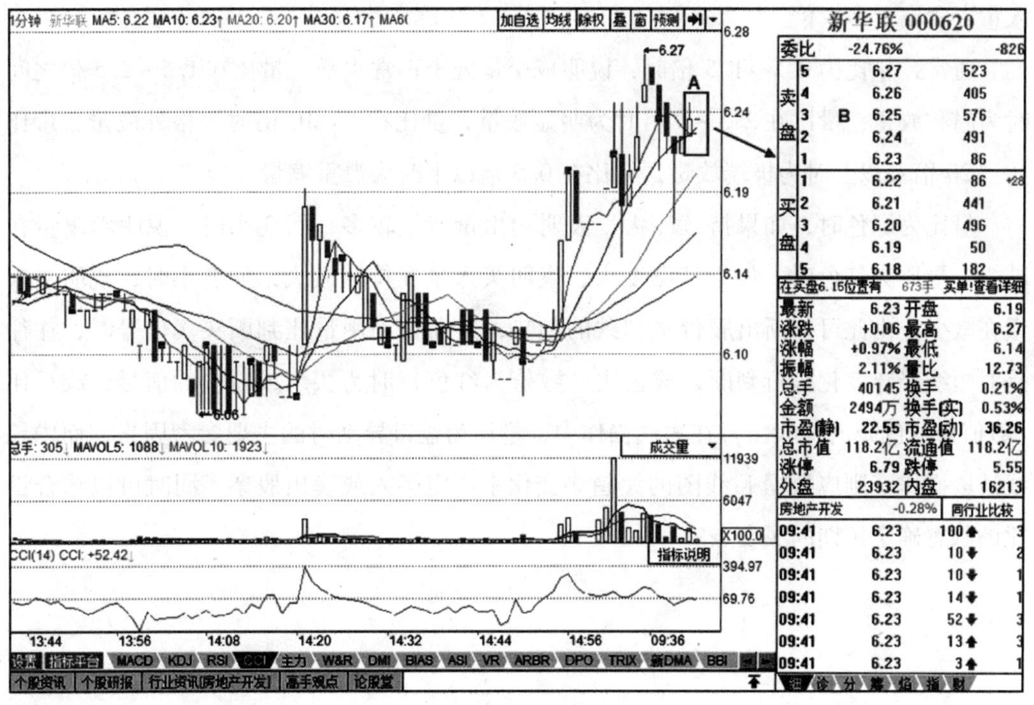


图 7－4　新华联的 1 分钟图

**实战要点**

（1）委买与委卖的情况，在炒股软件中大多分别显示 5 个价格的情况，如图 7-3 与图 7-4 中 B 区域的情况。

（2）委买与委卖在大多时候参考的意义并不大，只有在主力资金干预时形成较特殊的情况，即股价在启动上涨或转为快速下跌时，才具有参考意义。因此，这种趋势反转时的重要盘口信息，应结合成交量和其他指标的情况来判断，不能单独以委买与委卖形态来判断行情。

## 7.1.3 量比

量比，是股市开市后平均每分钟的成交量与过去 5 个交易日平均每分钟成交量的比例。计算公式为：量比 = ［现成交总手数 ÷ 现累计开市时间（分钟）］ ÷ 过去 5 日平均每分钟成交量。

量比是对相对成交量情况进行衡量的一个重要指标。在炒股软件中，量比是以数值显示的：颜色为绿色时，代表着卖出量占买入量的多少倍；颜色为红色时，代表买入量占卖出量多少倍。

通常，量比为 0.5 ~ 1.5 倍时，说明成交量处于正常水平；量比在 1.5 ~ 2.5 倍之间时为温和放量，量比在 2.5 ~ 5 倍时为明显放量，量比在 5 ~ 10 倍时为格外放量，量比达到 20 倍及以上时为极端放量，量比在 0.5 倍以下时为严重缩量。

量比为绿色时，如果持续变大，表明卖出量持续较多，而变小时，说明卖出量在减少；量比为红色时，如果持续变大，表明买入量在持续放大，而变小时，说明买入量在减少。由此可判断出股价涨和跌的趋势，然而在利用量比判断买卖信号时，往往是对短线趋势变化进行判断，成正比（数值为红色）时为买入或持股的信号，成反比（数值为绿色）时应卖出。在短线操作中，量比为盘口异动时的主要参考因素，而中长线波段操作，则应根据 K 线图的大趋势变化来决定买入或卖出股票，同时可以结合量比的状态确定短期的买卖点。

## 案例解读

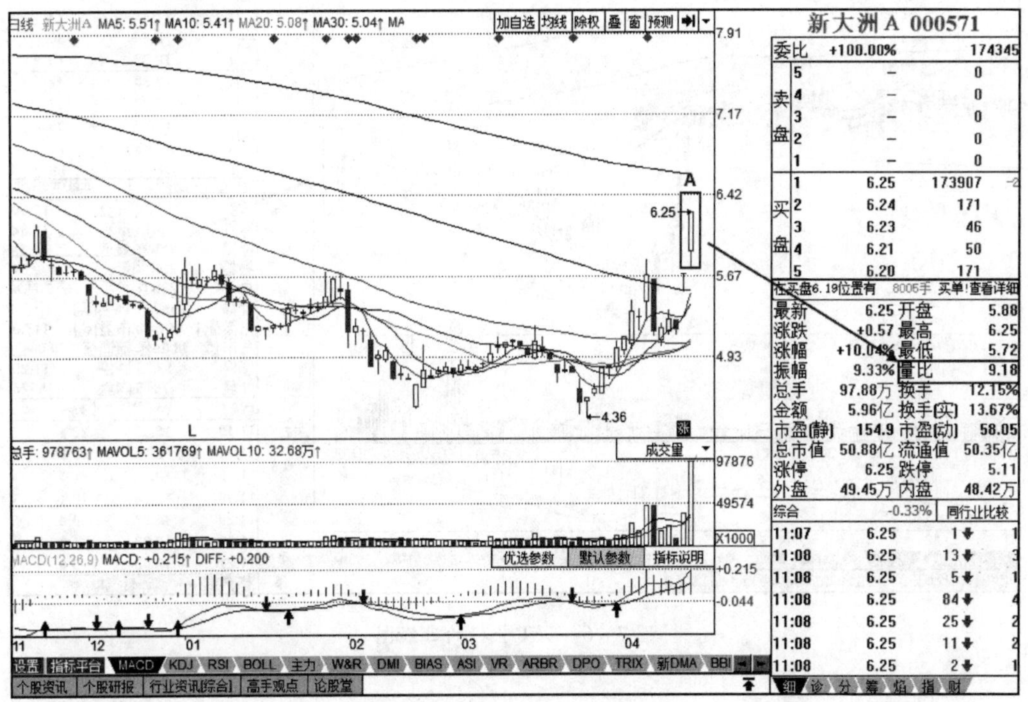

图7-5　*ST大洲的日线图

图7-5是*ST大洲（000571）的日线图，在2018年4月17日这一交易日，即A区域对应的量比一栏中，数值为红色的9.18，说明此时平均每分钟的成交量与过去5个交易日平均每分钟成交量的比为9.18，为格外放量状态，股价当日出现涨停。

图7-6是*ST长投（600119）的日线图，在2018年4月17日，即A区域对应的量比值为0.59，说明此时平均每分钟的成交量与过去5个交易日平均每分钟成交量的比为0.59，属于正常水平。

## 实战要点

（1）量比表现的是平均每分钟的成交量与过去5个交易日平均每分钟成交量的比例关系大小的数值差异，属于平均类数值，所以并不是当时的量比表现为红色时，股价就一定会表现为上涨，而表现为绿色时，股价就下跌。

（2）量比显示在K线图的盘口信息一栏中，如图7-5与图7-6中的情况，是随

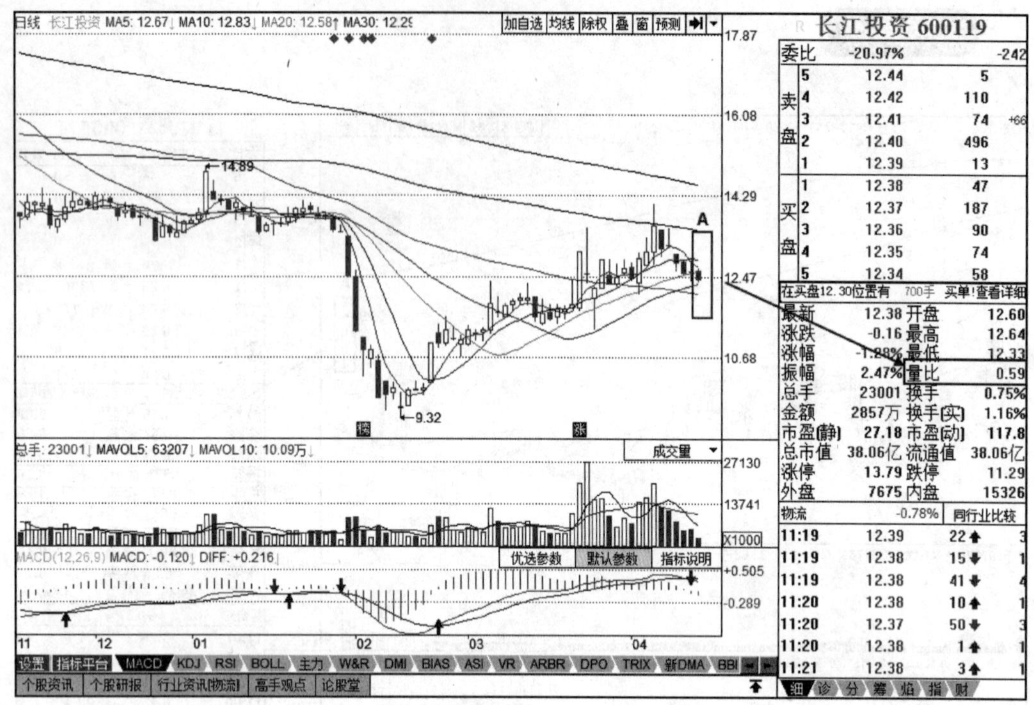


图 7－6 *ST 长投的日线图

时都在变化的，所以只观察量比的数值变化是无法单独进行交易判断的，必须结合其他指标的情况来判断买入或卖出股票的时机，量比大多数时候是作为短线操盘中的参考。

## 7.2 盘口信息的实战意义

盘口信息是短线操盘中重要的参考依据，但在中长线操作中，盘口信息的意义并不大，只有在长短结合的操作中，盘口信息才在判断买卖信号时起着重要的参考作用。

### 7.2.1 短线买卖的重要依据

在实战操作中，换手率、委买和委卖、量比等盘口信息只有超过平常状态时，才具有参考意义，所以属于股价出现快速上涨或快速下跌时盘口信息的异常表现。比如换手率的突然放大，委买与委卖的比例出现异常，量比突然出现正比放大与反转放大，等等。这些盘口信息的表现，如果是在正常状态下，仅仅代表股价的正常上涨或下跌的波动，对买卖股票的参考意义并不大。因此，只有盘口信息出现异常表现时，才能更准确地把握住股价短期的快速向上或向下的波动。根据盘口信息的异动进行操作更适合于短线操作，比如短线捕捉涨停牛股，或短线把握一只股票出现的快速下跌。但在实际操作中，一定要结合 K 线趋势与成交量的变化，才会让判断更为准确。同时，技术指标在盘口异动时的向上与向下运行，也起着助涨与助跌的作用，是不容忽视的。

案例解读

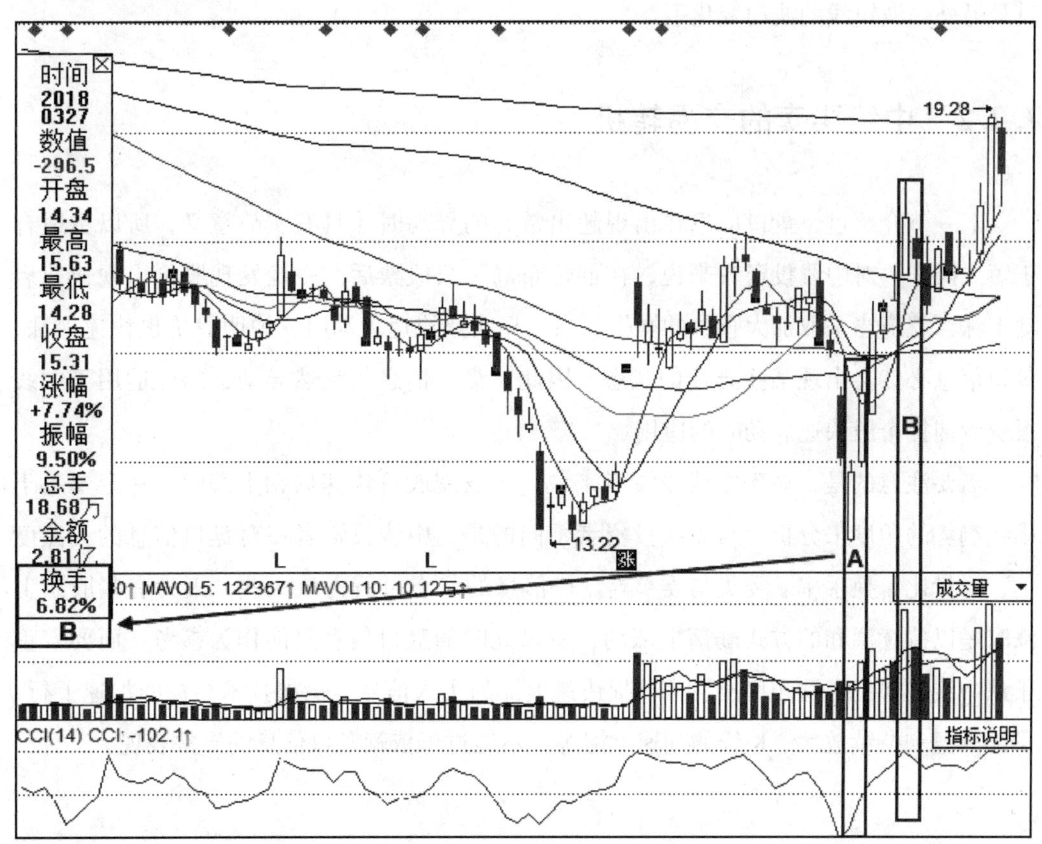


图 7－7　数字政通的日线图

图7－7是数字政通（300075）的日线图，该股在弱势震荡走低中，进入A区域后，换手率突然由4.35%快速增加到次日的6.82%，成交量柱出现持续阳量的变长，为明显放大迹象。股价持续中阳上涨，量价齐升状态明显，CCI指标呈明显以大于60度的水平角度上行，说明股价短线出现快速反转，应果断以基于短线操作的策略买入这只股票。到了B区域，股价在快速上涨过程中，出现阴线滞涨，量能转为阴量，换手率达到8.57%，CCI指标转为快速下行，说明短线趋势走弱，应果断卖出股票。这就是盘口信息在短线实战中的应用。

**实战要点**

（1）在利用盘口信息捕捉买入信号时，应基于短线盘口信息的异动行为来判断行情的突然转变，如图7－7中A区域的情况。

（2）在利用盘口信息捕捉短线买点时，应结合股票成交量的变化，以及短期趋向类指标的方向变化来确认，如图7－7中A区域与B区域的情况。但由于是短线操作，捕捉的只是短暂趋势的波动，所以即使卖出股票后，股价震荡走弱后再次走强，那也只是另外一波短线的波动变化了。

### 7.2.2　中线买卖的交易转机

上一节介绍过，盘口信息在出现超出常态的异动时才具有实战意义，所以更适合于短线操作。对中线投资者来说，在低位布局一只股票后，一旦发现股价出现快速启动上涨，就应当采取加大仓位的操作。当一只股票快速启动时，说明股价也快速上涨，盘口信息必然会出现某些异常的状态，因此，盘口信息的突然异动，同样适用于中线投资者捕捉个股快速启动时的应用。

需要注意的是，对于中线投资者来说，当发现股价快速启动上涨时，一定要基于中线趋势的角度来分析。与短线投资者不同的是，中线投资者在对盘口信息的关注度上，对量比、换手率、委买与委卖等盘口信息的状态可看得淡一些，因为有些股票上涨时是以持续温和的方式震荡上涨的，所以此时的盘口信息只能作为参考。而要着重于从中线趋势的上涨角度出发来捕捉快速上涨的买入信号，比如技术指标的加速上行、量能的温和持续放大、K线的加速上涨等，不能过于依赖盘口信息的异常表现。

案例解读

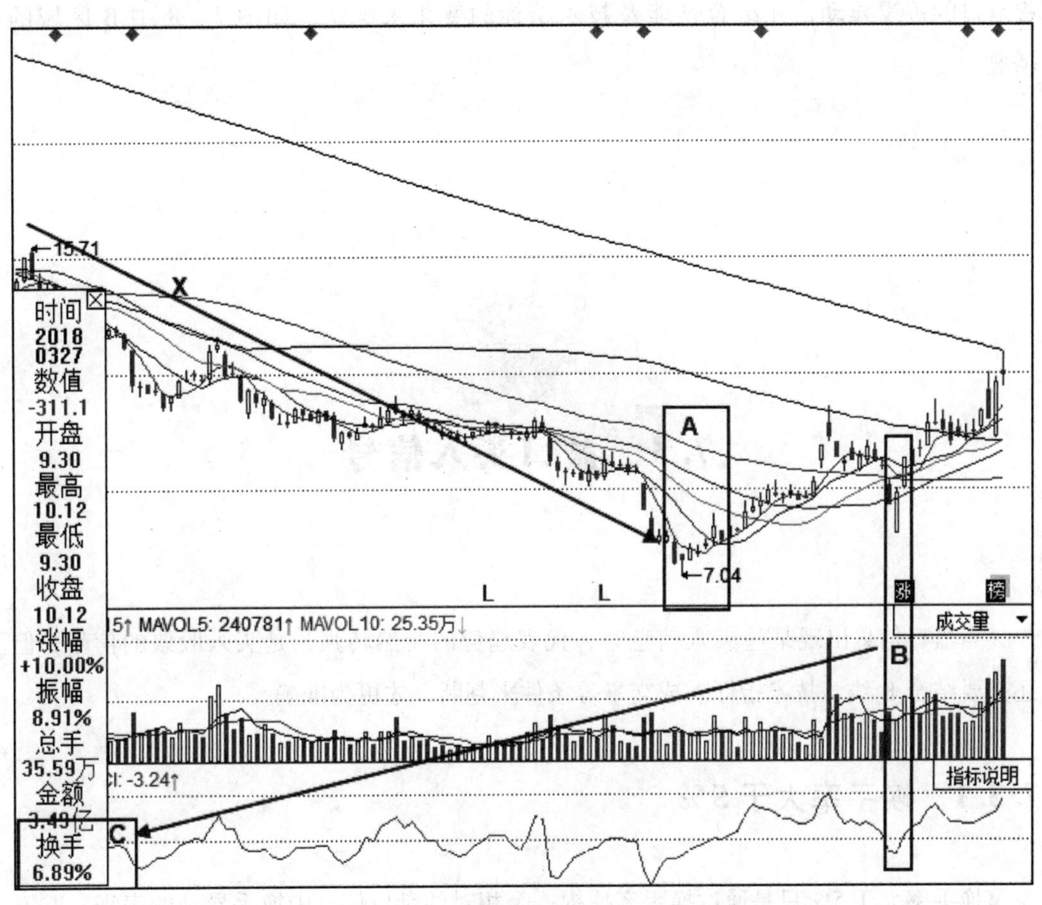


图 7－8　思创医惠的日线图

图 7－8 是思创医惠（300078）的日线图，该股经过 X 段长期大幅的下跌，在 A 区域出现止跌回升。如果投资者以中线思路买入这只股票，可在该股经过上涨与下跌震荡后，进入 B 区域，股价出现阳量持续放大的量价齐升、第二根阳线时换手率突然放大到 6. 89%、CCI 指标出现快速向上运行时及时加仓买入股票，中线持股待涨，因为此时表明该股调整已经结束，股价将出现快速回升并启动上涨。这就是利用盘口信息的突变，基于中线策略的短线操作行为。

实战要点

（1）投资者在以中线策略操作时，对盘口信息的异动捕捉的是股价快速启动时的信号，如图7－8中B区域的情况。

（2）在基于中线策略利用盘口信息短线操作中，一定要从整体的大趋势出发，捕捉盘口的短线异动，并结合量能及技术指标的变化来确认，如图7－8中B区域的情况。

# 7.3 盘口买入信号

当盘口信息出现某些买入信息时，代表趋势的突然转强，是买入股票的信号，但还是要结合K线、技术指标、成交量等条件来判断，才更为准确。

## 7.3.1 换手率大于5%

换手率大于5%只是通过换手率捕捉一个相对的盘口信息中换手异动的表现，并不是说在个股出现快速启动时就一定要大于5%，有时只达到3%至4%时，个股同样会快速启动。对于一些小盘股，尤其是次新股，经常会出现换手率保持在20%以上甚至是达到40%，这种大换手率经常出现在一字涨停板打开后，或是在下跌过程中。同时，当发现一只股票在低位或略高于低位区出现持续换手率较大、股价出现震荡上涨时，说明资金在快速介入。因此，在寻找短线牛股时，大于5%的高换手率，只是发现买入股票的一个先决条件。具体是否会形成买入信号，还应结合成交量的情况和技术指标的情况，以及股价趋势的变化来判断。

案例解读

图7－9是建新股份（300107）的日线图，在前面弱势震荡中，当进入A区域时，

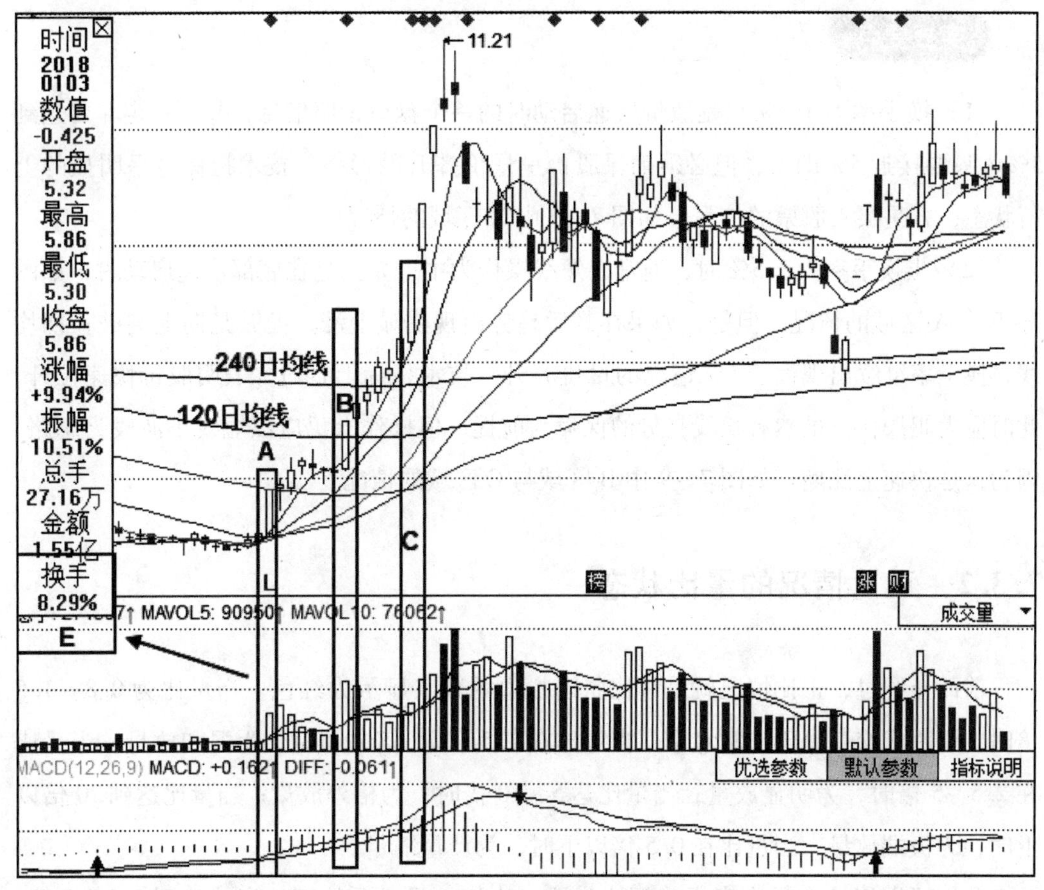


图 7－9　建新股份的日线图

盘口信息中显示换手率突然由之前的不足 2% 激增为大于 5% 的 8.29%，成交阳量明显放大，MACD 双线稳健上行，是股价快速结束弱势的启动信号，此时应果断短线买入股票。此时为趋势初转时期，所以应在其后冲高回落时卖出股票。进入 B 区域后，换手率突然放大到 15.33%，同时阳量格外放大，MACD 双线依然稳健上行，短期均线此时已呈多头排列，股价向上突破长期均线 120 日均线，说明中长期趋势发生了转变，是趋势反转中股价快速上升时的买入信号，此时应果断在换手率放大过程中量价齐升时买入股票。当进入 C 区域时，在 MACD 双线继续上行的基础上，股价持续放大阳量上涨，并向上突破 240 日均线，换手率达到 10.19%，说明趋势已彻底转为强势，是短期加速上涨的信号，此时应在换手率持续放大过程中量价齐升时全仓买入股票。

**实战要点**

（1）换手率大于5%只是股价快速启动时的一个盘口参照信息，并不一定非要达到5%，只要接近5%即可，但必须确保股价呈量价齐升的形态，技术指标也呈明显的上行状态，方是买入股票的信号，如图7-9中A区域的情况。

（2）当换手率大于5%时，通常以短线操作为主，尤其是在底部快速启动时，如图7-9中A区域的情况。但是，如果在其后趋势出现明显上涨，尤其是向上突破长期均线，换手率继续出现大于5%情况的量价齐升、技术指标上行时，表明股价快速拉升，此时应大胆操作。虽然有长线趋势的保障为前提，但操作上仍应以短线小波段为思路，因为这是快速上涨期，如图7-9中B区域与C区域的情况。

## 7.3.2 正比情况的量比状态

前面介绍过，正比情况就是量比状态栏内的数字显示为红色。当量比为0.8~1.5倍时，说明成交量处于正常水平；当量比在1.5~2.5倍之间时，为温和放量；当量比在2.5~5倍时，为明显放量；当量比达5~10倍时，为格外放量；当量比达到20倍以上时，为极端放量；当量比在0.5倍以下时，为严重缩量。

我们可以以这个标准来寻找短线牛股，比如一只股票的正比突然达到2.5~5倍，换手率也达到5%，说明股价在明显放量。如果是在低位缓慢上涨时期，表明股价健康上涨，是中线买入股票的信号。如果正比突然达到5~10倍，换手率激增到5%以上，甚至达到10%时，说明股价出现短时的快速上涨，是短线介入强势股的信号。

当然，由于行情是在不断变化当中的，所以当正比突然达到2.5~5倍，甚至放大到了5~10倍时，换手率也快速放大，同时量能持续阳量增长、股价快速上行、技术指标呈上行，则说明股价在快速上涨。再结合K线趋势的向上变化，同样可以确认短线的强势，即可在股价上涨过程中及时买入股票，哪怕股价即将封在涨停板上，也应快速介入。

**案例解读**

图7-10是太辰光（300570）2018年4月18日的分时图，从下方指标区间可以明显观察到，当日开盘后，虽然股价出现持续快速下行，但量比一直为大于10倍的正比

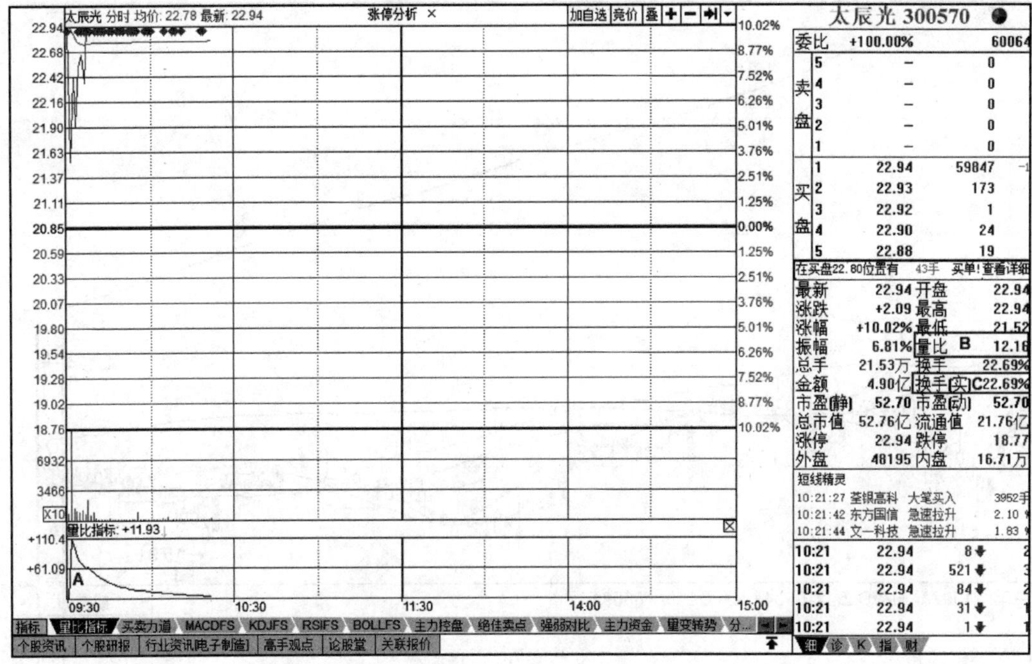


图 7－10　太辰光 2018 年 4 月 18 日的分时图

状态。股价回升时量比也出现明显的快速放大，最高超过 100 倍，换手率也很快超过 5%，说明该股呈格外放量下的量价齐升状态。

此时只要再观察一下日线图就可发现，如图 7－11 中所示，MACD 明显出现 DIFF 突然向上翘起的加速上行状态，成交量出现明显的量价齐升状态。

无论是分时图上量比呈正比状态下的快速放大，还是日线图上的短期趋势，均指向快速上行。因此，投资者应于图 7－10 中量比指标在 10 倍以上的状态，股价快速回升保持阳量放大时，果断在股价封涨停板前买入股票。

## 实战要点

（1）在利用量比判断买入信号时，通常正比状态下量比保持在 5～10 倍时为格外放量状态，此时若换手率同样在持续放大、技术指标呈快速上行，则往往是股价快速上涨的表现，应果断买入股票，如图 7－10 中的情况。

（2）在根据正比情况的量比短线买入股票时，原则上是正比越大，股价快速上涨的概率越高。如果要确保这种股价短暂快速波动的买入信号，可再配合观察 30 分钟图或日线图等 K 线图，发现短期趋势为上行时，就可确认为短期的强势，如图 7－11 中

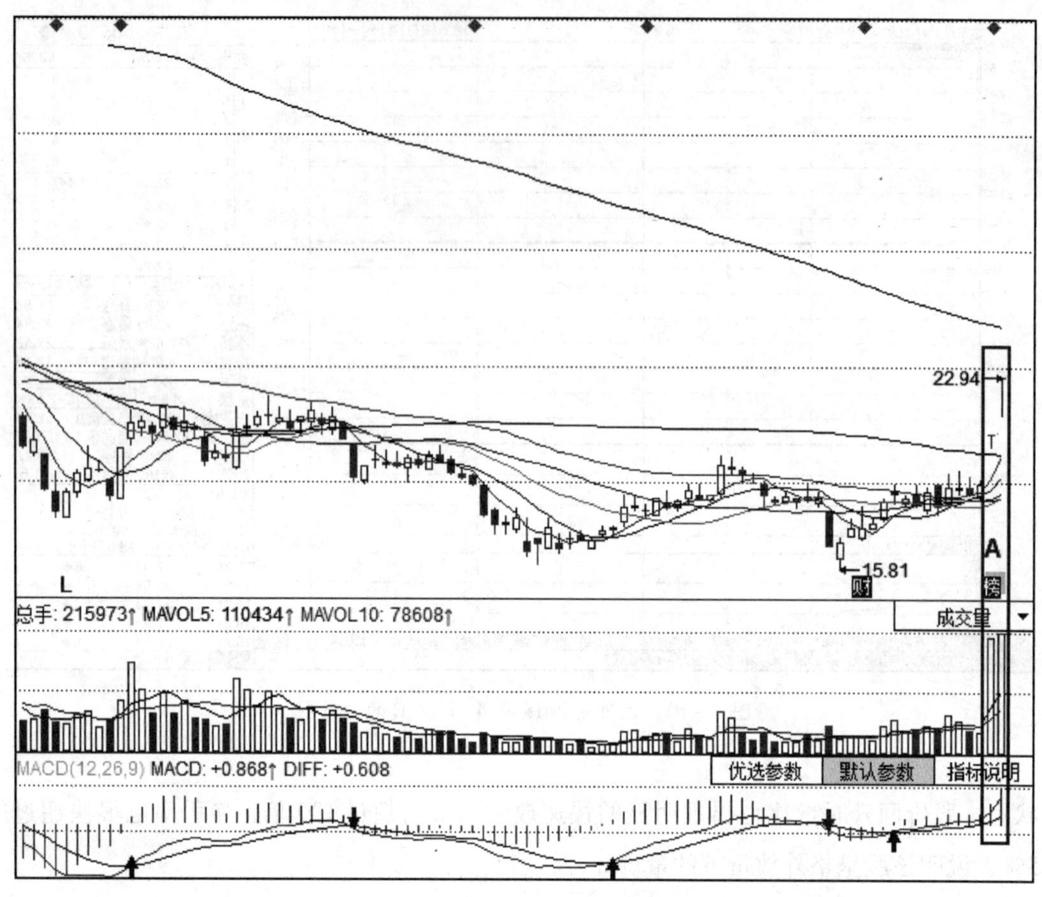


图 7－11 太辰光的日线图

的情况。

## 7.3.3 递减式委卖

递减式委卖，是指股价在短期上涨趋势中，K 线图右侧上方的委卖一栏内，突然出现委卖 1 处的挂单极小，只有零星的几手或十几手，委卖 2 到委卖 5 栏中，却出现挂单向上依次变大的情况。由上向下观察委卖的情况，会发现呈向下逐级递减的状况。

这种递减式委卖形态一经出现，说明主力资金是在接近股票现价的情况下，以略提高价格的方式吸引委买 1 处的挂单，从而达成交易。一旦交易成功后，上方又会出现略多的挂单，再次吸引买盘成交，以实现股价的逐级向上滚动，以达到最终股价的不断上涨。

一旦出现递减式委卖形态，就意味着之后股价会持续上涨，所以是股价滚动上涨时短线买入股票的信号。但在买入股票时，股价趋势和技术指标必须呈上涨状态，方可确认为是一种股价持续上涨时盘口买入股票的信号。

## 案例解读

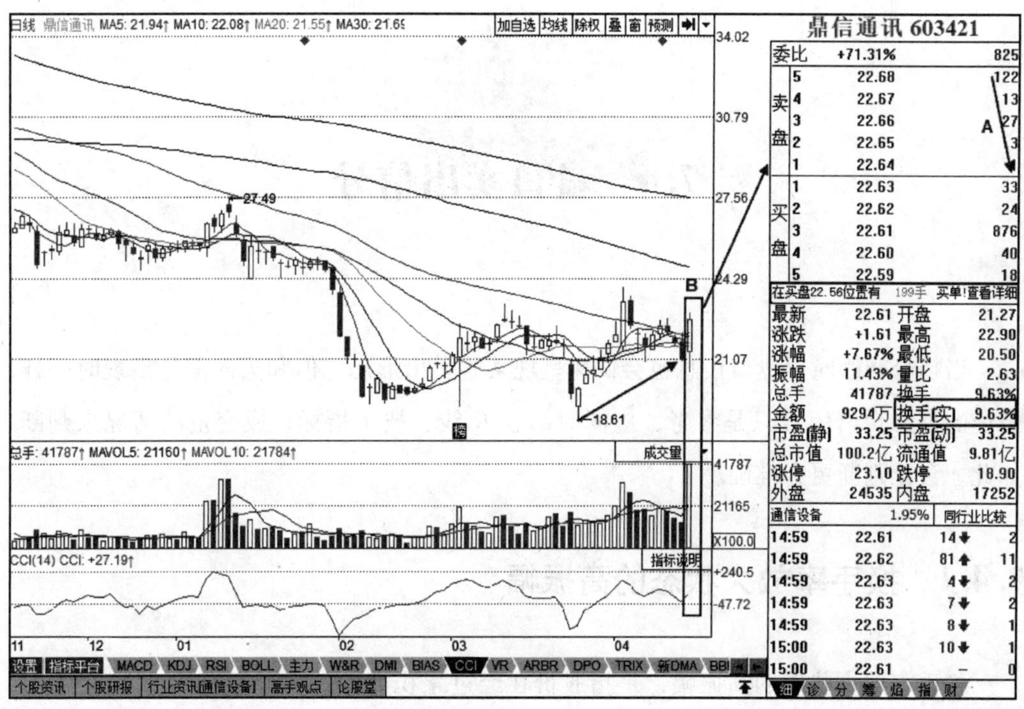

图 7－12　鼎信通讯的日线图

图 7－12 是鼎信通讯（603421）的日线图，在弱势震荡向上的趋势中，当进入 B 区域时，在对应的卖盘信息中，A 区域出现由委卖 5 至委卖 1 的由上向下的挂单数量的逐级递减，形成递减式委卖形态，同时换手率达到 9.63%，成交量明显呈阳量格外放大状态，CCI 指标呈向上运行状态，说明短线股价已经走强，应果断买入股票。

## 实战要点

（1）递减式委卖的出现，是指在盘口信息中位于 K 线图右侧上方的“卖盘”一栏中五档委卖挂单的数量，呈由上至下的逐渐缩小的形态，如图 7－12 中 A 区域的情况。

（2）在利用递减式委卖形态判断买入股票的信号时，应结合当前的量能和技术指标及换手率等情况综合判断，如图 7－12 中 B 区域的 CCI 指标向上运行、成交阳量格外放大、换手率突然放大等情况。

## 7.4 盘口卖出信号

当趋势转跌时，盘口信息也会快速呈现某些卖出形态，但和买入信号出现时一样，单纯的盘口卖出信号只是参考，应同时结合 K 线、技术指标、成交量的情况来判断，如此才会让判断更为准确。

### 7.4.1 换手率放大状态的高振幅

换手率放大状态的高振幅，是指股价在经过累积涨幅较大或短期快速上涨后，换手率突然放大，但伴随着成交量转为阴量，呈阴量持续放大或格外放大时，盘中振幅也较大。

这种情况的出现，说明股价上涨过程中资金出现了分歧，如果是要确认为趋势反转向下时的卖出形态，K 线会收于一根上影线较长的阴线或中阴线以上，技术指标出现上行到顶部高位区后转为向下运行的状态。这说明股价上行出现的阻力较大，即使在后市仍会出现冲高，也只是短线的冲高行为，难以持续，因此可确认为卖出股票的信号，应采取逢高卖出股票的策略。

**案例解读**

图 7－13 是龙韵股份（603729）的日线图，在 2018 年 4 月 17 日，股价处于明显的放量上涨状态，当日换手率达到 9.62%，即 A 区域对应的 B 区域，且 A 区域的 MACD

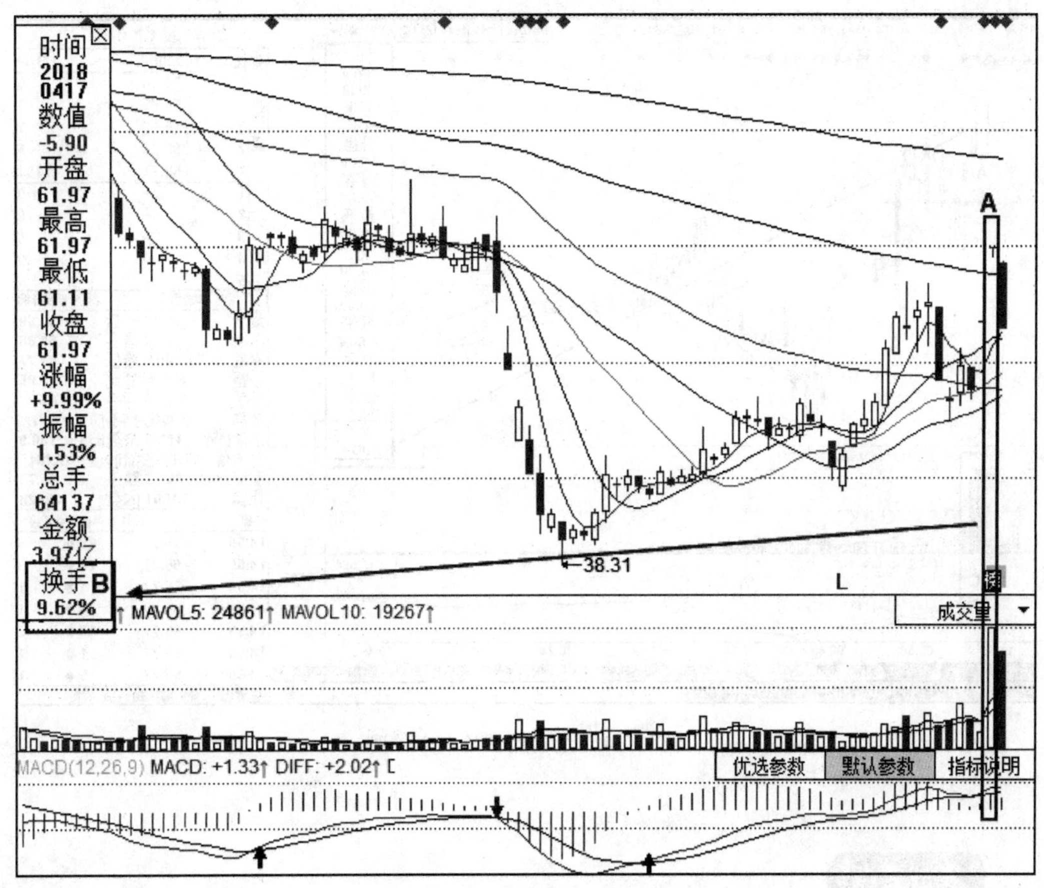


图7-13 龙韵股份的日线图

双线依然处于缓慢向上运行的状态。一切看起来都是标准的上涨趋势。

到了下一个交易日，即4月18日，从图7-14的1分钟图可以明显地看到，股价出现较大幅度的低开，并且在开盘1分钟内，换手率即达到0.87%，即A区域对应的B区域。同时在开盘2分钟的时间里，C区域出现阴量的格外放大，并持续这种大量状态，换手率总和为0.87%+0.73%+0.32%=1.92%。这说明开盘2分钟就出现了接近2%的高换手率，且股价持续下跌的幅度较大，即使从当日开盘价60.80元计，2分钟时已跌至59.91元，短时间内跌幅较大，若再加上低开的情况，说明跌幅很大。从成交量分析，这2分钟内的量能为3532万元+2935万元+1268万元=7735万元，短时放量巨大。

1分钟图上的MACD双线出现明显的向下发散形态，说明股价短期出现放量状态下的快速向下波动，应果断卖出股票。当日换手率激增到13.47%时，以跌停收盘。

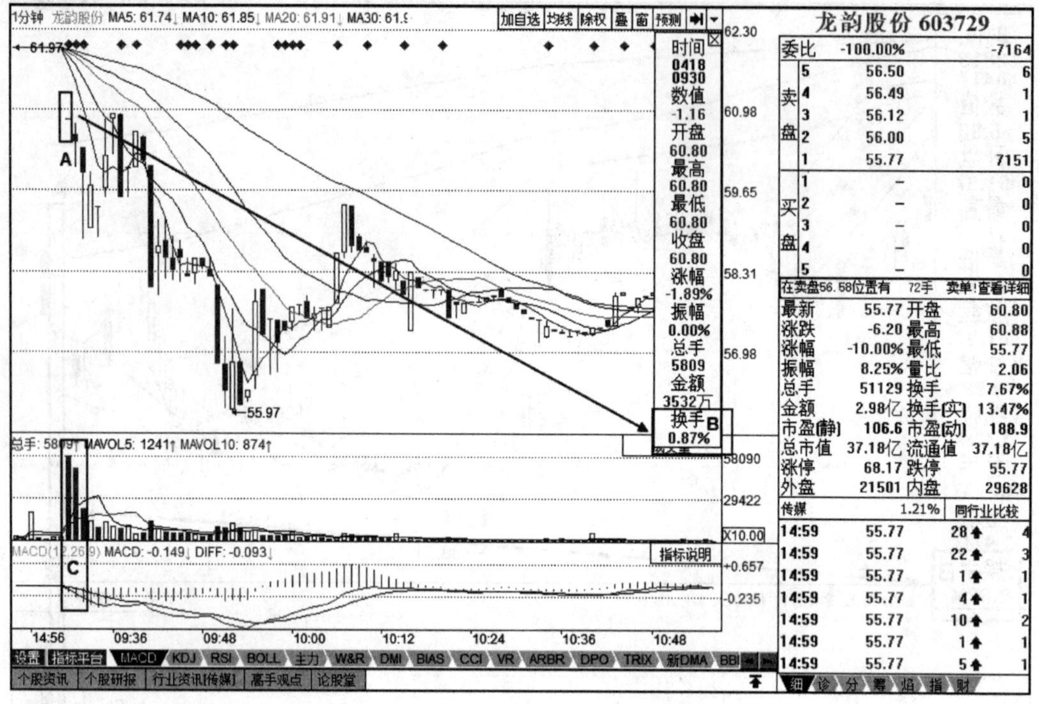


图 7－14　龙韵股份的 1 分钟图

**实战要点**

（1）换手率放大状态的高振幅，是指股价在换手率较大状态下振幅也较大，如图 7－13 中 A 区域之后的交易日的情况。

（2）在利用换手率放大状态的高振幅判断卖出信号时，不仅可以根据日线图的情况来判断，也可以根据 1 分钟等短周期图来判断，短时间内换手率较大、跌幅较大、成交量也突然阴量放大，同时再结合技术指标的趋向，以及日线或 30 分钟图上的短期趋势变化来综合判断，如图 7－14 与图 7－13 中的情况。

## 7.4.2　量比处于快速缩小的状态

量比快速缩小的状态，是指股价在上涨过程中，成交量在放大的状态下，量比由较高水平转而快速降低。这说明卖出量在快速加大、买入量在快速减少。这时候，不能纯粹以量是红色的正比还是绿色的反比来观察。在通常情况下，因量比的计算是当前平均每分钟的成交量与过去 5 个交易日平均每分钟成交量的比率，所以量比由正量比转为负量比时，相对于实际行情的走势来说，往往显现出延后的情况，即股价已经出现短线的下跌，但量比依然保持红色的正比状态。

因此，量比快速缩小是股价下跌时的卖出信号，尤其是在正比状态下的突然转为负比，即当量比数值的颜色由红色快速转为绿色时，更应引起注意。

在根据量比来判断趋势转换的卖出信号时，不应过于看重量比值是正比还是负比，而应根据较长周期图上的趋势变化、分时图上量比指标的发展趋势，以及技术指标的方向来判断是否为卖出信号。

## 案例解读

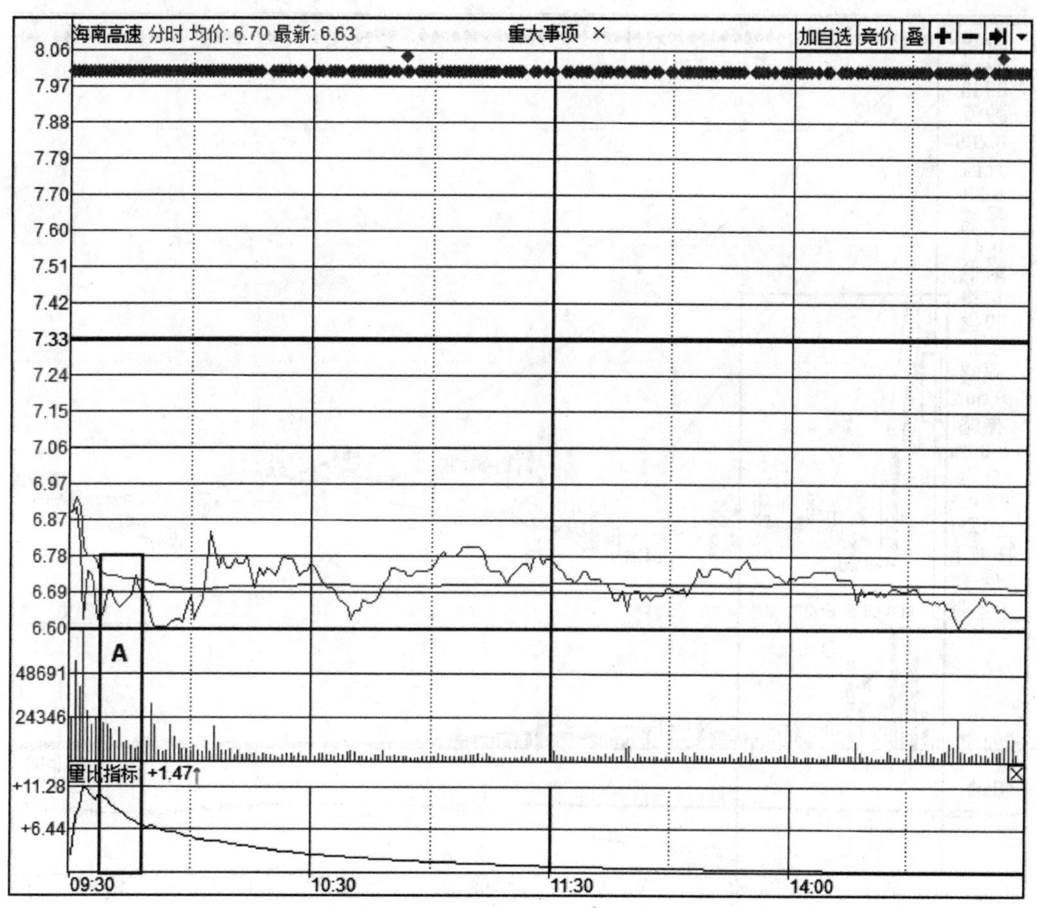


图 7－15　海南高速 2018 年 4 月 18 日的分时图

图 7－15 是海南高速（000886）2018 年 4 月 18 日的分时图，从中可以看出，股价在大幅低开后，量比指标快速下跌，在正比 11 倍多的情况下，仅仅数分钟就下跌到 6 倍多，股价却出现震荡走高。

此时可再观察 1 分钟图来判断换手率和成交量的情况，更为直观。

如图 7－16 所示，在分时图上量比快速回落到股价震荡走高期间，量能较大，并在反弹期间呈持续的量能萎缩，换手率由开盘的 0.23%，即 A 区域对应的情况，一直到 O 区域尾端时，整个换手率为 0.23%、0.57%、0.41%、0.28%、0.20%、0.24%、0.55%、0.21%、0.20%、0.18%、0.09%、0.10%、0.08%、0.06%、0.07%，合计达到了 3.47%。而时间为 9 点 47 分，开盘仅仅用了 17 分钟，换手率竟然达到如此之高，而 MACD 双线在 1 分钟图上开盘跌破了 0 轴，为弱势。

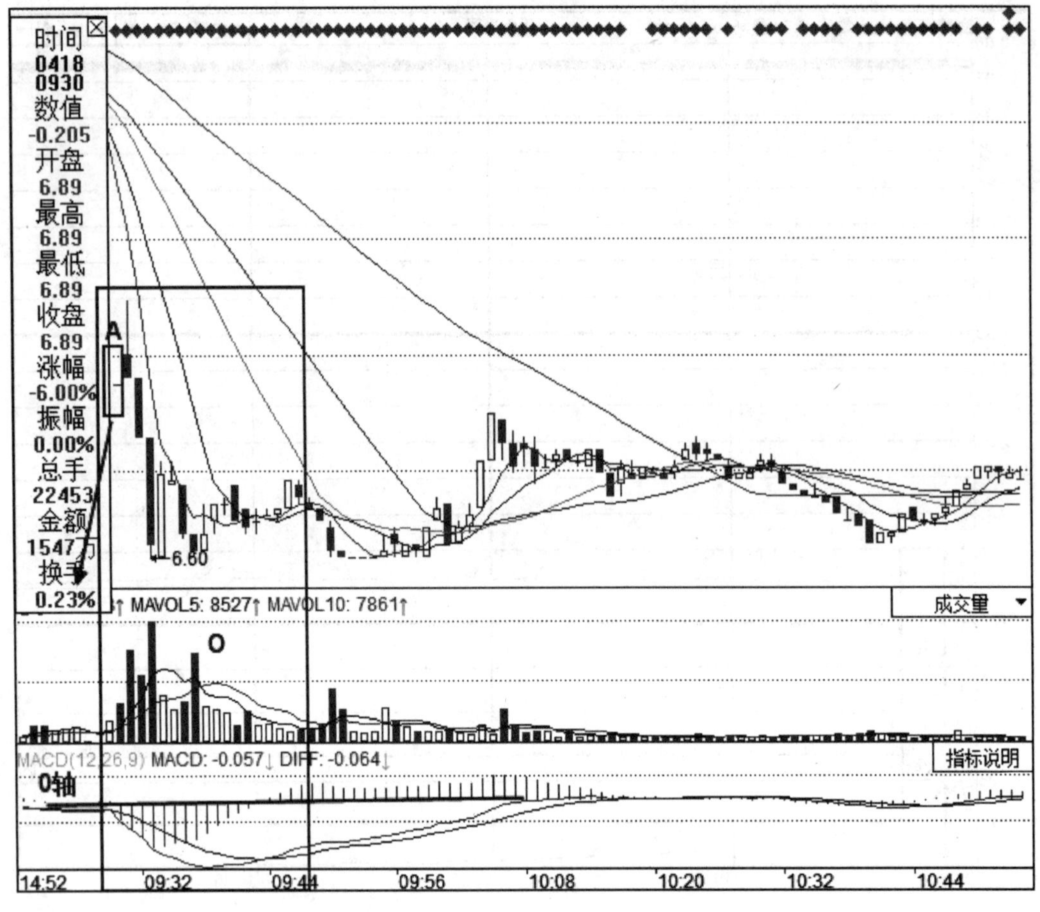


图 7－16　海南高速的 1 分钟图

这时再观察日线图，从图7－17中会发现，A区域股价短期无法再上行，呈下行状态，成交量为较大阴量，MACD指标出现双线黏合状态下的DIFF线向下掉头。

综合分时图上的量比状态，以及1分钟图上的换手率情况，和日线图上的量价趋势、技术指标状态，可以得出结论：股价上行趋势已转为弱势下跌，因此应果断卖出股票。

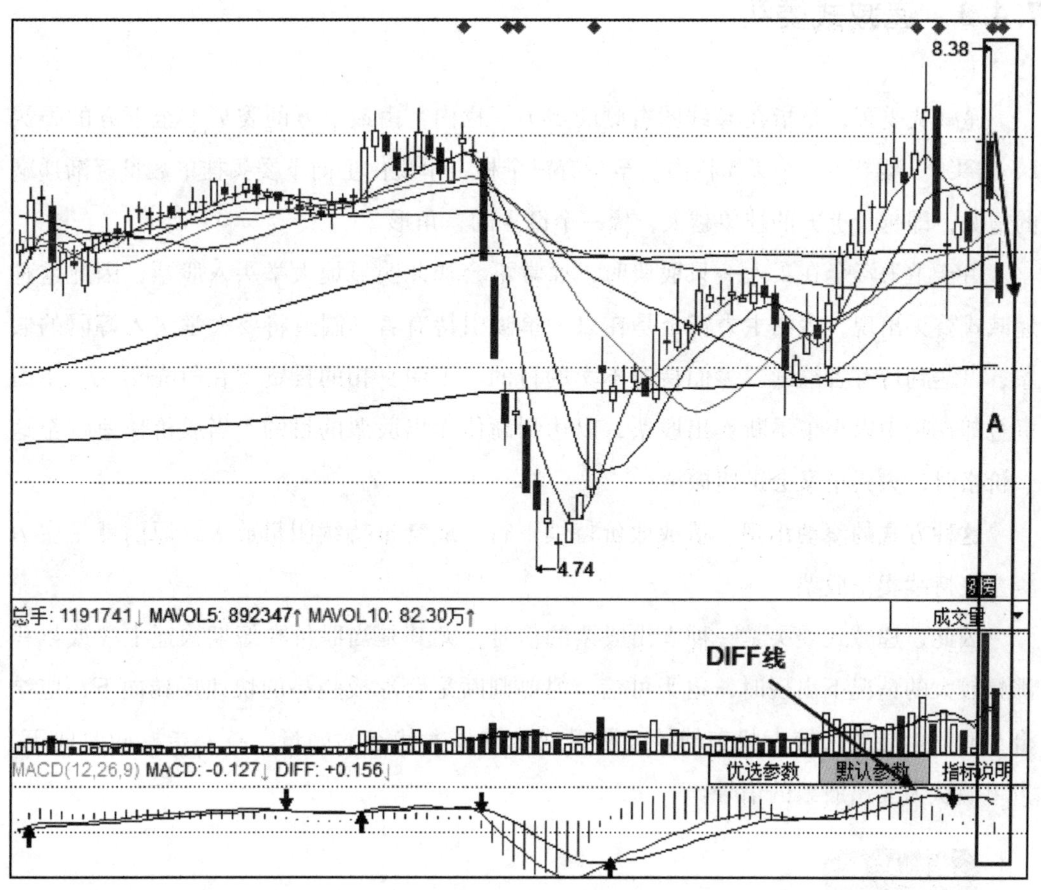


图7－17　海南高速的日线图

## 实战要点

（1）投资者在观察量比快速缩小状态时，应从分时图上观察，只要炒股软件中输入“量比指标”四个字的拼音第一个字母即可出现，较为直观，如图7－15中的情况。

（2）当量比出现快速缩小时，如果计算短期换手率，可从1分钟图或5分钟图上观察，只要分别计算分时图上量比下行期间的1分钟图上每根K线的换手率，相加即可得到这一时期的换手率情况。原则上是股价下跌或弱势，短期的换手率越高，越能证明趋势的下跌。

（3）对量能的技术指标分析，可通过 1 分钟图或 5 分钟图上的情况，再结合日线的状态综合判断，如图 7－16 与图 7－17 中的情况。

## 7.4.3 递减式委买

递减式委买，是指在 K 线图右侧的委买一栏内，由最上方的委买 1 至下方的委买 2、委买 3、委买 4、委买 5 栏内，至少有三个栏，呈现由上向下委买挂单数量逐渐递减的情况，即越是上方的挂单越大，像一个倒立的三角形。

由于主力资金在买入一只股票时，通常不会如此明显地大举买入股票，因此这种递减式委买出现，表明主力资金是在以大单吸引持有者，制造将要大举买入筹码的假象，以达到持有者继续看多而持股不卖的目的。不明真相的投资者在争先买入，主力资金却在暗中以小单不断卖出股票，以达到高位卖出股票的目的。当股价快速跌至这一价格时，大买单又会迅速撤掉。

这种方式的滚动出现，造成股价持续下行，成交量持续阴量放大，原因就是主力资金在持续卖出股票。

因此，递减式委买是一种卖出股票的信号，尤其是当股价在短期快速上涨或累积涨幅较大的情况下出现时，更为可信。但要判断是否形成趋势的快速反转向下，应结合当时的量能变为较大状态的持续阴量或格外放大状态的阴量，技术指标同时向下，方可确认为卖出股票的信号。

**案例解读**

图 7－18 是国轩高科（002074）2018 年 4 月 26 日的分时图，当日下午 14 点 24 分时，盘中的委买一栏内，即 A 区域，出现委买单由上向下逐级递减的情况，股价也在接近跌停价的位置弱势震荡，表明股价即将跌停，这时应及时远离并卖出这只股票。

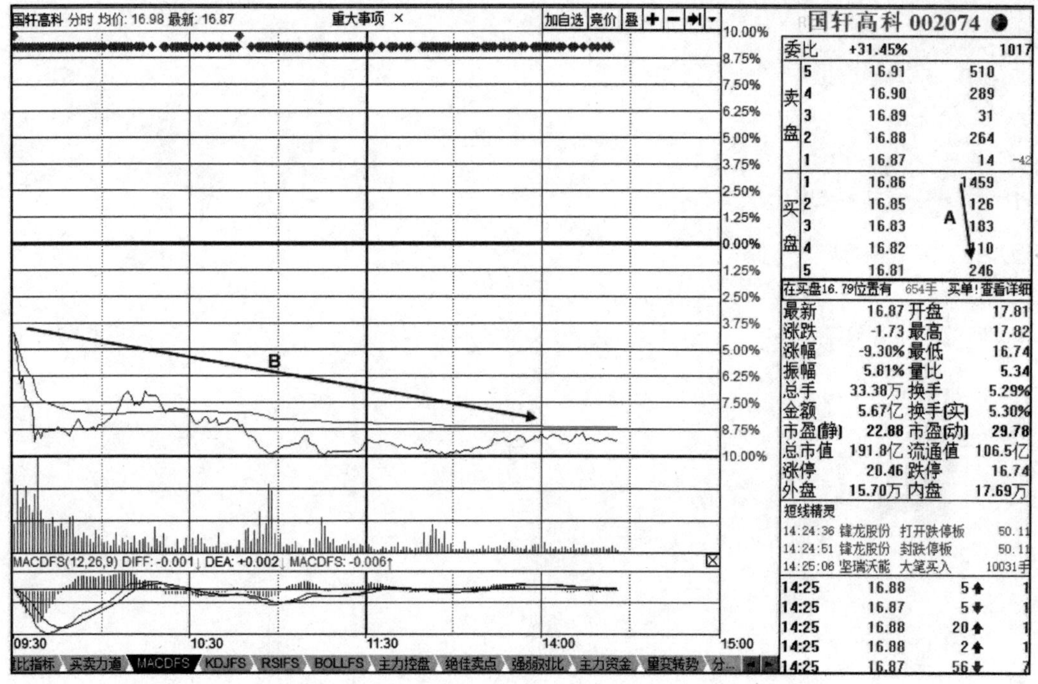

图 7-18　国轩高科 2018 年 4 月 26 日分时图

实战要点

（1）递减式委买的出现，是在盘口信息中买盘一栏内，委买单由上向下呈由大到小的状态，如图 7-18 中 A 区域的情况。

（2）投资者在根据递减式委买判断卖出信号时，应以短线操作为主，如图 7-18 中 B 区域的情况，此为分时图的走势，代表的只是一个交易日内的趋势走弱的情况。

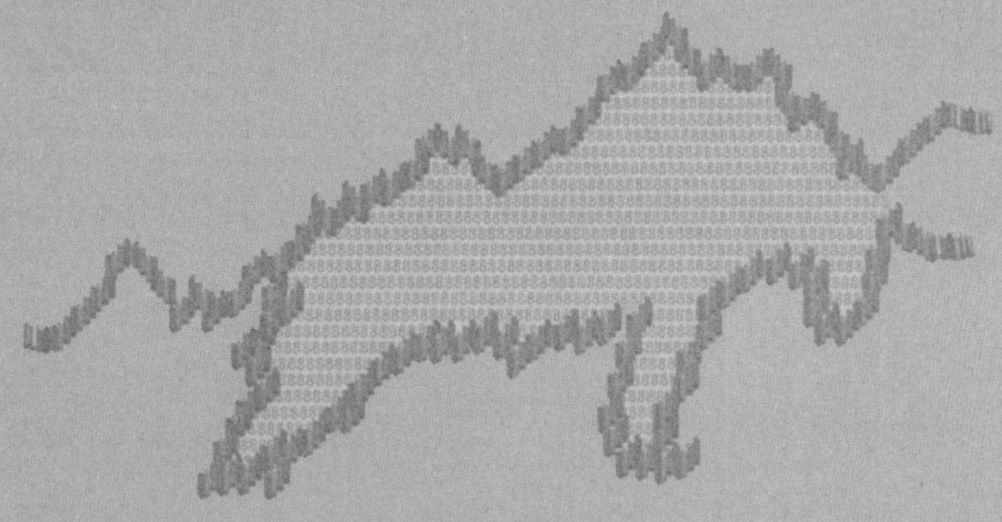

/ 第 8 章 /

# 实战交易：有效识别真假买卖信号

在了解了股票各种买卖信号的形态后，归于实战交易时，不仅要学会如何综合判断股票的买卖信号，还要学会如何识别出这种买卖信号是否有效。因为一旦预判的买卖信号为无效信号，操作必然会出现失误。只有当买卖信号有效时，根据买卖信号的提示来交易，才能实现最终的获利。

# 8.1　造成交易失败的买卖信号

在实战交易中，了解了买卖信号出现时的各种情况后，很多人依然会操作失误，这是因为观察得还不够细致，了解这些造成操作失误的情况，有助于提高交易成功率。

## 8.1.1　无量配合下的技术指标买卖信号

在操盘过程中，不少技术掌握熟练的投资者都很信赖技术指标，常常用指标的变化来捕捉趋势反转时的买卖信号，但往往会出现失误。最根本的原因就是忽略了量能的助涨与助跌的作用，量价变化中只有量先行时，才会达到价格的相随，涨或跌。而众多技术指标的统计方式，都是根据股票收盘价、开盘价、最高价、最低价等，通过不同的计算方式得出的结果，所以在技术看盘中，量始终是不能忽视的一个指标。只有达到了强势的助涨或助跌，才是趋势反转的征兆，技术指标的变化才能够真实地按照趋势演变下去，从而提高利用技术指标判断趋势变化和价格波动真实状况的准确率。

**案例解读**

图 8－1 是天威视讯（002238）的日线图，在震荡下跌趋势里，股价出现止跌回升后，进入 A 区域时，MACD 指标出现金叉后双线向上发散的形态，为买入股票的信号，从成交量的形态看，变为阳量的持续小幅增长，看似可信。但是观察前期震荡下跌时的 B 区域就会发现，A 区域的成交量属于较低水平的小阳量，所以这种 MACD 指标的买入信号没有得到量能的配合，属于低量状态下的无量震荡，MACD 买入信号不可信。

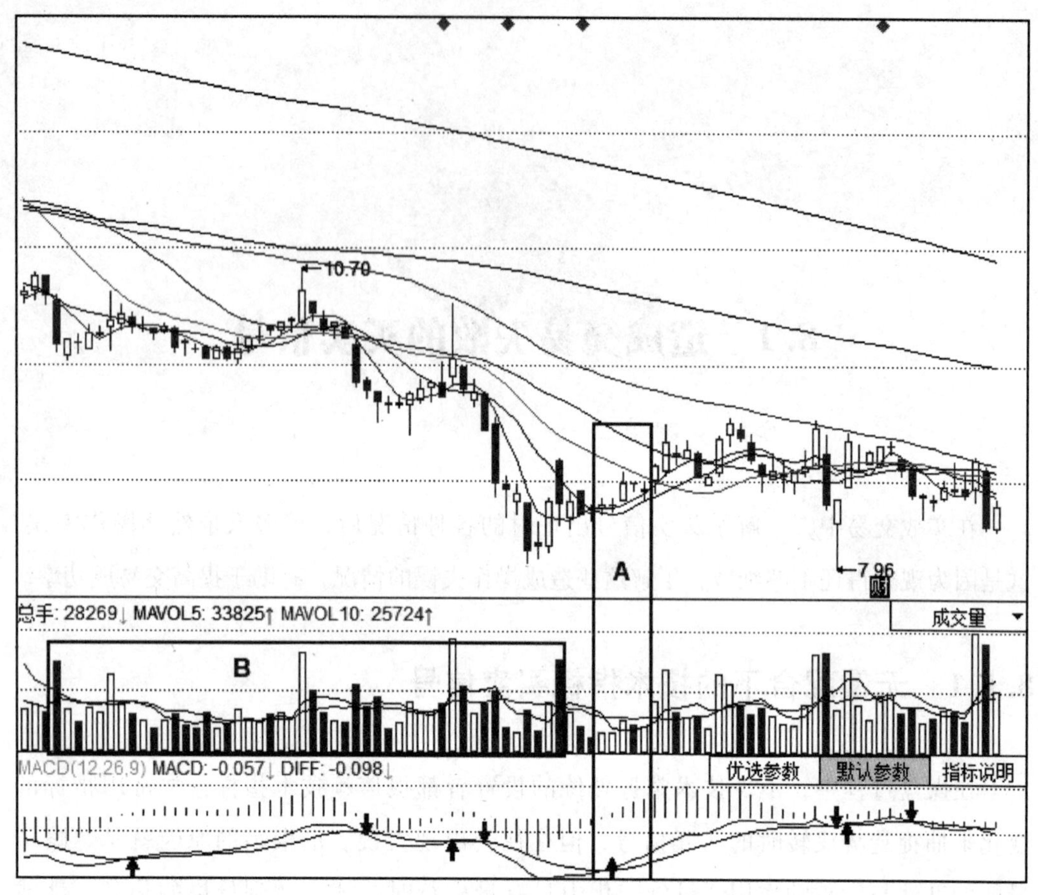


图 8-1　天威视讯的日线图

**实战要点**

(1) 无量配合下的技术指标买卖信号出现时，如果是买入信号，往往是技术指标形成明显的买入股票形态，比如 KDJ 金叉后三线向上发散、MACD 金叉后双线向上发散等形态，如图 8-1 中 A 区域的情况。

(2) 无量配合下的技术指标买卖信号出现时，不能只观察当前的量能变化，应结合之前的量能水平，将技术指标买卖信号出现时的量能大小和关系与之前的量能状态进行比较，才能得出准确的结果，如图 8-1 中 A 区域与 B 区域的情况。

## 8.1.2　K 线形态下的无量买卖信号

不少投资者比较喜欢从 K 线形态来观察趋势变化，捕捉股票买卖信号，但容易失误。因为 K 线形态出现后，没有得到量能的配合，所以就会造成原本是 K 线买入信号，其后股价却转为震荡下跌，而原本是 K 线卖出形态的，却又转为高位震荡整理后的快速上涨。这样，就很容易造成买入后被套、卖出后股价继续上涨的失误。

因此，在通过 K 线形态寻找买卖信号时，同样需要对量能的变化进行分析，只有 K 线形态出现反转向上时为阳量助涨、K 线形态为下跌时出现阴量助跌，才能够准确地捕捉 K 线的买卖信号。

案例解读

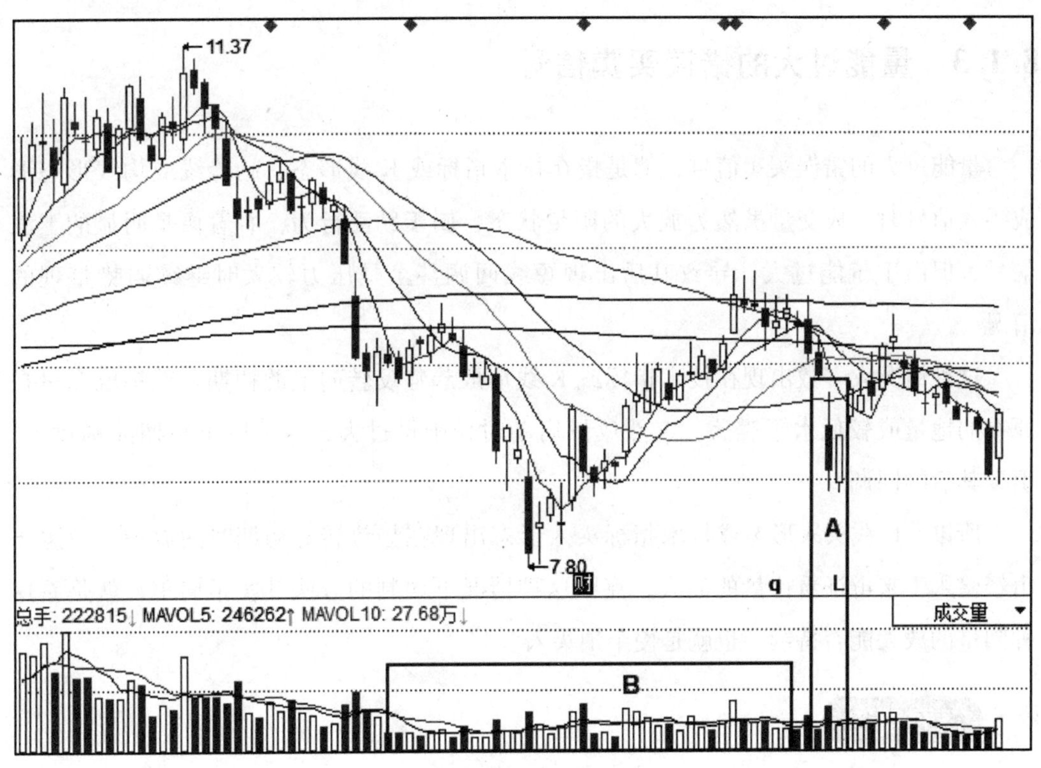


图 8－2　澳洋顺昌的日线图

图 8－2 是澳洋顺昌（002245）的日线图，在下跌后的震荡走低过程中，进入 A 区

域后，形成一阴一阳两根K线，且第二根K线形成旭日东升的买入形态，但成交量未出现阳量增长，反而与前一日相比出现了大幅的缩减，较之前B区域的量能，依然保持较低水平的状态。因此，这种K线买入信号，不能确认为有效的买入信号，属于无量配合的K线买入形态。

**实战要点**

（1）当K线形态下的无量买卖信号出现时，并不是真的没有成交量，而是指量能上不支持，即K线上涨时阳量小，如图8-2中A区域的情况，而当K线下跌形态出现时，则是阴量小。

（2）当K线形成买卖股票的信号，在观察成交量时，应结合之前的量能水平进行比较后方可得出结果，不要单一地以一两根成交量柱的长短来判断，如图8-2中A区域与B区域的情况。

## 8.1.3 量能过大的错误买卖信号

量能过大的错误买卖信号，就是指在技术指标或K线形态、趋势线或均线形态形成买入信号时，成交量虽然为放大的阳量状态，属于助涨行为，看着像是明显的上涨信号，但由于量能过大，导致其后出现短线回调甚至是压力较大时继续弱势整理的情况。

这种情况大多数出现在技术指标或K线形成趋势反转向上的初期，就是成交量在原有的地量或较低水平震荡，突然放量启动时，阳量过大，导致股价短期涨幅过大，引发其后的回调。

所以，K线买入形态或技术指标买入形态出现在趋势转好初期时的放量，一定要由经验入手来辩证看待量的放大，克服这种情况下误判的方法其实很简单，就是看这种阳量的放大能否持续，也就是慢半拍买入。

**案例解读**

图8-3是拓维信息（002261）的日线图，在弱势震荡行情中，进入A区域后，K线出现5日均线依次与10日均线、20日均线、30日均线的金叉，MACD双线金叉后向上发散，成交量突然出现一根大的阴量和一根高过阴量柱的阳量，向上到达指标区间的

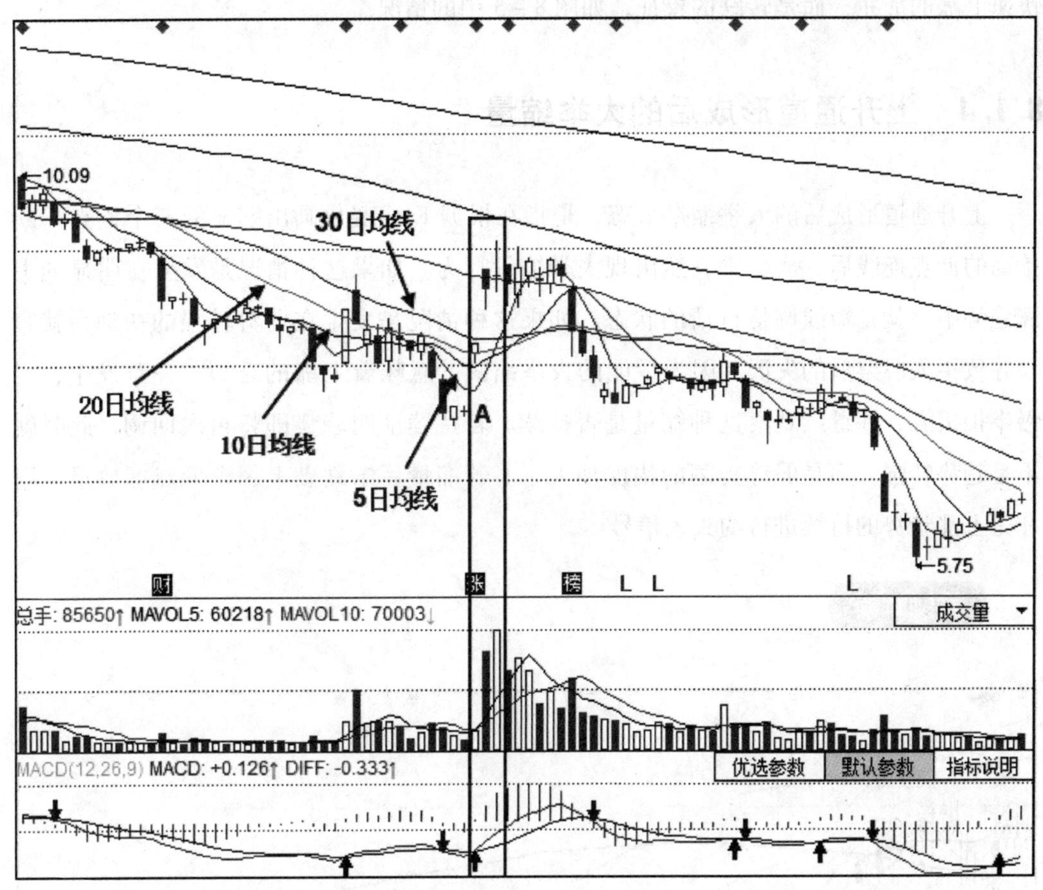


图8-3 拓维信息的日线图

顶部，形成天量柱，总成交额为6.81亿元。之前，量能一直保持在较低水平的地量状态，成交额在3000万元至5000万元之间。量能突然放大，相差有10倍多，属于放量过大，因此必然导致冲高回落，所以不能单纯以均线金叉或MACD金叉来判断为买入股票的信号。

## 实战要点

（1）在根据技术指标或均线买入形态来判断买卖股票的信号时，一定不要只观察指标或均线的形态变化，以免造成失误，如图8-3中A区域的均线金叉与MACD金叉。

（2）在根据均线或技术指标判断买卖信号时，对成交量的观察十分重要，阳量不能突然过大，尤其是在地量水平突然蹿升到天量时，更要引起注意。这不是突然发动快速上涨的征兆，而是转跌的象征，如图 8－3 中的情况。

### 8.1.4 上升通道形成后的大举缩量

上升通道形成后的大举缩量形态，是指在根据 K 线变化画出明显的三个低点不断抬高的低点连线后，成交量突然出现大举缩量行为。如果这种情况是发生在明显的上涨趋势中，就是短线调整行情的状态。如果这种情况是发生在弱势转强的初期，就容易导致买入股票后的失误。因为量能的大举缩减，意味着上涨的乏力。一旦发生，可慢半拍买入，并继续观察这种缩量是否持续。若持续证明趋势即将再次回调，此时就不是趋势转强，而是弱势震荡的幅度加大了。若缩量后未跌破上一个低点即放量，则才是上涨趋势的持续进行的买入信号。

案例解读

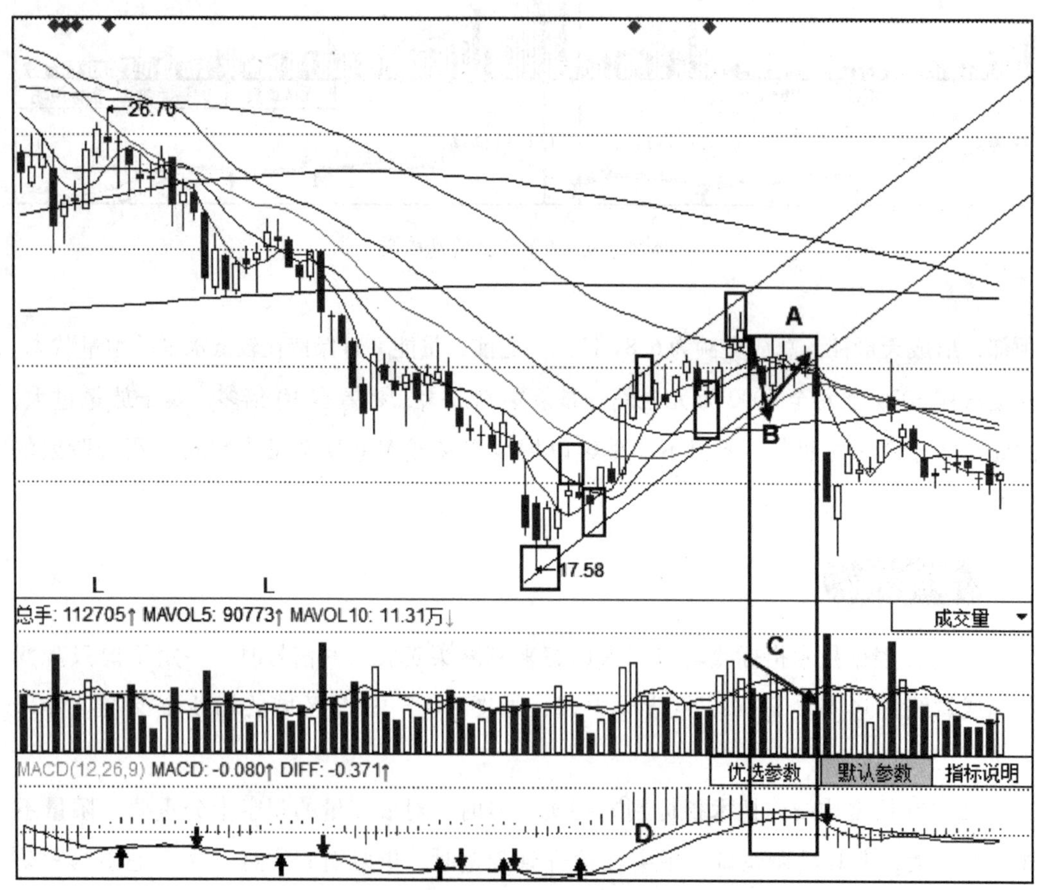


图 8－4 水晶光电的日线图

图 8 - 4 是水晶光电（002273）的日线图，在持续下跌过程中，创出新低 17.58 元后，股价出现回升，把三个震荡低点与高点分别连接，得到了 D 区域对应的一个上升通道，此期间 MACD 呈双线上行状态，上涨形态良好。其后的 B 段回调和 A 段回升过程中，对应的 C 区域的成交量却显示出持续明显的缩量，这说明之前的上升通道极有可能会被打破，因此应谨慎买入股票，可继续观察后再决定。其后的放量下跌，说明趋势为弱势震荡，应回避。

**实战要点**

（1）上升通道形成后的大举缩量，是上升通道遭到破坏的表现，即上升通道已受阻，趋势仍然会回归弱势整理，如图 8 - 4 中的情况。因此，投资者在由低点确定上升通道后，一旦发现量能的明显缩减行为，应观察后再决定是否买入股票。若上升通道确立后的回调止跌后的回升中，成交量柱由阳量转为阴量是在未突破前期高点的情况下出现的，则往往后市继续维持震荡的概率极高。

（2）经过前期大幅下跌和震荡整理后形成的上升通道往往可信度更高。另外，在根据上升通道判断趋势反转时，应结合均线趋势形态辅助判断。只有各条均线在上升通道已转为中短期均线多头排列、长期均线下行变缓或转为平行甚至上行时，其可信度才会更高。

## 8.1.5　无效金叉与无效死叉

无效金叉与无效死叉，是指技术指标处于相距较近状态下的小幅震荡期间出现的金叉和死叉，比如 MACD 双线相距较近状态下的小幅震荡中出现的金叉或死叉，均线缠绕状态下出现的均线金叉与死叉。其中有一个指标应格外注意，就是 KDJ，因为其震荡形态以 K 线和 D 线在相距较近状态下的小幅震荡为主，但允许 J 线做上、下较大幅度的远离 K 线和 D 线的震荡，也可以是 KDJ 三线处于相距较近状态下的小幅震荡。

因此，识别金叉或死叉无效的关键是判断趋势为震荡趋势，只要确认了大的趋势为震荡趋势，其间形成的金叉或死叉，就可确认为无效金叉或无效死叉，此时则应保持观望。

案例解读

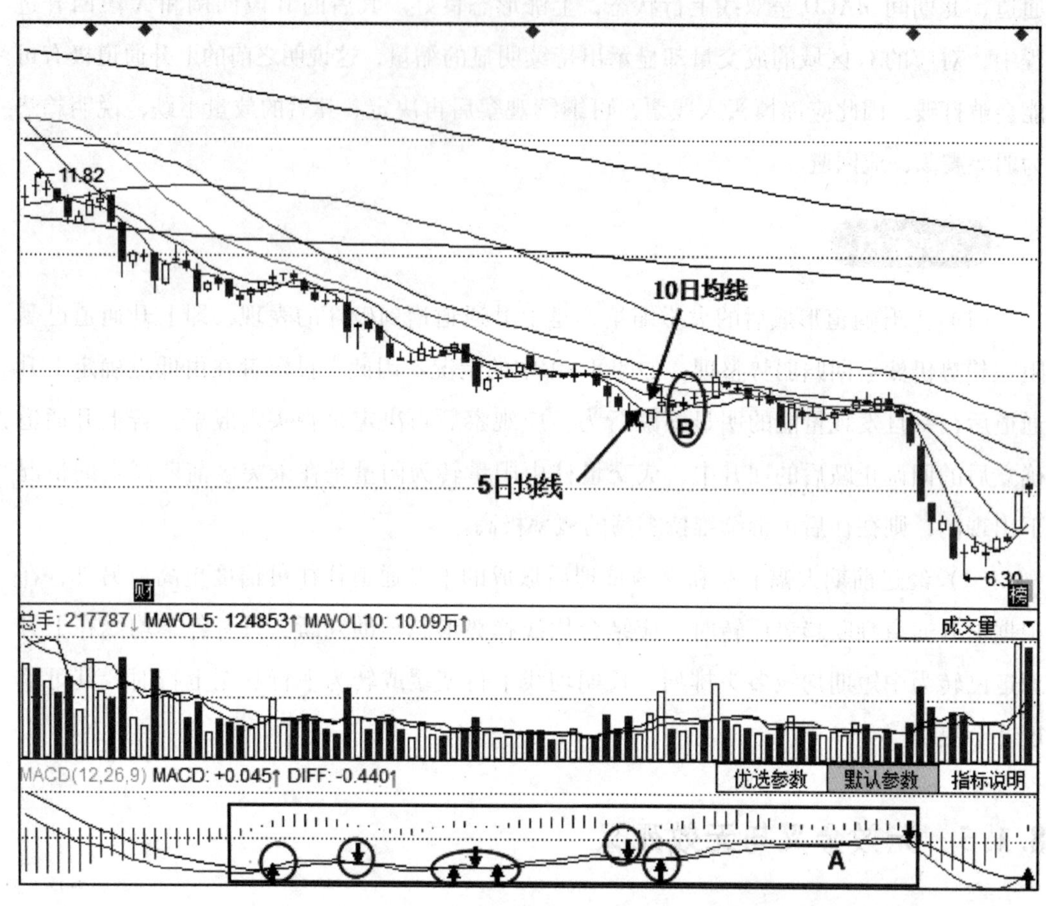


图 8－5　万马股份的日线图

图 8－5 是万马股份（002276）的日线图，在弱势运行中，当进入 A 区域时，MACD 双线出现相距较近状态的近乎平行的小幅震荡，说明此期间股价处于弱势震荡趋势，因此在此期间出现的向上金叉与向下死叉，均为无效金叉和无效死叉。在 B 区域，短期均线形成缠绕，其间出现 5 日均线向上与 10 日均线、20 日均线、30 日均线的短期均线金叉，同样为无效金叉，不应作为买入股票的信号。

实战要点

（1）在判断无效金叉与无效死叉时，如果是技术指标出现的情况，如 MACD 指标，应判断 MACD 双线是否在相距较近的近乎平行的小幅震荡状态下形成的金叉或是死叉，MACD 震荡形态下出现的双线任何形式的交叉，均为无效金叉或死叉，如图 8 -5 中 A 区域的情况。

（2）当均线金叉或死叉出现时，要判断是否为无效金叉或死叉，应以均线缠绕状态来判断为主，即均线在缠绕状态下发生的死叉或金叉，均为无效金叉与无效死叉，如图 8 -5 中 B 区域的情况。

# 8.2　有效买入信号

当一只股票形成买入信号后，必须进一步确认为有效信号，买入股票后才不会出现失误。因此，在观察买入信号时，必须严格按照一定的步骤或标准来判断，才能确保买入信号的有效性。

## 8.2.1　K 线形态

投资者在判断一只股票是否出现有效的买入信号时，在 K 线形态方面，并不一定非要该股形成标准的 K 线买入形态才可信。只要 K 线图上，数条 K 线形成明显的上涨形态，即可在 K 线方面得以确认。比如，在低位回升状态下，并未形成上涨红三兵，只是出现了明显的三根小阳线的持续上升，就表明 K 线状态是支持上涨的。这时候就可以继续观察其他指标的情况进行确认。

**案例解读**

图 8 -6 是紫光国微（002049）的日线图，该股在调整行情中，当股价出现止跌时，进入 A 区域形成三根阳线的持续上涨，虽然并未形成标准的上涨红三兵买入形态，

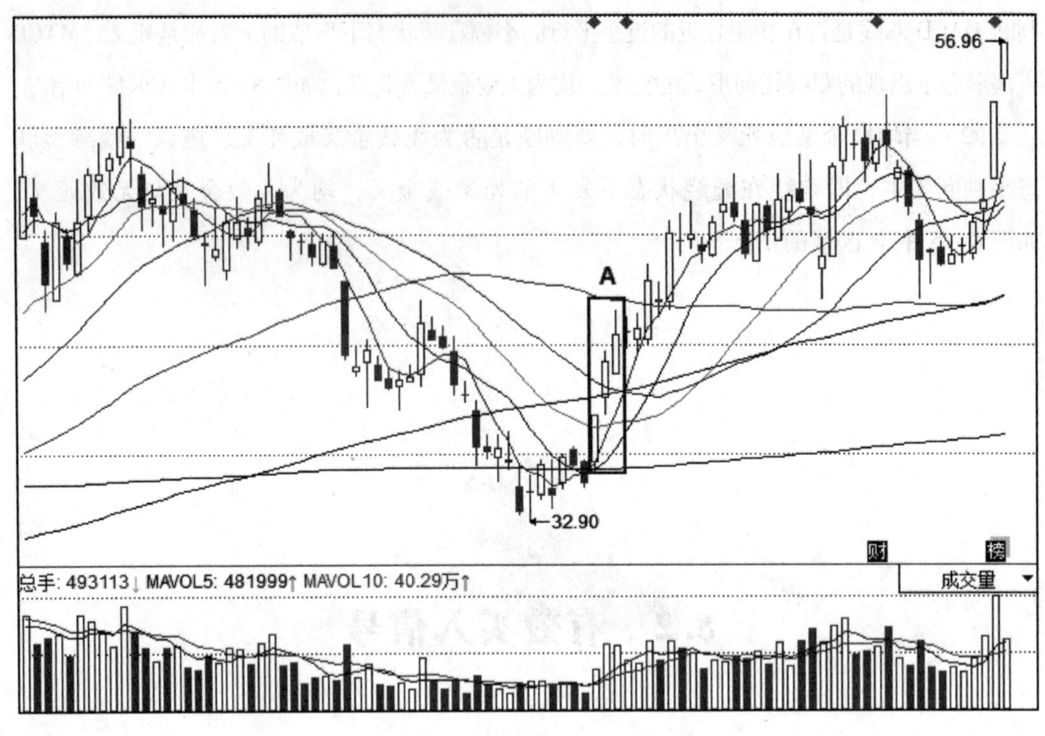


图 8－6　紫光国微的日线图

但同样可以确认此时的 K 线是呈向上运行状态的。这时，投资者可以继续观察其他情况。

**实战要点**

（1）在观察 K 线形态是否为有效的买入信号时，只要 K 线形态出现连续的上涨，即可确认 K 线形态是支持上涨的，如图 8－6 中 A 区域所示。

（2）在利用 K 线观察买入信号时，上涨红三兵、旭日东升等形态是比较准确的上涨形态，但不是判断股价上涨的唯一标准，如图 8－6 中 A 区域的情况，未形成上涨红三兵，K 线依然呈阳线的逐级上涨。

## 8.2.2　技术指标形态

当一只股票的股价在 K 线形态上呈现出上涨形态时，接下来就要观察技术指标的形态。这时候，技术指标也必须呈明显向上运行的状态，比如金叉、MACD 双线向上发散、

KDJ 金叉后三线向上发散、死叉不死、J 线大角度上行、DIFF 线大角度上行、布林通道三轨上行、股价沿布林线上轨持续上行等，这些前面已经详细介绍过的技术指标的买入信号，均可作为技术指标的支持上涨形态来确定。其次，其他指标的明显上行状态，也是技术指标支撑上涨的形态，比如 CCI 指标的上行、RSI 指标的金叉出现或三线上行。

因此，在对技术指标形态的判断上，只要技术指标是上行状态即可，但要确保技术指标未上行到区间的顶部极限区或接近极限区的高位区，否则就容易出现股价冲高回落。

案例解读

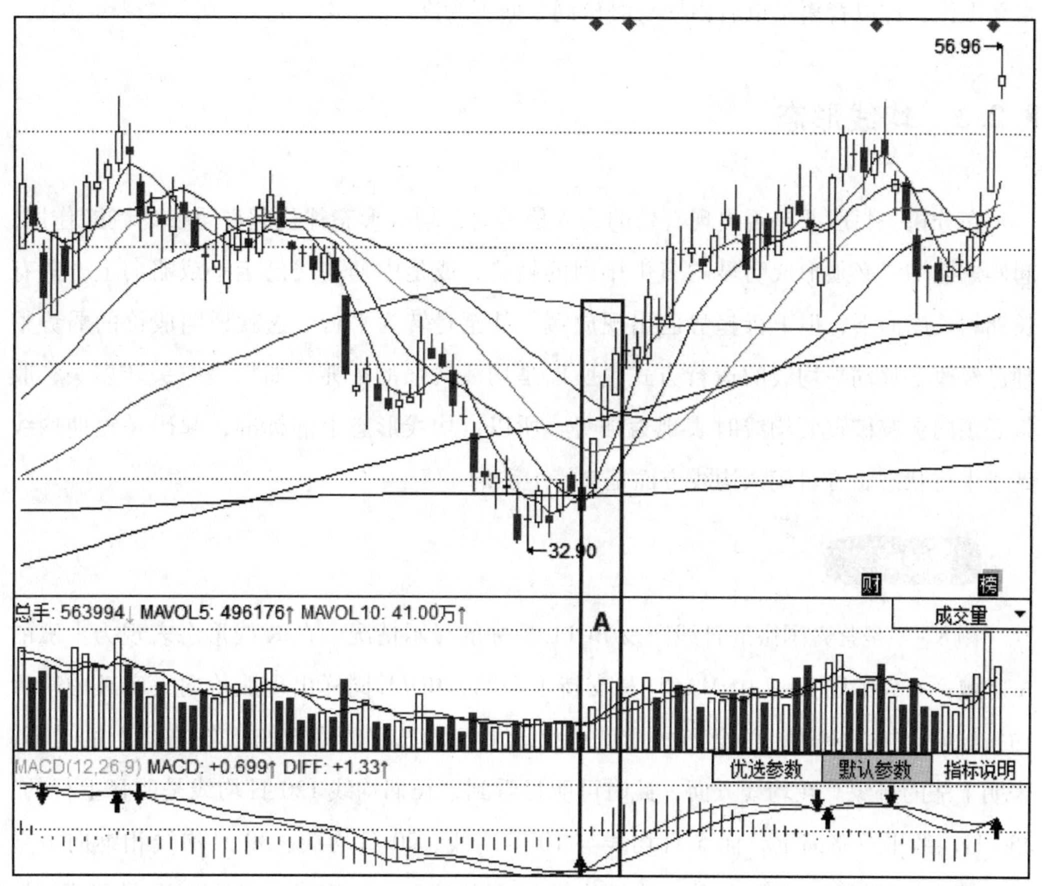


图 8－7　紫光国微的日线图及 MACD 指标

这里还是以前面讲到的紫光国微为例，在图 8－7 的日线图的 MACD 指标区域，K 线形成上涨形态时，MACD 双线出现低位区的金叉后双线向上分散形态，为明显的 MACD 指标支撑股价上涨的股票买入形态。这时候，就可以对这只股票的其他情况进行再分析。

实战要点

（1）投资者在判断买入信号时，技术指标只要呈向上运行的状态或强烈的买入形态时，即可确认技术指标是支持上涨的，如图 8-7 中 A 区域的情况。

（2）投资者在以技术指标来观察股票的买入信号时，应根据操作的策略选择相应的指标观察，如在波段操作中，以 MACD 等指标为主，如图 8-7 中的情况。若短线操作，可观察 CCI 等指标的趋势，但如果出现指标与 K 线运行方向相反，应根据背离技术来操作，即以背离结束后指标与股价同步向上为准。

## 8.2.3 均线形态

在分析一只股票是否出现有效的买入信号时，均线形态往往起着重要的判断作用，起码短期均线必须形成明显的多头排列的趋势，或是中期均线已走平或略向上，只有长期均线尚向下，但下行趋势已出现放缓，甚至是转为平行。这就说明股价的弱势整理已经改变移动平均线的运行方式，所以是均线转强的征兆。如果是空头转多头，股价必须向上突破重要均线时表现为强势。所以，均线形态上的标准，起码是短期均线处于上行状态，方可确认均线方面是支持上涨的。

案例解读

图 8-8 是紫光国微的日线图及 BOLL 指标的显示情况，在 K 线形态表现为上涨的 A 区域，不仅如图 8-7 中 MACD 是支持上涨的，BOLL 同样出现股价向上突破中轨后的持续向上接近上轨，整个布林通道也出现平行状态下的中轨与上轨略向上的运行，表明上涨的迹象。在均线方面，此时可明显看到，长期均线 120 日均线是明显上行的，250 日均线平行略向上，而 5 日均线与 10 日均线、20 日均线、30 日均线相继向上金叉，短线与长线处于多头趋势，中期均线 60 日均线与短期均线中略长的 30 日均线依然下行，表明只是上涨趋势中的中期调整。但两根均线下行的趋势出现缓解，尤其是 5 日均线与 30 日均线已形成金叉，证明 30 日均线转为上行已为时不远。可以得出结论：均线方面同样为多头上涨形态，是支持上涨的。

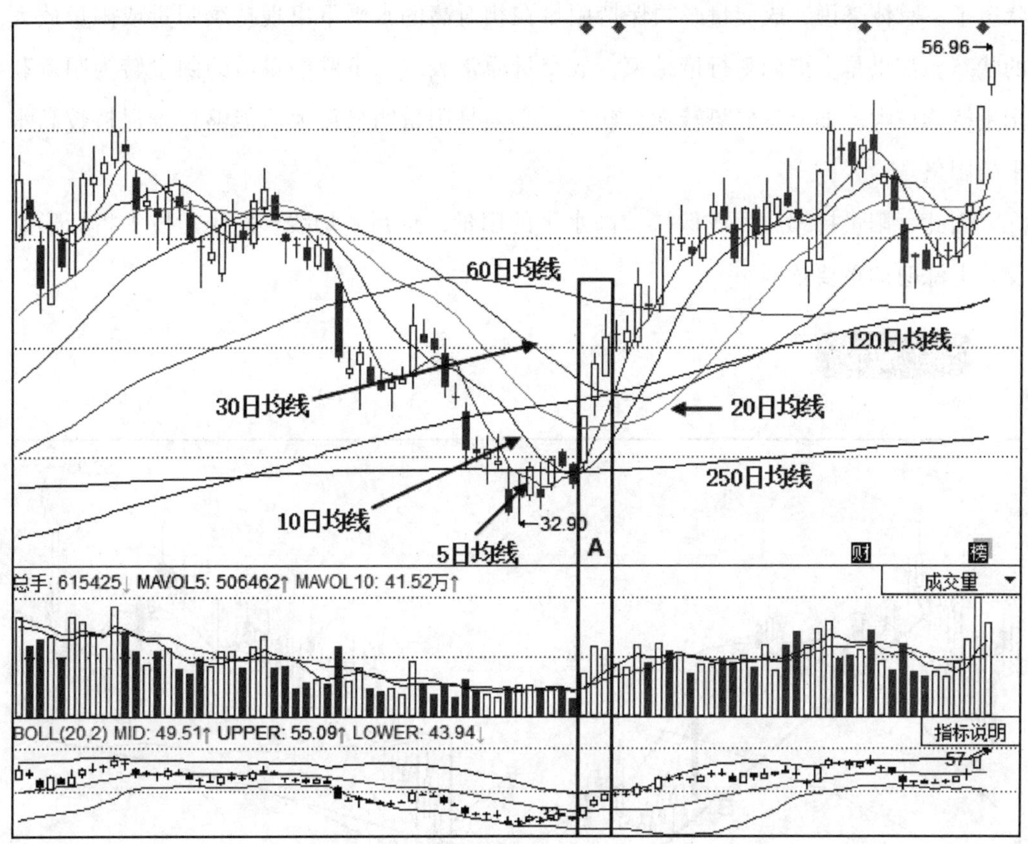


图 8－8　紫光国微的日线图及 BOLL 指标

**实战要点**

（1）在根据均线形态判断买入股票的信号时，均线如果形成明显的多头趋势是最好的形态，尤其是在上涨趋势的调整行情结束时出现短期均线金叉的状态，如图 8－8 中 A 区域的情况。

（2）根据均线形态判断买入股票的信号，如果是下跌的弱势转强，起码短期均线已经呈均线多头排列，而中长期均线出现下行趋缓，方可证明均线形态的短期趋势是支持上涨的。

## 8.2.4　成交量形态

当 K 线形态、均线形态、技术指标形态均支持上涨时，接下来就要观察成交量的状态了。总体来说，成交量必须保持阳量在相对高的水平下出现持续阳量或阳量放大的状态。如果是上涨调整行情结束，成交量通常表现为下跌缩量后的阴量转为阳量和阳量持续放大。如果是弱势转强势状态，必须是阳量明显放大后能够持续保持较高水平的阳量。

因此，阳量持续放大或保持较高水平的阳量，是判断均线、K 线、技术指标形态支持上涨时的重要依据。

## 案例解读

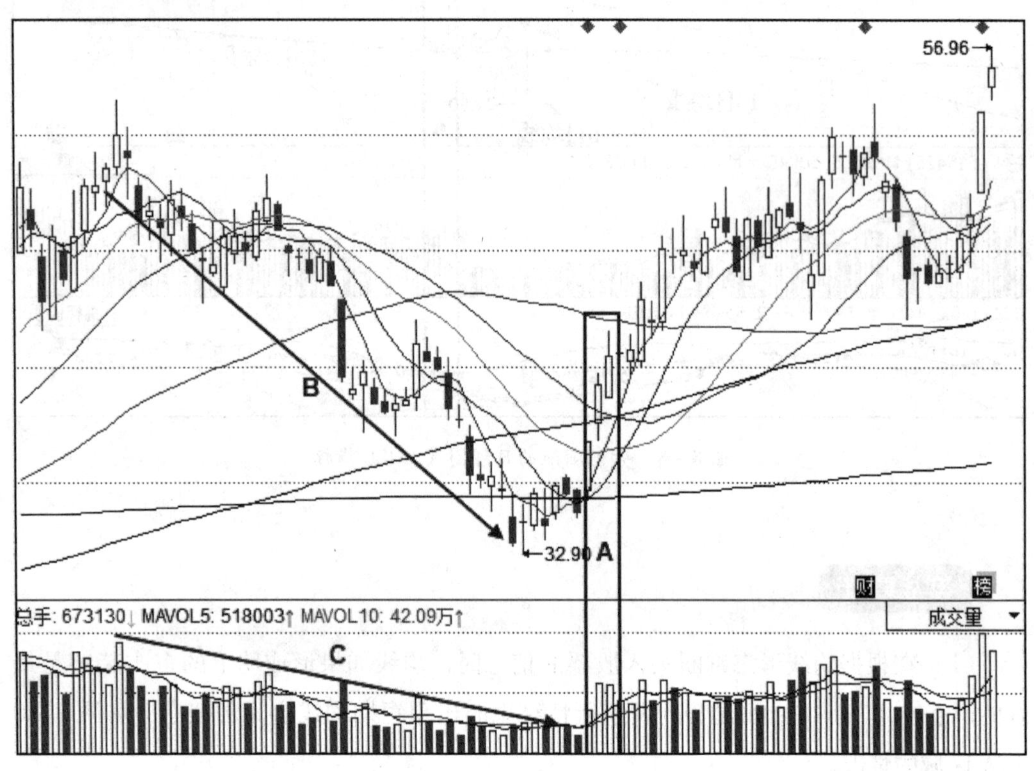


图 8－9　紫光国微的日线图

图 8－9 是紫光国微的日线图上 K 线与成交量的情况，当 A 区域出现时，前期为明显的上涨趋势的调整行情，即经历了 B 段的持续震荡下跌，而成交量在此期间也表现出持续的大举缩量，也就是 C 段的情况。在进入 A 区域时，成交量转为明显放大的阳量后，出现阳量持续快速放大并保持这种状态，这从 A 区域的量柱长短即可准确观察到。因此可以说，这只股票此时在量能上也是支持上涨的。

实战要点

（1）当K线、技术指标、均线形态均出现支持上涨的形态时，对成交量的观察就是对量能的观察，只有成交量也出现阳量的持续放大或保持在较高水平，方可确认量能支持上涨，如图8－9中A区域的情况。

（2）在判断买入信号时，观察成交量，应当结合之前的量能水平进行判断，这样才能够更好地比较并得出准确的结果，如图8－9中B区域与A区域的量能情况。因为如果没有比较，是很难通过一两根K线的放量来准确判断整体量能的大小的。

### 8.2.5　盘口状态

在判断买入股票的信号时，对盘口状态的分析就是对短期趋势的判断，盘口信息代表的往往是短暂的波动，只有出现异常时才有意义。对于大波段操作者来说，盘口信息的短暂变化，可以忽略，因为大波段操作者看重的是大趋势的走向。但是，对于小波段操作者来说，盘口信息是否出现异动代表着超级短线是否强势，因此也是判断股价快速启动的买入信号时不容忽略的。如果盘口信息中换手率超过5%，量比较高，委买与委卖形成快速上涨时的形态，那么就很能说明短线的强势。

案例解读

如图8－10是紫光国微的日线图，通过对A区域三根上涨阳线出现时，技术指标、均线形态和成交量的分析后，观察盘口信息发现：在第一根K线出现期间，这只股票的换手率由之前的不足3%放大到4.57%，第二根K线出现时换手率再次放大到7.62%，如A区域对应的B区域的情况，第三根K线出现时的换手率为7.37%，此时依然保持大于5%的高换手率，表明该股短线快速启动的强势基础存在。三个交易日累计换手率达到19.56%，三个交易日内高达近20%的换手率意味着该股短期的强势。

因此，综合紫光国微在A区域三个交易日内的K线形态、技术指标形态、成交量形态和盘口状态发现，股价在短期波段操作中具有明显的强势上涨特征，为有效的买入股票信号，应果断以小波段操作的策略买入股票。

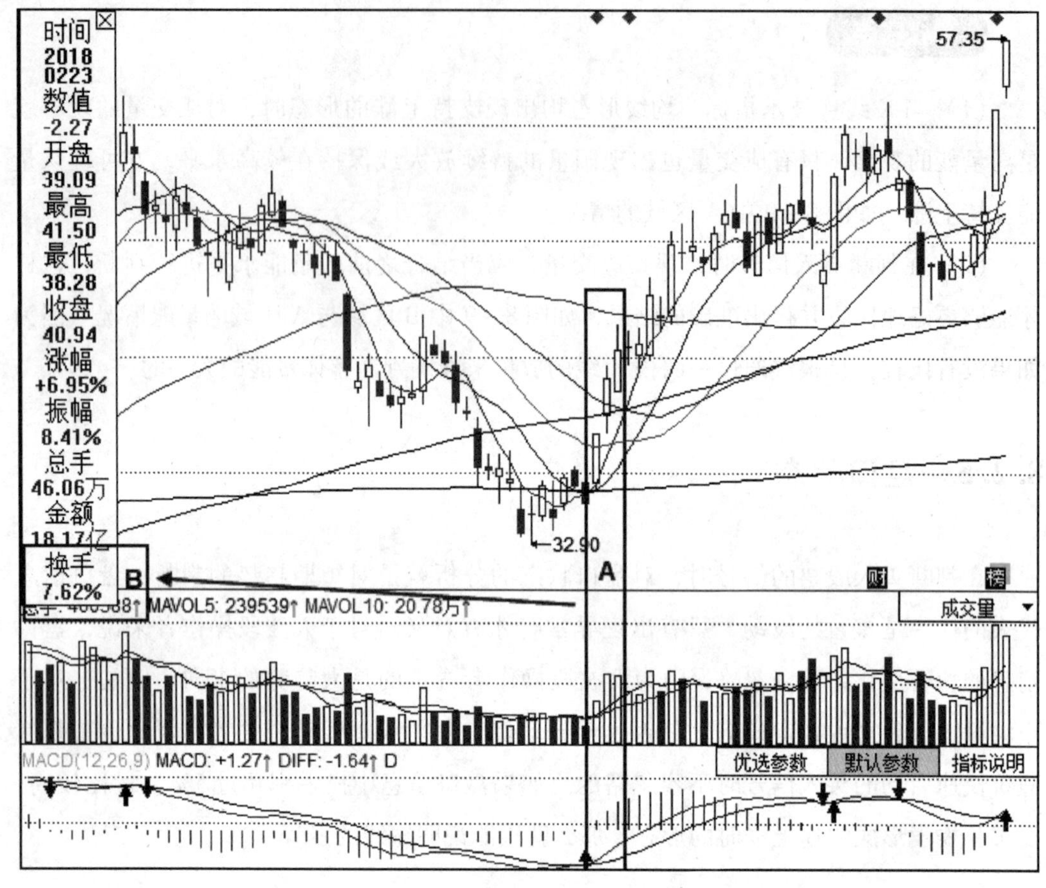


图 8－10　紫光国微的日线图

**实战要点**

（1）盘口状态代表的是股价短期异动的情况，因此常态下的盘口信息是没有任何交易参考意义的。中长线投资者在判断买入股票的信号时，也可以忽略盘口信息的内容，应多从趋势的角度观察。

（2）当一只股票在 K 线形态、技术指标形态、均线形态、成交量形态、盘口状态上均呈现强势的特征时，就意味着这只股票已经形成短期的快速上涨特征，应当及时买入，如图 8－6、图 8－7、图 8－8、图 8－9、图 8－10 中的情况。至于是否能够成为中长线牛股，则应从更长周期的趋势进一步分析，才能得到准确的结果。

## 8.3　有效卖出信号

当卖出信号出现时，同样应按照一定的步骤，或是根据某些方面因素进行综合考量，才能最终确认卖出信号的有效性。

### 8.3.1　K 线形态

在判断卖出股票的信号时，K 线形态更为直观，所以往往是判断趋势变化时第一个需要关注的形态。当然，如果能够形成前面章节中介绍的 K 线卖出形态更好，但并不是说一只股票的 K 线必须形成明显的经典卖出形态才是可靠的 K 线卖出信号。这里涉及一个操作理念：如果是以中长线操作为主，就必须在股价经过大幅上涨，K 线走势形成高点回落后的再次冲高时，未能超越前期高点，即形成一个次高点卖点，再观察其他情况来综合判定；如果是短线操作，必须在股价经过短期快速上涨后，K 线形成上影线较长的阴线或上吊线，或是中长阴线，或是上影线较长的 K 线 + 中长阴线，或是持续上影线较长的快速下跌的阴线时，即可认为是 K 线形态的卖出信号，再观察其他情况来综合判定。

**案例解读**

图 8 - 11 是海得控制（002184）的日线图，在短期快速大幅上涨后，A 区域股价出现高位震荡滞涨，且出现持续两根上影线较长的小阳线和小阴线，呈明显向下运行趋势，形成 K 线形态上的卖出信号。此时，投资者应要注意，结合其他情况来进行判断，以确认是否为卖出股票的信号。

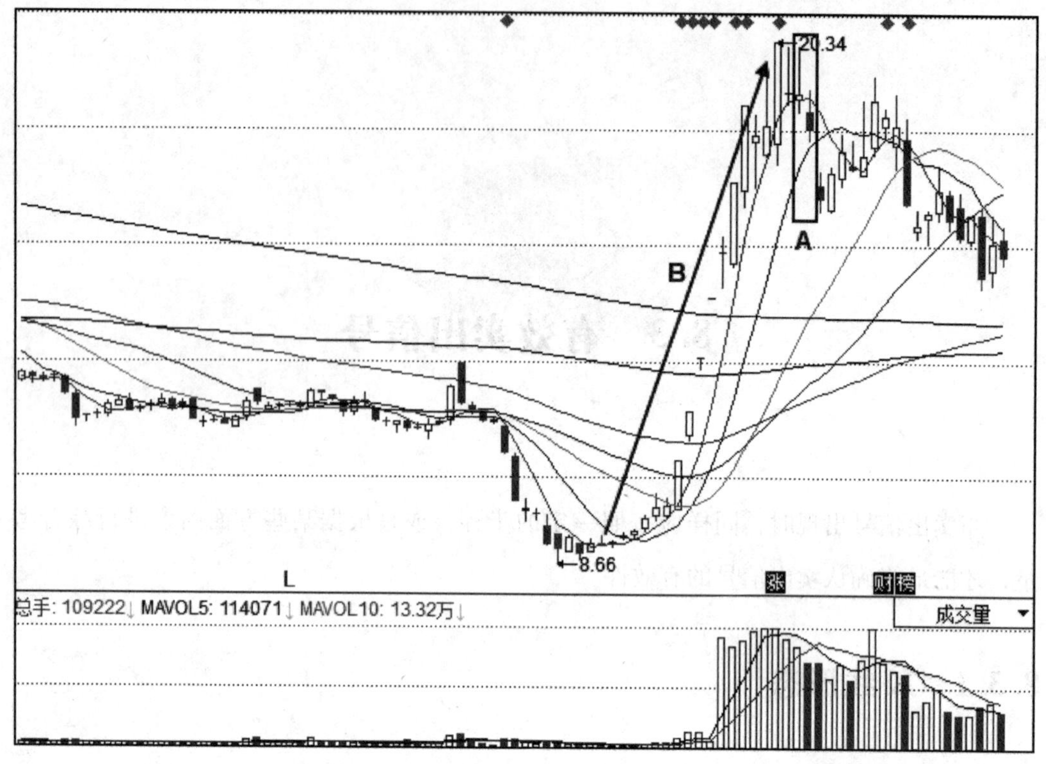


图 8－11　海得控制的日线图

**实战要点**

（1）在根据K线形态来判断卖出股票的信号时，这只股票的股价最好前期出现了持续上涨后累积的涨幅较大，或是短期涨幅较大，如图8－11中B区域的情况。

（2）利用K线形态来判断卖出股票的信号，应选择K线在高位滞涨过程中形成明显较长的上影线或中长阴线，处于明显的快速下跌时，如图8－11中A区域的情况。当然，若是能形成明显的K线经典卖出形态更好，但这一点不是确认卖出形态的唯一标准。

## 8.3.2　技术指标形态

当K线形成卖出信号时，接下来就要观察技术指标了。如果是技术指标出现与K线走势的背离，即K线向上、技术指标向下形成相反的运行方式时，就是背离式上涨，应选择在背离结束时，K 线与技术指标同步向下时再卖出股票。如果是未发生背离，技术指标就必须形成明显的 MACD、KDJ 或其他指标的死叉，双线或三线或是其他指标的单线趋向明显向下，还有 J 线大角度下行或 DIFF 线大角度下行等形态，也就是技术指标由上行转下行出现，并且向下倾斜的水平角度越大，反转向下的信号越明显。

案例解读

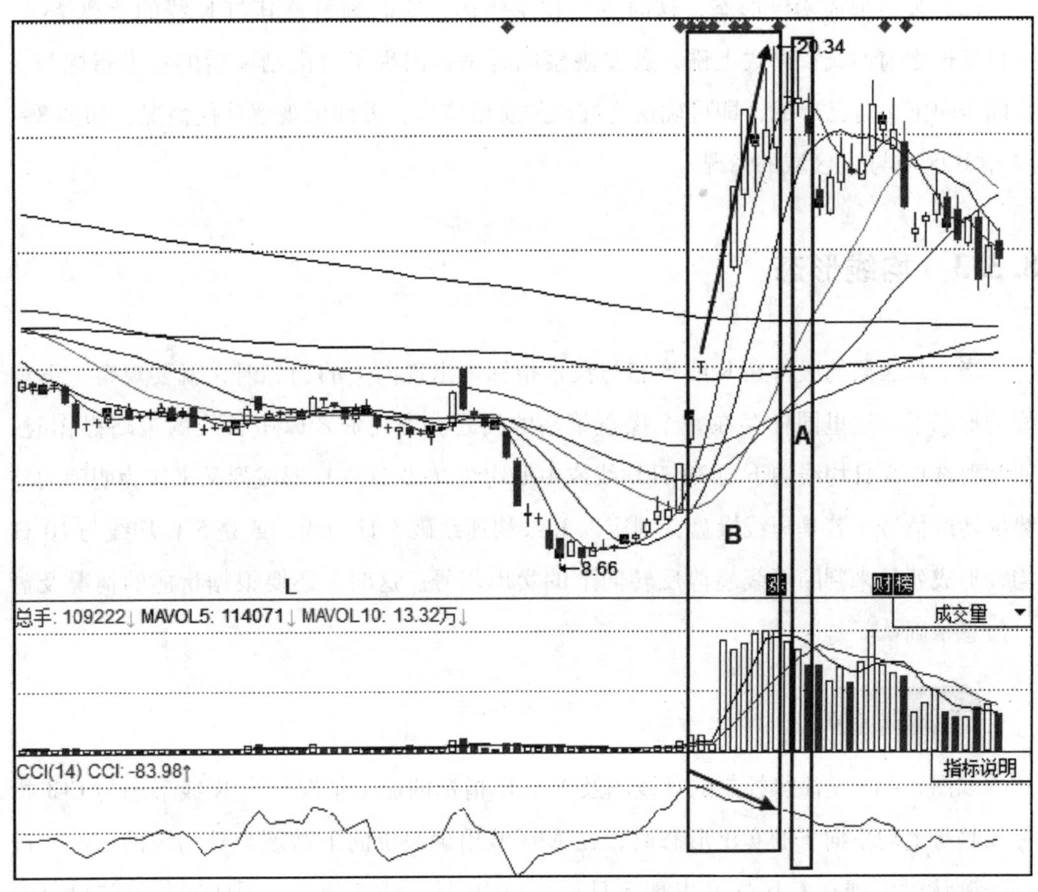


图 8－12　海得控制的日线图及 CCI 指标

如图 8－12 是海得控制的日线图及 CCI 指标的情况，当 A 区域出现 K 线的卖出股票形态时，CCI 明显向下运行，说明技术指标也呈现出下行的卖出形态。但这里有一种情况，就是在之前上涨过程中，即 B 区域，已经出现 K 线上行、CCI 下行的顶背离，属于背离式上涨。而 A 区域形成 CCI 与 K 线同步向下的情况，即形成顶背离卖点，对背离技术掌握较熟练的投资者此时就应果断卖出股票。如果投资者未发现 B 区域的 CCI

与K线的顶背离，就需要继续观察其他情况来确定卖出信号。

实战要点

（1）当K线形成卖出形态时，技术指标必须呈死叉或向下运行的趋势，表明技术指标是支持K线卖出信号的，如图8－12中A区域的情况，同时此时需再继续观察其他情况来进一步确认。

（2）K线形成卖出形态，这时观察技术指标，应时刻留意其与K线的背离情况。一旦发现之前形成背离式上涨，就要观察此时是否出现了背离结束后的技术指标与K线同步向下，若已形成，即可确认为准确的卖出信号，无须再观察其他情况，如图8－12中B区域与A区域的情况。

### 8.3.3 均线形态

当一只股票的股价在K线形态与技术指标均出现向下的趋势时，就要观察一下均线的形态了。这里同样存在一个操盘策略的问题。当投资者以中长线的策略操作时，通常要选择5日均线向下与30日均线或中期均线（60日线）形成死叉来作为明确的趋势反转的信号。若是短线操盘，则应以K线快速跌破5日均线，或是5日均线与10日均线形成死叉来判断短线趋势反转向下的卖出信号。这时，还要根据量能的情况及盘口信息来确认。

案例解读

如图8－13是海得控制的日线图及MACD指标的显示情况，当K线形态与CCI指标在趋势上均呈向下的卖出形态时，在A区域出现股价向下跌破5日均线的情况。进一步确认时发现在C区域又出现5日均线与10日均线的死叉，说明短线趋势已经走坏。即使是中长线投资者，也无须等到K线形成第二个高点低于第一个高点的形态时再来判断，因为这只股票的股价在短期的涨幅接近150%。因此，在A区域，从均线形态的角度来判断，该股已经形成明显的趋势转弱的卖出信号。

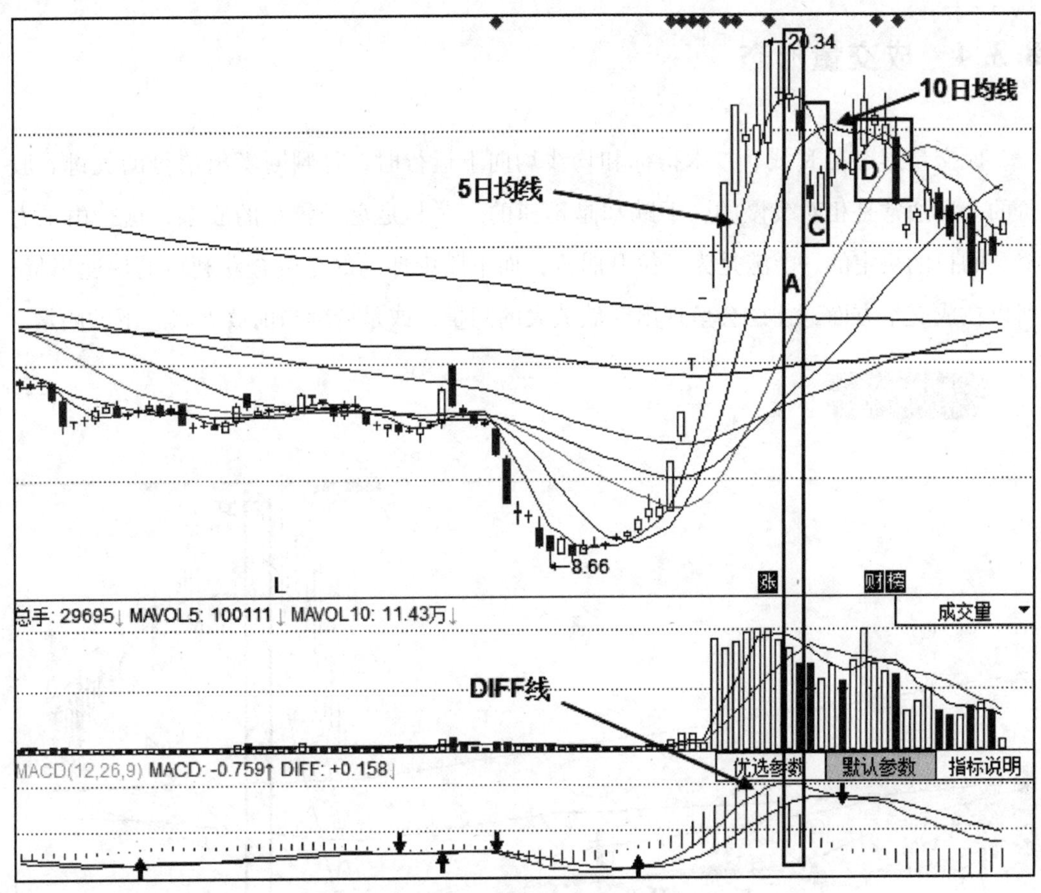


图8－13　海得控制的日线图及MACD指标

## 实战要点

（1）在根据均线形态来确认是否支持K线、技术指标的卖出形态时，短线投资者应以股价持续上涨时是否出现股价快速跌破5日均线出现向下拐头运行的情况来判断，如图8－13中A区域的情况，而中长线投资者则应从短期均线是否均已转为下行，尤其是与30日均线或60日均线是否形成死叉来判断。

（2）当一只股票的股价短期涨幅较大时，即使是基于中长期操作策略的大波段投资者，也应考虑先行基于短线的卖出信号决定是否卖出股票，如图8－13中的情况。

### 8.3.4 成交量形态

成交量形态在K线、技术指标和均线均向下运行时，是判断卖出信号的关键。股价的上涨通常是相对缓慢的，下跌却是迅速的，尤其是盘子较小的股票，这是由主力资金的目的决定的，上涨是为了拉升股价，而下跌中伴随的是资金获利后的快速出货。所以在成交量方面，往往会呈现出突然放大的阴量，或是持续当前放大状态下的阴量。

案例解读

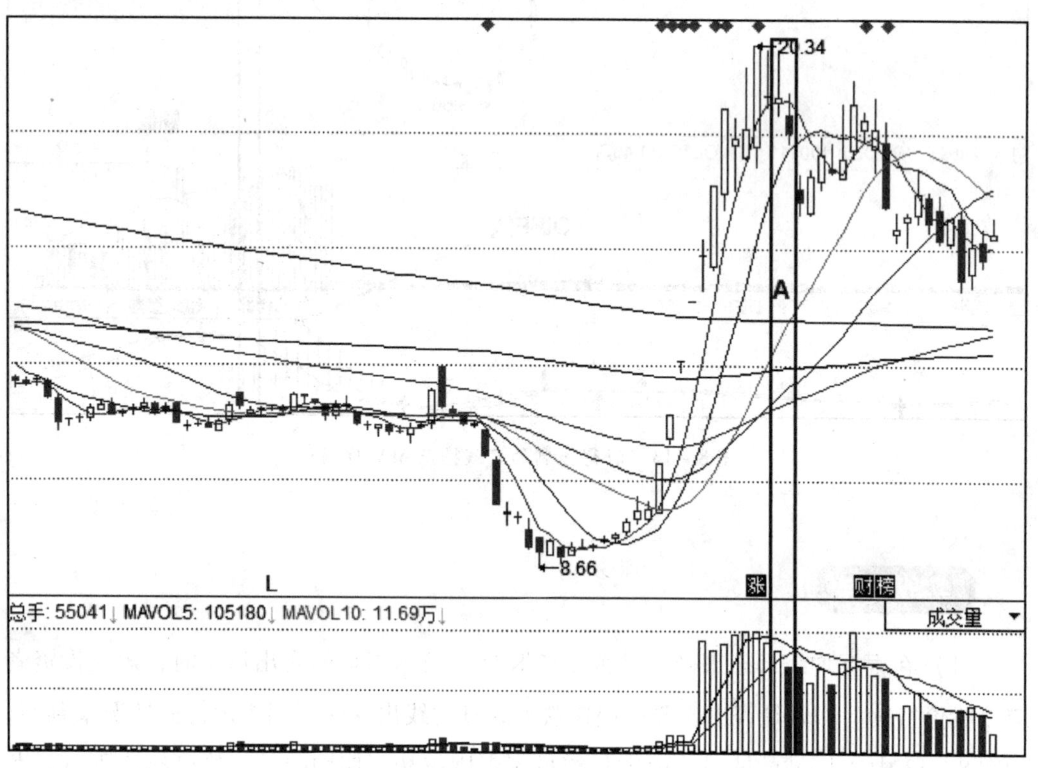


图8-14　海得控制的日线图

图8-14是海得控制的日线图，从图中不难看出，在K线、技术指标、均线均形成向下的卖出信号时，成交量也保持在当前放大水平下，由阳量迅速转为阴量，说明量能也是支持下跌的。这种判断是基于短线的判断，所以应再观察一下当日的盘口状态来最终确定。

实战要点

（1）在利用成交量判断是否支持 K 线、技术指标、均线的卖出信号时，应确保成交量已转为当前放大状态下的阴量，如图 8 - 14 中的情况。

（2）如果是中长线投资者，在观察量能的助跌时，不应以单根阴量柱来确定趋势的反转，而应观察阴量是否保持持续放大状态，方可确认与否。但在短线操作中，应再结合当时的盘口状态来作进一步确认，如图 8 - 14 中的情况。

## 8.3.5　盘口状态

盘口信息反映的是一只股票的股价的短期变化趋向，所以常态下的盘口状态是没有参考意义的。只有当盘口信息出现异动时，才能更为准确地说明短期趋势的快速变化。因此，在结合盘口信息来判断卖出股票的信号时，只适用于短线操作，即盘口形成换手率变大、量比指标快速降低或委卖与委买形成特有的卖出形态时，方可确认为卖出信号。对于中长线投资者而言，需要从 K 线、技术指标、均线或趋势线、成交量等方面来确认卖出信号，盘口状态只能作为参考。

案例解读

图 8 - 15 是海得控制的日线图，从 A 区域观察，K 线形态形成阴线下跌、成交量迅速转为较高水平的阴量的时候，对应的 B 区域日换手率达到 18.50%，远远高于 5%。这说明盘中出现快速的大量卖出股票的行为，因此可确定，这只股票已经出现趋势快速反转向下的卖出信号，应果断卖出股票。

实战要点

（1）在确认一只股票的卖出信号时，量比统计方式相对会延迟，所以只要成交量处于较高水平的阴量状态，换手率较大时，就可确认为卖出信号，如图 8 - 15 中的情况。

（2）在利用盘口信息辅助判断股票的卖出信号时，大多是基于短线的操作，如图 8 - 11 至图 8 - 15 中的情况。从中长线角度来判断，只要是 K 线形态、技术指标形态、均线形态均为下行状态，成交量为持续较高水平的阴量，即可确认为卖出信号，盘口

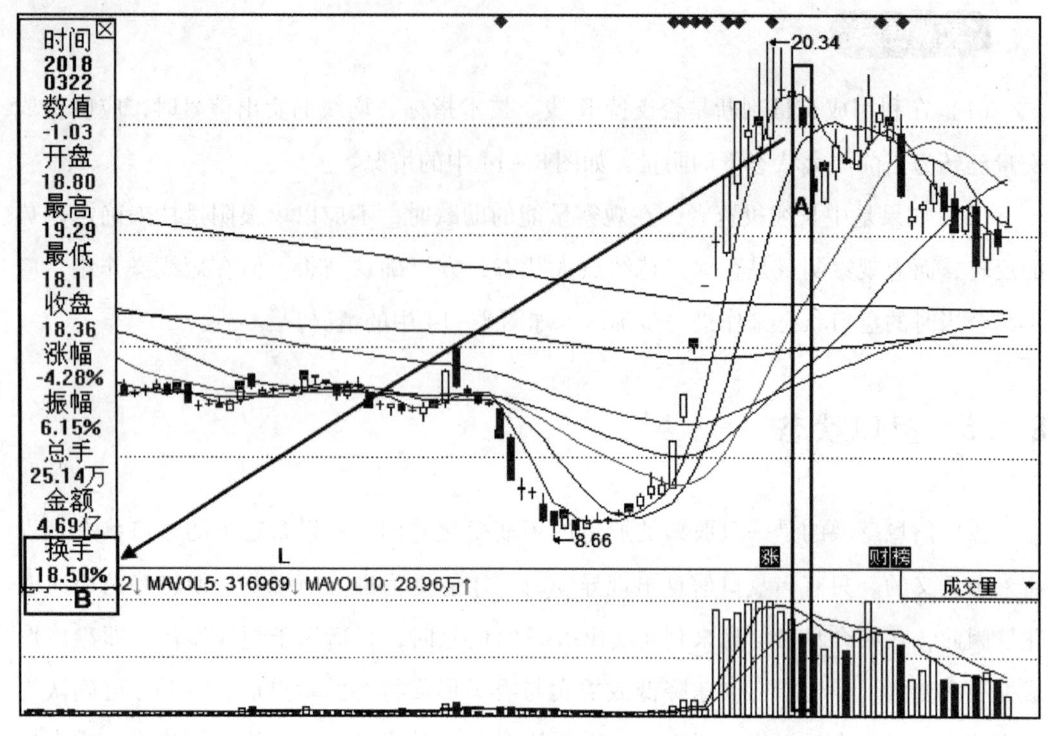


图 8－15 海得控制的日线图

状态和相关信息可忽略。

## 8.4 需要回避的买卖信号

很多时候，一只股票看似形成买入信号或卖出信号，实质却不是真正的买卖信号，所以容易引发错误操作。只有明白哪些信号是不宜交易的，才能避免失误。

## 8.4.1　震荡趋势下的无量震荡行为

震荡趋势下的无量震荡行为，是指当一只股票处于震荡趋势时，成交量保持在较低的水平或地量水平下，出现向上或向下震荡，尤其是在相对低点震荡或是相对高点震荡时，很容易诱使投资者做出错误的操作行为。在低点震荡时容易让人想到该股是否会继续震荡走低，而让人产生恐惧心理；在高点震荡时容易让人想到该股是否会就此震荡走高，而让人产生追高的行为。特别是当 K 线形态或技术指标、均线出现看似明显的买卖信号时，更容易混淆视线。因此那些投资技术掌握得不够熟练的投资者，当趋势为窄幅震荡时，对高低点的把握极容易造成失误，此时应采取回避和耐心等待的策略，直到明显的买卖信号形成再操作。

**案例解读**

图 8－16 是万邦德（002082）的日线图，在整个 C 区域，股价处于弱势震荡的趋势。MACD 双线也形成相距较近状态下的小幅震荡，行情明显为弱势震荡整理，成交量也缩减到极低的水平。在 A 区域出现的震荡走低和 B 区域出现的震荡走高中，成交量的变化均不明显，形成震荡趋势下的量能不配合的无量涨跌行为，因此应采取持币观望的策略。

**实战要点**

（1）震荡趋势下的无量震荡行为，是指大的趋势一定是震荡的弱势整理趋势，成交量也处于较低的水平，如图 8－16 中 C 区域的情况。

（2）震荡趋势下的无量震荡行为，是成交量在较低水平下出现的下跌或上涨，如图 8－16 中 A 区域与 B 区域的情况。此期间量能未出现明显的放大现象，不是真正的无量，只是这种震荡上涨或下跌未得到成交量的明显配合。

## 8.4.2　不够明显的买卖信号

买卖信号形成时，经常会出现信号不明朗的情况，比如 K 线形态涨或跌不明显，均线向上或下行的趋势不明朗，技术指标上行或下行不明显，甚至是成交量放大与缩

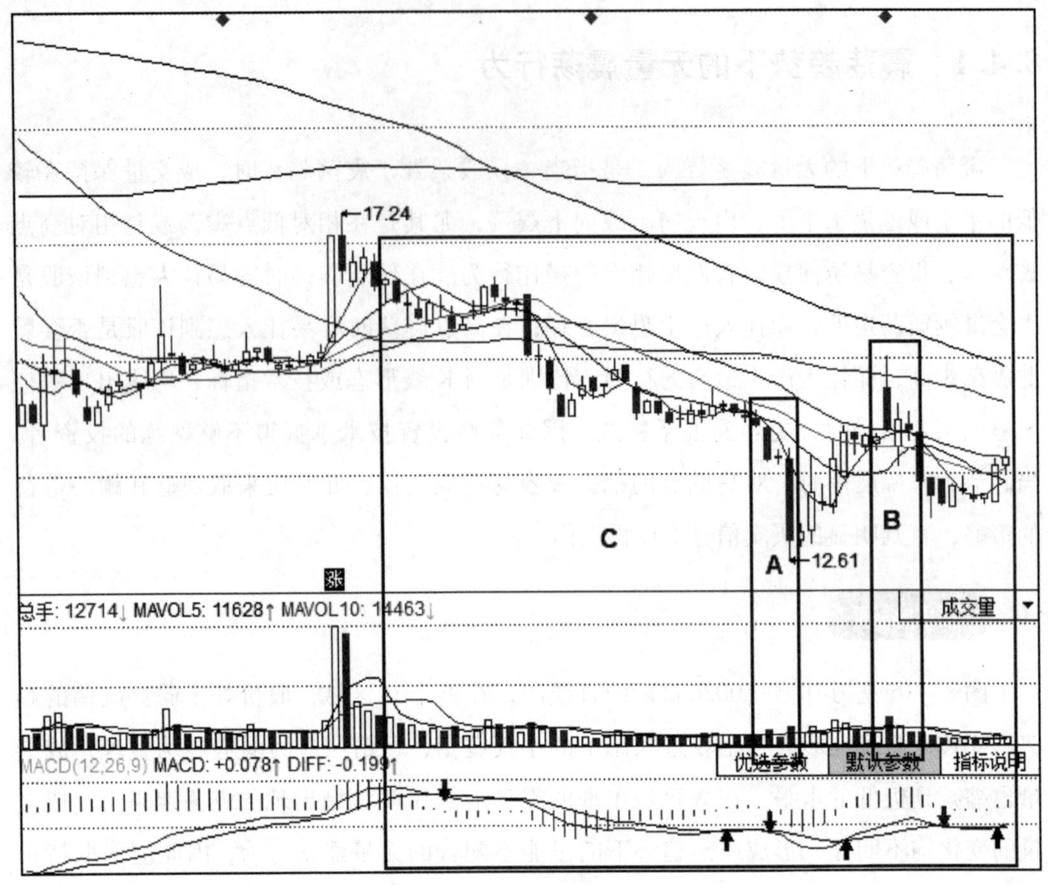


图 8－16　万邦德的日线图

小的情况不明显。

当然，在实战中，这些买卖信号如果均不明显，投资者是不会轻易买入股票的。怕就怕在几个买卖信号中，多数适合买卖要求，而只有一个指标出现了不明显的情况。这时候，最容易让投资者漠视或忽略。因此，也最容易出现错误的判断，轻易买入或卖出股票，结果造成投资的失误。

这时候的策略就是慢半拍操作，通过进一步观察，发现买卖信号确实完全符合要求，再进行相关操作，最终的结果无非是买入股票时价格略高、卖出股票时价格略低，收益略有降低而已。通过这种略慢的操作可以规避很多潜在的风险，尤其是系统性的突发风险。

案例解读

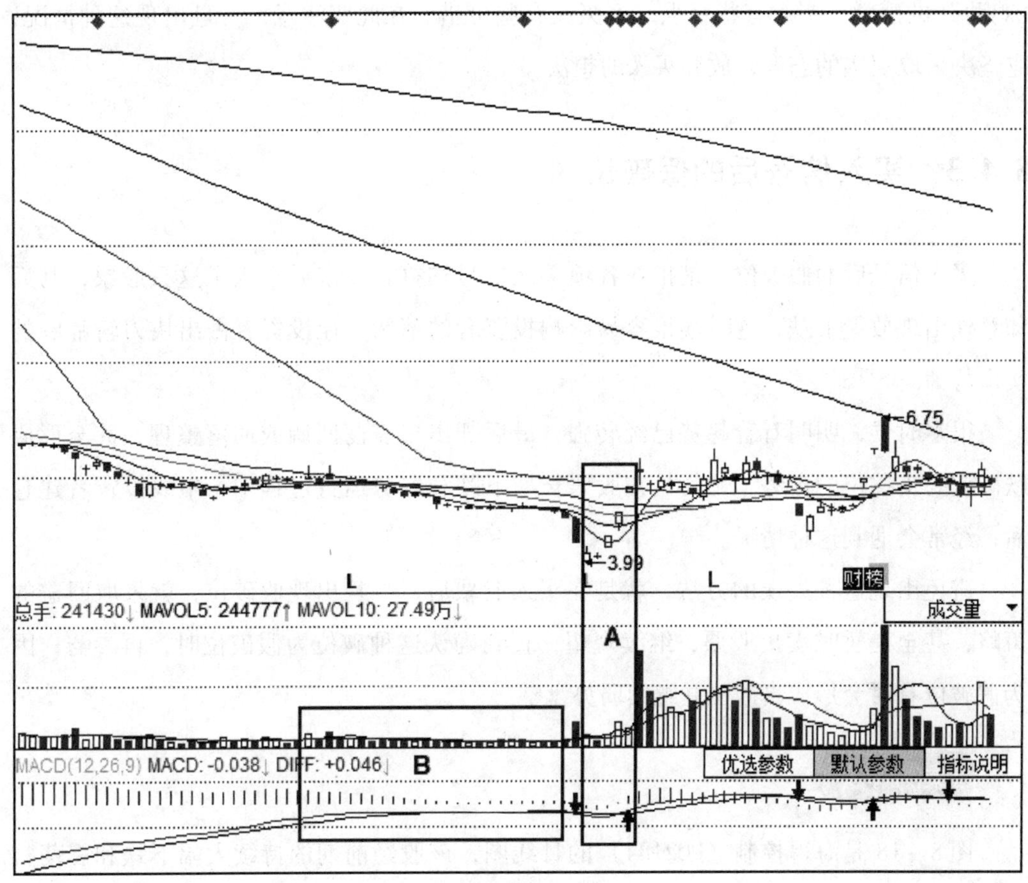


图 8－17　雪莱特的日线图

图 8－17 是雪莱特（002076）的日线图，在弱势整理中，当进入 A 区域时，MACD 出现金叉双线向上运行，股价持续上涨，且下方 5 日均线形成与 10 日、20 日均线的金叉，成交量柱出现一定的阳量放大。看似形成买入信号，实际上从整体的量能观察，这种放量与 B 区域的低量水平相比并不太大，只能称为小阳量的温和放大。同时中短期均线出现略下行状态的走平，说明只是下行趋势渐缓，买入形态不明显，因此不应买入股票，要继续观察再决定是否买入股票。

实战要点

(1) 当买入信号不明显时，通常是在 K 线、均线、技术指标、成交量等方面，有一两个指标出现上涨不明显的情况，如图 8－17 中是均线和成交量的不明显。

（2）买入信号不明显时，无论是哪个指标出现不明显的迹象，都会令投资者产生“鸡肋”的感觉，买入有些牵强，不买又有些可惜。在此要注意，一旦出现这种情况，应坚决采取观望的态度，放弃买入的想法。

### 8.4.3 买入信号后的假破位

买入信号后的假破位，是指在各项买入信号均符合要求后买入了这只股票，其后却意外出现放量下跌，这时候很容易影响投资者的情绪，让投资者做出快刀斩乱麻的卖出行为。

很多时候，明明看着趋势已经转强，最后却出现震荡回调或回落整理，甚至形成跌破重要支撑位的走势。尤其是在股票长期下跌和弱势运行过程中，中线投资者建仓后，经常会遇到这种情况。

避免出现这种失误的方法，就是在买入股票后，一旦出现假破位，就采取回避的策略，甚至是暂时卖出股票，继续观望，直到确认这种破位为假破位时，再参与。因为假破位有时会形成真破位并继续弱势盘整。

**案例解读**

图 8－18 是海得控制（002184）的日线图，该股经前期的持续大幅下跌和震荡整理后，再次下跌进入 A 区域，出现股价和 MACD 双线的持续低位震荡，中长线投资者的低位建仓机遇来了。但成交量出现极度的萎缩，尤其是 B 区域出现 MACD 金叉的股价上涨，随后出现持续的回落，并很快跌破前期 A 区域的整理平台。如果在 A 区域买入，就会造成一定的亏损和被套。因此，买入者可在 B 区域出现明显的再转弱时先行卖出股票，待 C 区域形成明显的阳量放大、MACD 金叉后双线上行，短期均线转为上行、股价快速回升到前期 A 区域水平时再果断买入股票。因此 B 区域的下跌，是弱势延续的象征，为防止继续走弱盘整，应暂时卖出股票。而 C 区域的出现，当股价快速回升到之前的 A 区域水平时，说明之前的 B 区域下跌是假破位，因此应买入股票。

**实战要点**

（1）买入信号后的假破位，大多数发生在股票具有长期投资价值时，投资者在买

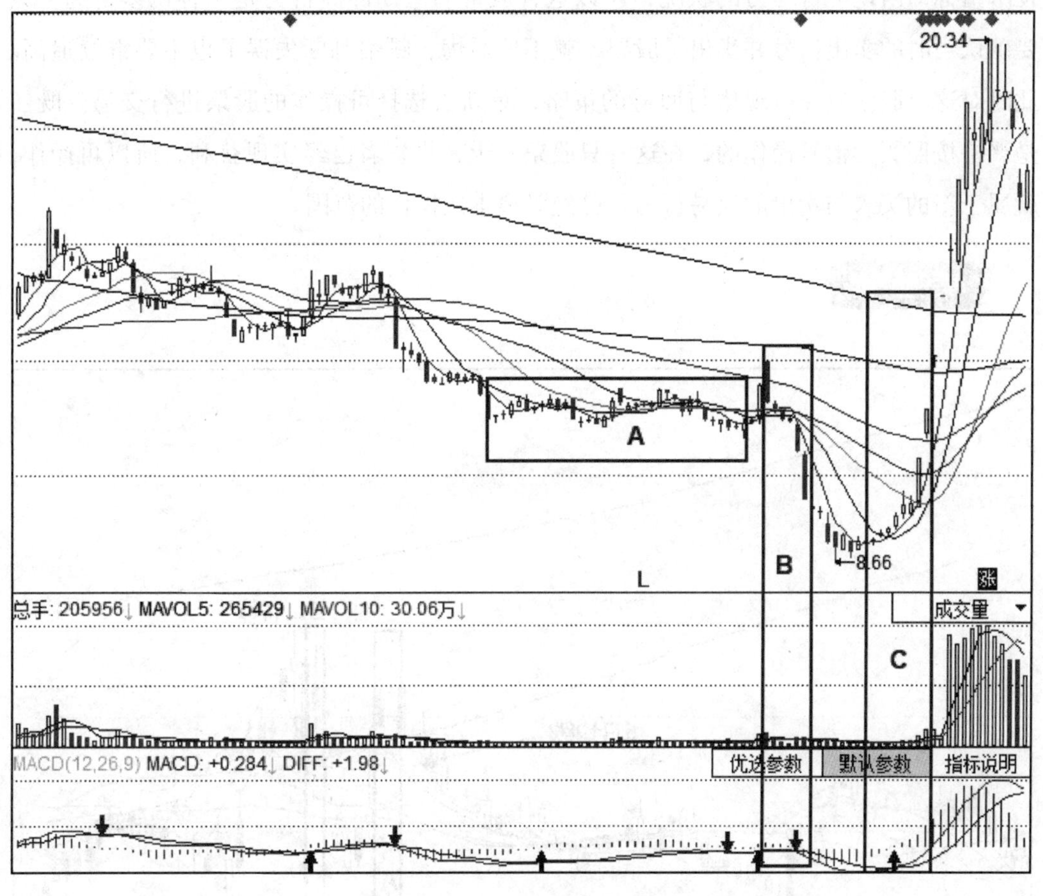


图 8－18　海得控制的日线图

入股票后出现股价的再次下跌，跌破买入股票时的整理平台，如图8－18中 A 区域与 B 区域的情况。

（2）在识别假破位时，应在股价出现破位时先行卖出股票，因为其后股票极有可能再次转弱后形成盘整。其后只有破位走势后股价能很快回到前期的整理平台，各项指标均呈现买入形态时，方可再买入股票，如图 8－18 中 C 区域的情况。

## 8.4.4　卖出信号后的假突破

卖出信号后的假突破，是指一只股票在股价上涨后形成卖出信号，投资者卖出股票后，发现这只股票依然在震荡走高，甚至是刷新了前期新高，但实际上量能、均线、技术指标却出现上行乏力的状况，所以这种股价的短期冲高行为是一种诱多行为。只要确认当时的卖出信号并卖出了股票，就不要后悔，哪怕判断失误了也不要继续追高。此时对这只股票应保持观望与回避的策略，重新去选择可操作的股票进行交易。既然是严格按照买卖信号操作的，在这一只股票身上，投资者已经实现获利，所以再操作，就属于新的买入与卖出的交易行为，已经脱离本次操作的范围。

案例解读

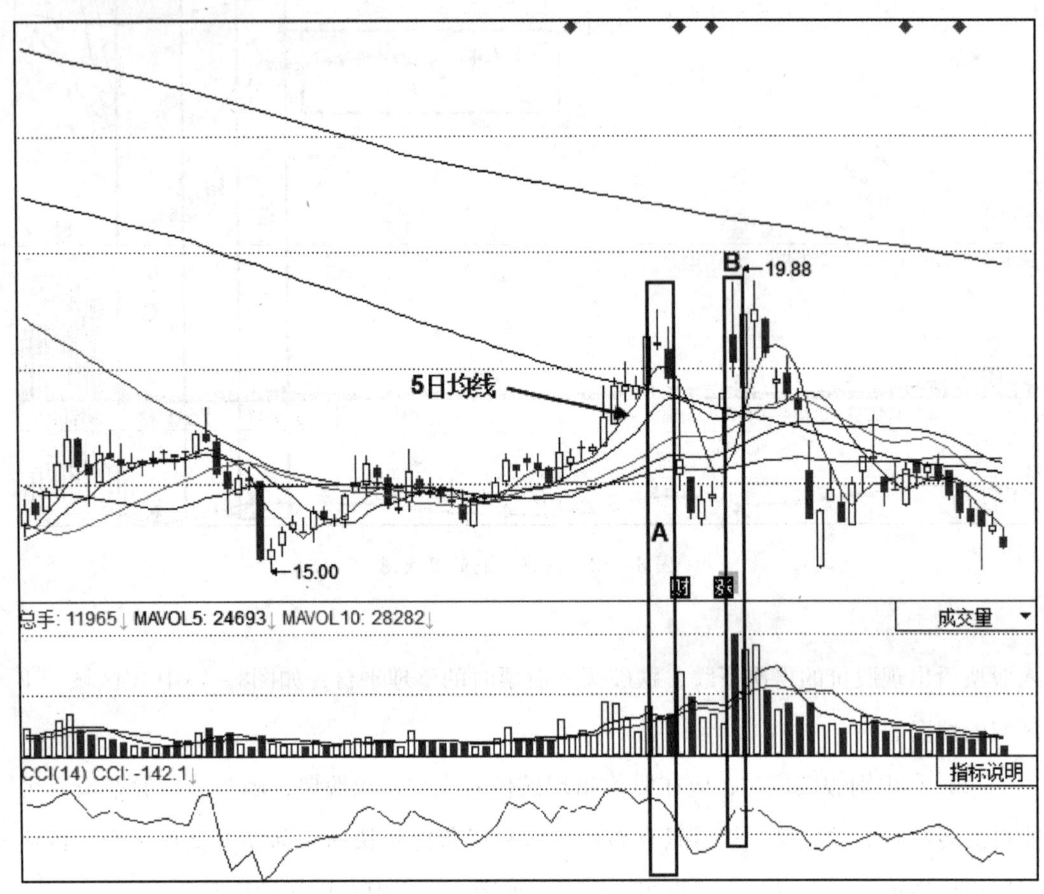


图 8－19　利达光电的日线图

图 8－19 是利达光电（002189）的日线图，在明显的持续上涨过程中，进入 A 区域后，K 线出现持续上影线较长的下跌 K 线，成交量较为阴量，股价跌破 5 日均线，CCI 指标明显快速下行，形成短线卖出信号。卖出股票后，当进入 B 区域时，股价却短期持续上涨，刷新前期高点，但 K 线明显在突破前高时出现了较长的上影线，成交

量为格外放大的阴量，CCI 出现平行小幅震荡，5 日均线转为下行。因此，卖出该只股票的投资者不可再买入，而应选择其他呈买入形态的股票来操作，以防止再追高被套的情况发生。

## 实战要点

（1）卖出信号后的假突破，大多数是在股票高点形成后，在再次震荡反弹中出现新高点的情况，如图 8－19 中 B 区域的情况。

（2）这种如图 8－19 中的二次创新高的行为，看似是一种突破前高的行为，但多数也是主力资金拉高出货的一种表现，只不过受惯性使然，次高点有所抬高而已，因此假突破前后必然会爆出更大的阴量。只有健全的阳量持续放大，才是行情未止的表现，既然选择了获利卖出，就不应在高位承接回来。

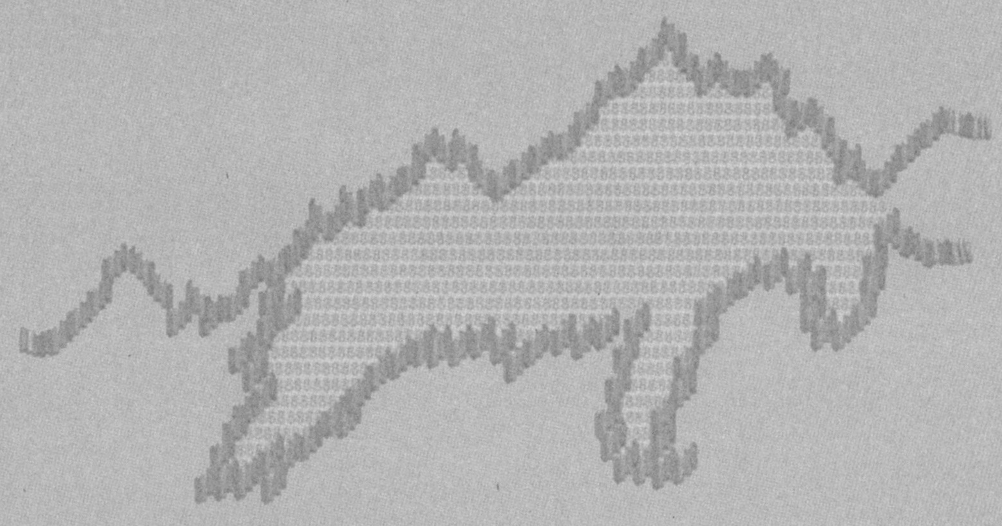

/ 第 9 章 /

# 智擒股王：超级牛股的买卖信号

俗话说，“擒贼先擒王”。炒股亦然，在了解了各种买卖股票时的信号后，就要学会如何寻找持续上涨或短期快速大幅上涨的超级牛股。同样是炒股，只有捕捉到涨幅可观的牛股，收益才能够实现快速翻倍或大幅增加。要想做到这一点，就要找寻到超级牛股容易出现的地方，以及把握住具体的牛股买卖信号的不同特征。

# 9.1　容易滋生牛股的牧场

超级牛股的出现看似偶然，实则并不意外，所以要想捕捉到超级牛股，提高收益率，就必须学会寻找超级牛股。

## 9.1.1　市场热点股票

市场热点股票，就是受到市场上众多投资者关注的股票。一旦某些股票受到市场的关注，资金就会竞相云集于这些股票。股票在资金的高度关注下，就会引来众多投资者的热捧和跟风资金的追逐，造成股价的上涨。

市场热点必须具有持续性，股价才能够在资金持续的追逐下不断快速上涨，从而成就短期的超级牛股。这就需要投资者平时多关注国际、国内重要的经济事件，把握住市场的动向，以便及时捕捉到那些受重大经济事件或利好政策影响的上市公司的机会。对受到市场高度关注的热点，我们还要仔细分辨出这些市场热点是否具有持续性。

同时，要回避那些有重大利空消息的热点股票，因这类股票会在负面关注下出现持续下跌。

**案例解读**

图 9－1 是紫光国微（002049）的日线图。自 2017 年到 2018 年，一些国产技术出现了前所未有的突破，很多技术都达到了世界先进水平，使得国人对国内领先技术感到骄傲。这一时期，紫光股份的负责人更是频频出现在央视媒体，并带来了一项技术

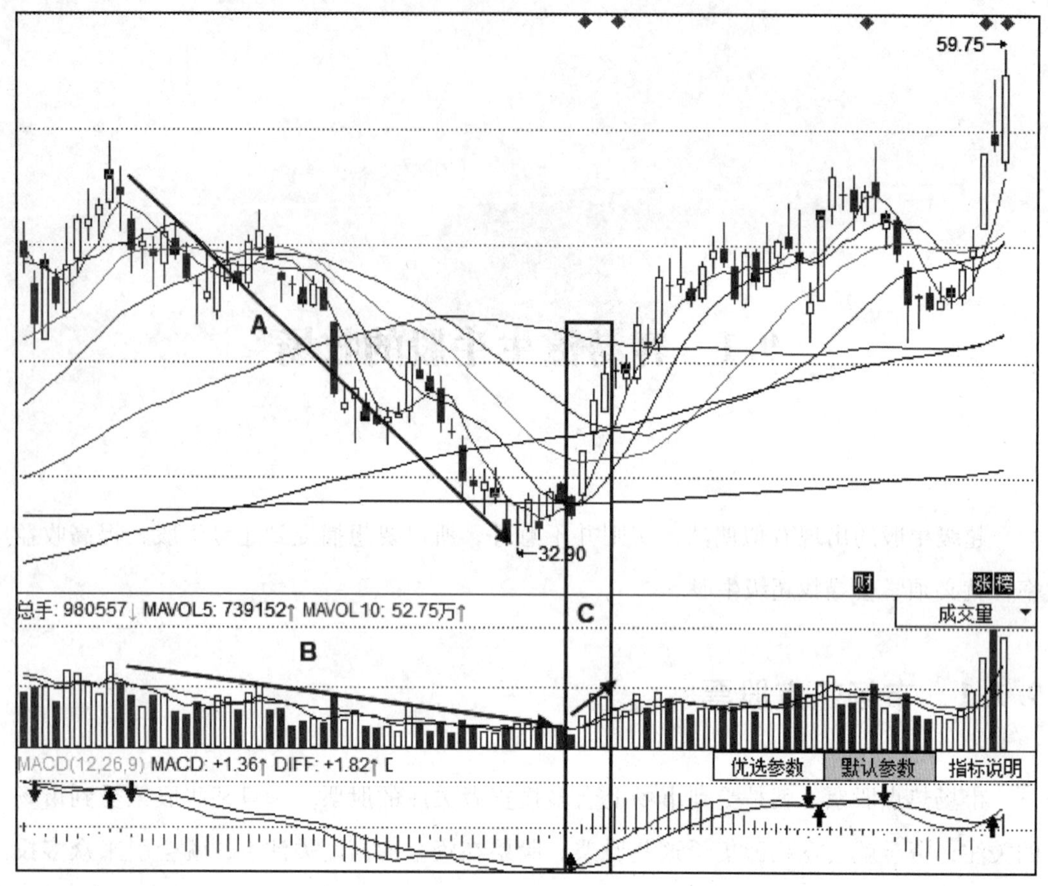


图 9－1　紫光国微的日线图

突破的成品——芯片，其旗下专门研发芯片的紫光国微有限公司开始被关注，而这又是一家上市公司。此时为 2018 年 2 月，大盘刚刚结束调整出现回升，芯片概念成为市场热点，受到众多投资者关注，紫光国微虽然已经出现大幅上涨，但此时随大盘调整到低点，如 A 区域的情况，成交量出现持续萎缩后，即刻受到资金追捧，快速触底回升，MACD 也形成低位金叉后双线向上发散的形态。同时，紫光国微也带动整个芯片概念的股票出现集体的上涨。其后，中兴通讯受到美国的制裁，这场贸易摩擦的发生，更凸显国产芯片的重要性，紫光国微作为热点持续受到市场关注。截至 2018 年 4 月 20 日，紫光国微股价创出 59. 75 元的新高，并依然呈健康的上涨状态，而股价在短期内已经快速上涨了 80%。

**实战要点**

（1）市场热点股票就是受到市场高度关注的股票，但一只股票只有持续被市场关注才有持续快速上涨成为短期牛股的可能，如图 9－1 中的情况。

（2）当一只股票成为市场热点，如果正在上涨并上涨到了高位，就应引起注意，这时热点具有持续性的概率较小。只有在低位突然成为热点时，后市的涨幅才可期待，如图 9－1 中的情况。

### 9.1.2　龙头股

龙头股，是指某一时期内，在市场高度关注和炒作中，对同行业板块中其他股票具有影响力和号召力的股票。龙头股的涨跌会对同行业中其他股票的涨跌起到引导和示范作用，龙头股也是在这一行业中受到市场资金关注最多的股票。一旦某一板块中某只股票开始带动行业内其他股票出现上涨，最先出现快速大幅上涨的股票，即为这一波上涨行情中这一行业的龙头股和领涨股，很容易率先走出一波超级上涨行情。

值得注意的是，龙头股并不是一成不变的，而只是在某一时期内成为龙头股，并成为这一时期的市场热点。

龙头股往往是某些行业或板块中，其业务占据市场份额较大的上市公司，或是某些行业中某一细分领域内技术或其他优势明显的上市公司。这类上市公司一旦出现技术或业绩上的突破，就很容易成为市场热点，引领行业或板块甚至是相似概念的股票，集体走出一波上涨行情。

然而，如果要寻找龙头股中的超级牛股，就必须对所关注的行业或细分行业中的佼佼者进行更为细致的分析。这样才能真正了解到目标上市公司在行业中所占据的优势，同时要持续关注和把握这一板块或行业股票启动的时机。

**案例解读**

图 9－2 是天齐锂业（002466）的日线图，首先，这只股票是中国锂业的龙头股，占据的行业市场份额长期处于国内第一的位置。因此，当该股在 A 区域出现弱势震荡时，应把握住机会及时买入股票。日后一旦走强，必然会成为引领行业的领涨股，涨幅也很容易出现翻倍的走势。

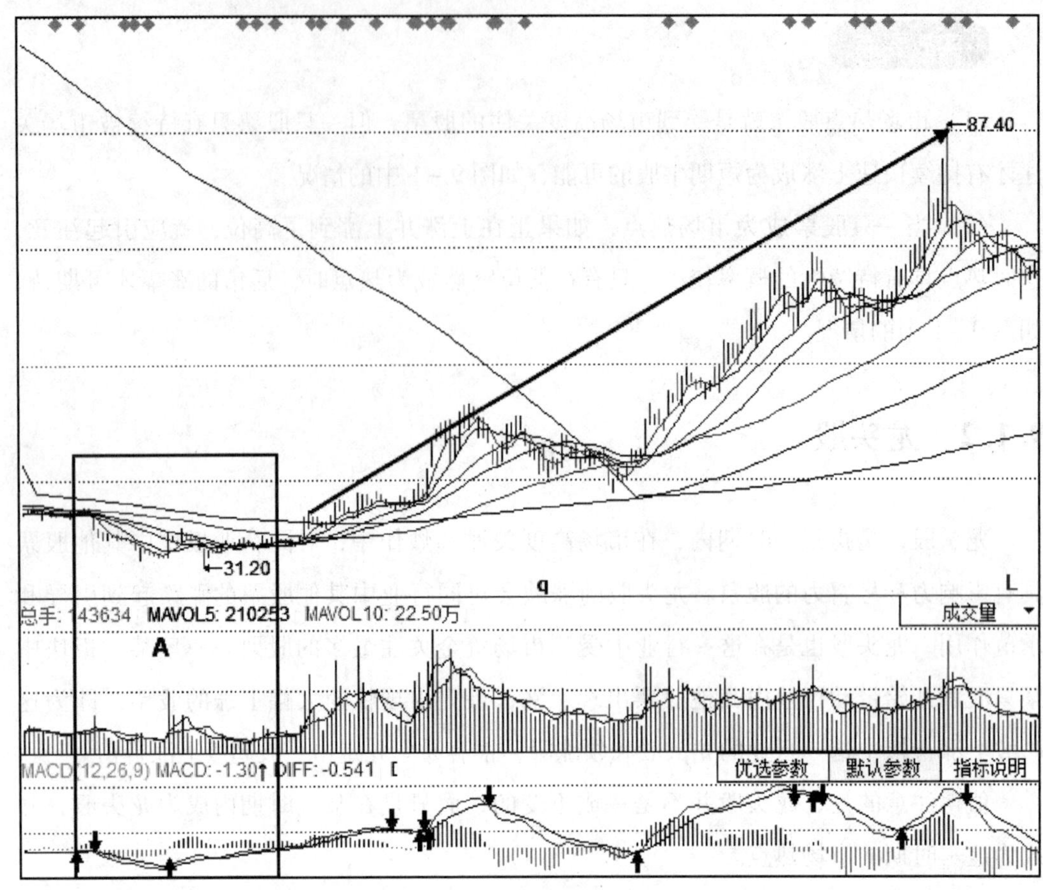


图 9-2 天齐锂业的日线图

**实战要点**

（1）龙头股，通常为某一行业中位于国内市场上前三位的上市公司，如图 9-2 中的天齐锂业为国内锂业位于第一的公司。这类公司最大的特点，是占据行业的领先地位，因此也是最容易领涨该行业或该板块的股票。

（2）细分行业龙头股，这些股虽然在大行业中可能未占据第一，但排在细分行业前三，属于某一细分行业的领涨股。一旦这一细分行业成为市场关注的热点，同样会让这些股成为整个大行业的领涨股。

## 9.1.3　白马股

白马股，又叫绩优股，是指那些公司业绩长期优良、回报率较高的股票。这类股票的公司由于具有可持续的成长性，所以具有良好的业绩。只要从公开的财务信息中就可寻找到，从公司财务报表中观察每股净资产值、每股收益、净资产收益率、净利润增长率、主营业务收入增长率和市盈率等，就能够发现。

白马股因其明朗的成长性，业绩的可持续性较高，所以投资的风险相对较小，更适合中长线投资。白马股一旦启动上涨行情，后市的上涨周期很长，累积涨幅十分巨大，所以很多保守型的基金经常长期持有某些白马股，只做波段性的高抛低吸。

需要注意的是，能够走出超级行情的白马股，往往是某一行业中的龙头股或细分龙头股，因其拥有较高的市场份额和技术壁垒，一旦技术性调整结束，优势就会立刻凸显出来，成为市场持续关注的对象。

案例解读

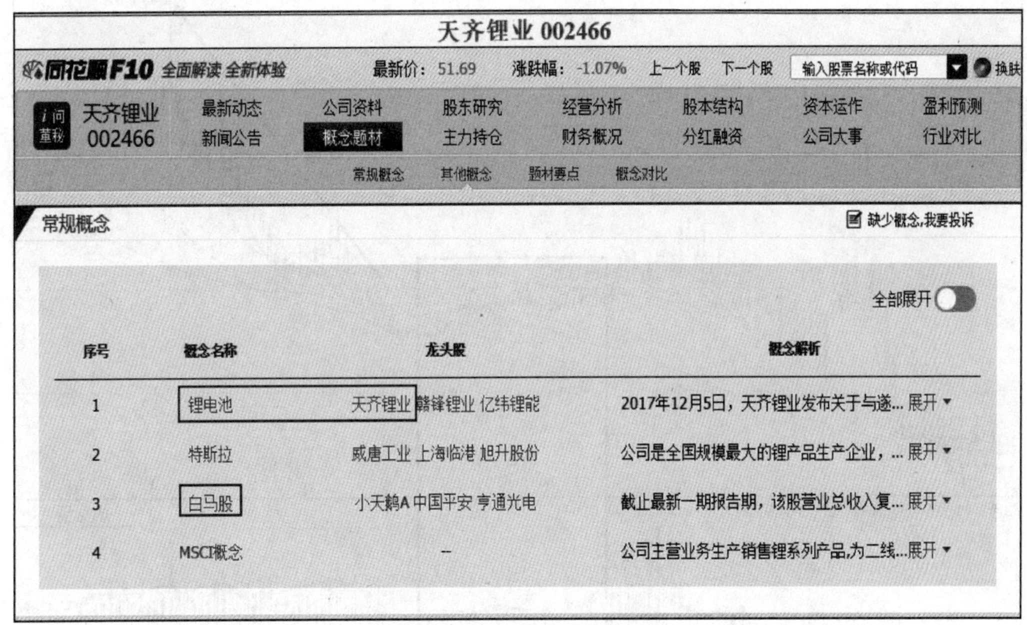


图 9-3　天齐锂业的概念题材

天齐锂业 002466

同花顺F10 全面解读 全新体验　最新价：51.69　涨跌幅：-1.07%　上一个股　下一个股　输入股票名称或代码

天齐锂业 002466　最新动态　公司资料　股东研究　经营分析　股本结构　资本运作　盈利预测　新闻公告　概念题材　主力持仓　财务概况　分红融资　公司大事　行业对比

财务诊断　财务指标　指标变动说明　资产负债构成　财务报告　杜邦分析

按报告期　按年度　按单季度

| 科目\年度 | 2017-12-31 | 2017-09-30 | 2017-06-30 | 2017-03-31 | 2016-12-31 | 2016-09-30 |
|---|---|---|---|---|---|---|
| 基本每股收益(元) | 1.94 | 1.54 | 0.94 | 0.41 | 1.54 | 1.22 |
| 净利润(元) | 21.45亿 | 15.18亿 | 9.24亿 | 4.06亿 | 15.12亿 | 12.03亿 |
| 净利润同比增长率 | 41.86% | 26.17% | 23.73% | 42.72% | 510.03% | 1864.13% |
| 扣非净利润(元) | 21.43亿 | 15.61亿 | 9.28亿 | 4.03亿 | 17.50亿 | 12.08亿 |
| 扣非净利润同比增长率 | 22.45% | 29.24% | 24.66% | 41.77% | 532.44% | 1253.99% |
| 营业总收入(元) | 54.70亿 | 39.60亿 | 24.15亿 | 10.64亿 | 39.05亿 | 27.70亿 |
| 营业总收入同比增长率 | 40.09% | 42.96% | 41.57% | 41.07% | 109.15% | 111.96% |
| 每股净资产(元) | 7.94 | 6.76 | 5.55 | 5.28 | 4.62 | 4.36 |
| 净资产收益率 | 35.71% | 26.79% | 18.07% | 8.25% | 39.41% | 32.53% |
| 净资产收益率-摊薄 | 23.65% | 22.58% | 16.76% | 7.73% | 32.93% | 27.74% |
| 资产负债比率 | 40.39% | 41.82% | 43.64% | 44.68% | 48.29% | 39.91% |
| 每股资本公积金(元) | 3.67 | 2.67 | 2.67 | 2.66 | 2.66 | 2.65 |
| 每股未分配利润(元) | 3.17 | 3.05 | 2.45 | 2.11 | 1.71 | 1.42 |
| 每股经营现金流(元) | 2.71 | 2.18 | 1.18 | 0.66 | 1.79 | 1.26 |

图 9-4　天齐锂业的财务概况

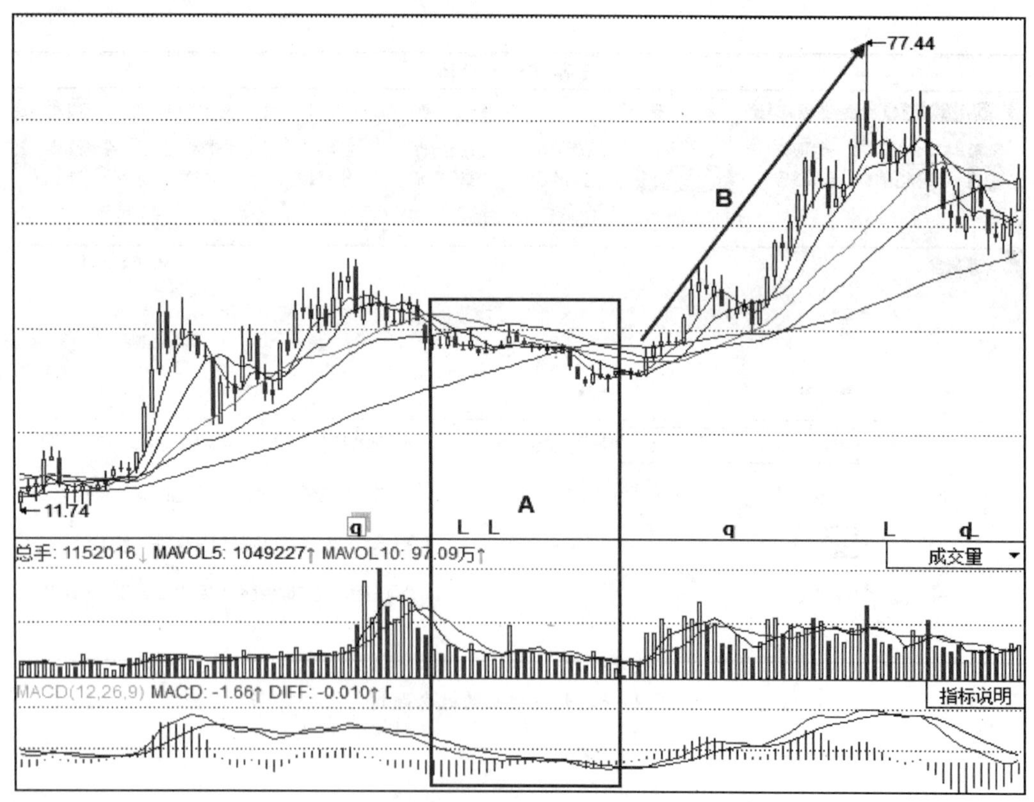


图 9-5　天齐锂业的周线图

从图9-3中可发现，天齐锂业（002466）属于白马股，在国内锂电池行业中，市场占有率达到第一名。再观察其业绩会发现，如图9-4所示，在净利润、每股净资产、净资产收益率等方面，基本处于持续增长的状态，业绩稳定增长，成长性较强，当之无愧的国内锂电池行业的龙头股和白马股。

图9-5是天齐锂业（002466）的周线图，从图中可看出，在A区域的2016年下半年，该股上涨调整出现大幅缩量，此时应及时逢低买入。其后的2017年，新能源电动汽车市场一直比较火爆，电池需求量大增，至2017年9月期间，短短8个月，股价涨幅高为150%左右。

**实战要点**

（1）白马股是指那些业绩长期较为稳定，并具有明显持续增长能力的上市公司的股票，但真正能够成为超级牛股的白马股，大多数为行业的龙头股或细分龙头股，如图9-3中天齐锂业的情况。

（2）即使是白马股或龙头股，投资者在操作时，也要选准买入股票的时机，在股票调整低位买入，而不要选择在股票大幅拉升后的高位介入，如图9-5中的情况。

## 9.2　超级牛股的买入信号

超级牛股和普通牛股的运行规律大致相同，但因其未来涨幅较大，所以当发现某些有着超级牛股基因的股票出现买入信号时，就应大胆买入。

### 9.2.1 步入价值洼地

当白马股或龙头股在遇到系统性风险或技术性风险，甚至是遭遇到整个行业的寒冬时，因为其在行业中所处的地位和技术优势，抗风险性较强，所以就会步入一个价值洼地。在市场不景气的情况下，这些股票同样会出现大幅下跌，其投资价值就会凸显出来，因为此时市场的关注度降低了。

捕捉白马股或龙头股的最佳时机，就是在这类股票遭遇到重创的时候。这时候，投资者应当从长远投资的角度出发，买入这些股票。一旦市场行情转好或是这些股票度过了寒冬，其回升的力度和趋势都是极强的，甚至远远超出了某些短期热点股票的涨幅，成为超级大牛股。

所以，投资者在买入这类白马股或是龙头股后，即使其后出现短暂下跌，依然应当冷静对待，采取小跌小买、大跌大买的策略。

案例解读

赣锋锂业 002460

同花顺F10 全面解读 全新体验　最新价：63.78　涨跌幅：-0.39%　上一个股　下一个股　输入股票名称或代码　换肤

i问董秘　赣锋锂业 002460

最新动态　公司资料　股东研究　经营分析　股本结构　资本运作　盈利预测
新闻公告　概念题材　主力持仓　财务概况　分红融资　公司大事　行业对比

财务诊断　财务指标　指标变动说明　资产负债构成　财务报告　杜邦分析

按报告期　按年度　按单季度

| 科目\年度 | 2017-12-31 | 2017-09-30 | 2017-06-30 | 2017-03-31 | 2016-12-31 | 2016-09-30 » |
|---|---|---|---|---|---|---|
| 基本每股收益(元) | 1.98 | 1.35 | 0.81 | 0.18 | 0.62 | 0.64 |
| 净利润(元) | 14.69亿 | 10.04亿 | 6.07亿 | 1.36亿 | 4.64亿 | 4.86亿 |
| 净利润同比增长率 | 216.36% | 106.57% | 118.36% | 27.03% | 271.03% | 474.35% |
| 扣非净利润(元) | 11.94亿 | 8.03亿 | 4.09亿 | 1.31亿 | 4.74亿 | 5.01亿 |
| 扣非净利润同比增长率 | 151.84% | 60.24% | 30.37% | 6.16% | 345.24% | 584.52% |
| 营业总收入(元) | 43.83亿 | 28.42亿 | 16.25亿 | 6.25亿 | 28.44亿 | 20.23亿 |
| 营业总收入同比增长率 | 54.12% | 40.51% | 21.00% | -5.75% | 110.06% | 133.26% |
| 每股净资产(元) | 5.17 | 4.16 | 3.71 | 3.48 | 3.31 | 3.01 |
| 净资产收益率 | 46.37% | 35.69% | 22.59% | 5.35% | 21.67% | 23.28% |
| 净资产收益率-摊薄 | 36.39% | 33.08% | 22.46% | 5.22% | 18.66% | 21.41% |
| 资产负债比率 | 49.45% | 50.77% | 48.99% | 42.43% | 34.61% | 33.87% |
| 每股资本公积金(元) | 1.54 | 0.76 | 0.76 | 0.95 | 0.95 | 0.95 |
| 每股未分配利润(元) | 2.63 | 2.23 | 1.79 | 1.10 | 0.92 | 1.02 |
| 每股经营现金流(元) | 0.68 | 0.19 | -0.49 | -0.04 | 0.87 | 0.73 |

图 9－6　赣锋锂业的财务概况

从图9－6中赣锋锂业（002460）的财务概况中可以发现，赣锋锂业与上一节谈到天齐锂业一样是业绩优秀的白马股，赣锋锂业公司在行业地位中仅次于天齐锂业公司，位列第二，这两家公司可以说是中国锂业里的“双雄”。

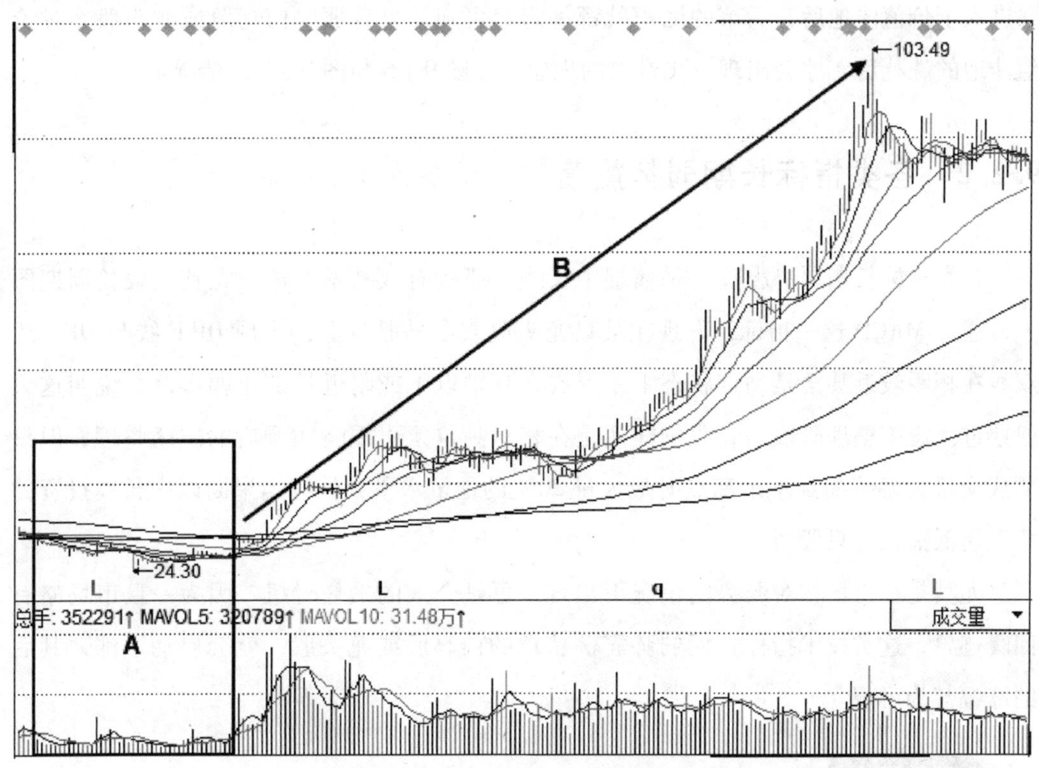


图9－7 赣锋锂业的日线图

图9－7是赣锋锂业（002460）的日线图，在2016年6月，公司实施高送转，股价得到稀释而变得更低，并展开震荡调整。在进入A区域时，该股股价虽然持续走低，但却得到了资金的关注。这从A区域的量能缩减和阳量的持续出现可看出，这只白马龙头股的价格进入价值洼地，应从中长线的角度考虑逢低买入该股。其后的B段上涨中，至2017年9月12日时，股价一举突破100元，最高达到每股103.49元，与当初2017年1－2月的弱势整理的24～25元相比，仅仅8个月的时间，股价涨幅高达4倍。因此说，高送转后的下跌，造就了这只股票的价值洼地。

## 实战要点

（1）白马股或龙头股不是什么时候买入都是最好的时机，只有当经过下跌调整，这类股票价格出现较大幅度的缩水时，其投资价值才会显现出来，如图 9 - 7 中 A 区域的情况。

（2）任何股票在进入价值洼地时，其投资价值都会显现出来，但并不是每一只股票进入了价值洼地后，后市的涨幅就都一定会可观。只有那些白马股或龙头股经过价值洼地的洗礼后，才会出现一飞升天的现象，如图 9 - 6 与图 9 - 7 的情况。

## 9.2.2 各类指标长期弱势震荡

各类指标长期弱势震荡，是捕捉中长线牛股的有效技术方法，尤其在较长周期图上，通过 MACD 这一指标，发现在某只龙头股或白马股身上，出现 DIFF 线与 DEA 线双线在相距较近甚至是黏合状态下，形成在 0 轴以下或附近长期小幅震荡，说明这只股票进入震荡整理阶段。其股价即使是在相对高位区出现略回调后的震荡整理，但只要成交量大幅萎缩到不足高点时最大量 20% 的地量水平，就应当果断以中长线投资的角度逢低买入这只股票。

尤其是在市场相对弱势的情况下出现，更是介入的最佳时机。因为一旦市场略有回暖迹象，这类技术指标长期弱势震荡整理的白马股或龙头股，就会启动上涨，其后的涨幅甚为可观。

**案例解读**

图 9 - 8 是招商银行（600036）的周线图，招商银行一直是除了国有四大行外最为活跃的一家商业银行，因其制度的灵活性，业绩一直稳定地高速增长，所以招商银行是一只基金和机构经常扎堆的白马股。在 2015 年上半年上涨后，至 6 月，进入 A 区域时，股价出现小幅震荡，成交量萎缩到了地量水平，同时 MACD 双线也在周线上出现相距较近状态下的小幅上下震荡，形成 MACD 指标与成交量指标的震荡整理趋势，一直持续到 2017 年 5 月，整理时间长达 1 年。这说明这只白马股已整理得相当充分，应果断逢低买入，因为未来一旦发动上涨，涨幅往往会较大。其后 C 段的上涨中，涨幅远远超过了 100%，最高达到 130%。

**实战要点**

（1）各类指标的长期弱势震荡，是指一只股票在长期下跌或一定幅度上涨后出现

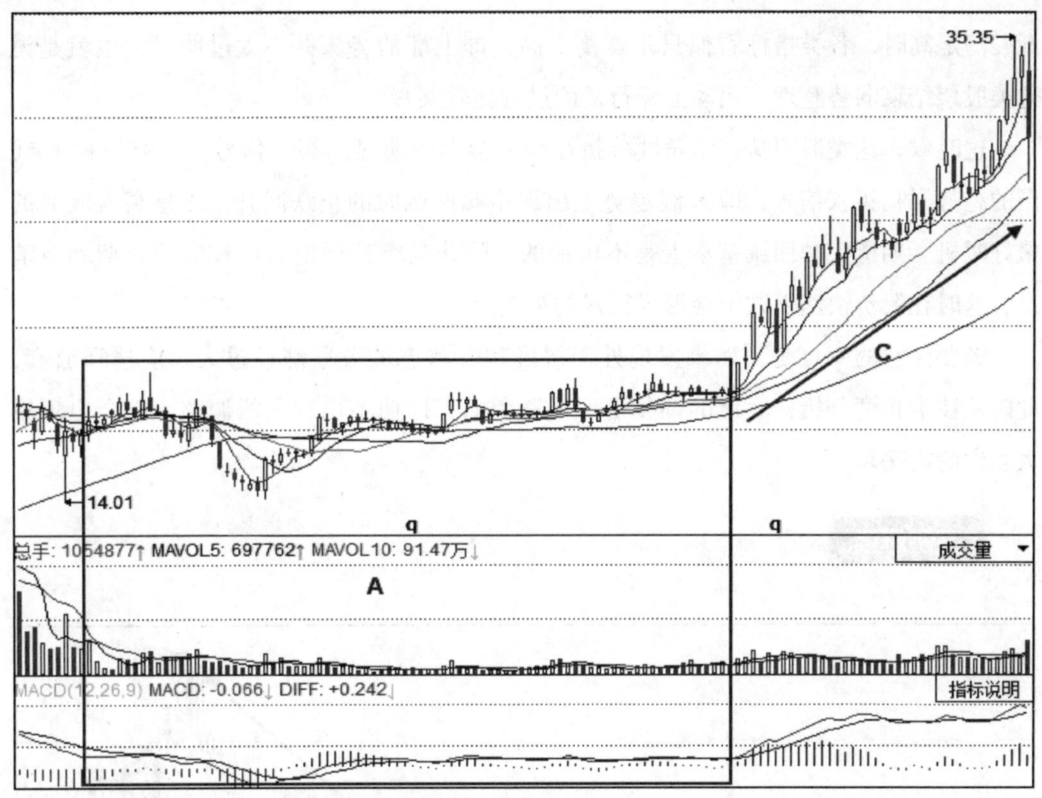


图9－8　招商银行的周线图

的各类技术指标的震荡整理，如图9－8中是成交量大幅萎缩的情况下，MACD双线的震荡整理。但只有白马股或龙头股出现各指标的长期弱势震荡时，未来成为超级牛股的概率才会大。

（2）通常在观察指标的弱势整理状态时，从MACD指标或其他反映周期较长的趋势类指标进行观察，如TRIX，而观察成交量的情况，则在K线图选择上以周线和日线为主。

（3）原则上是各技术指标整理的时间越长，后市涨幅越是可期，但这不是绝对的。只有白马股或龙头股出现6个月左右的整理时，操作的安全性和后市成为暴涨牛股的概率才更高。

## 9.2.3　缓慢爬升的超级牛股

超级牛股缓慢爬升，是指那些白马股或龙头股出现股价缓慢的上涨或技术形态逐渐震荡走高时，各类指标看似只是震荡走高，即上涨的势头并不太过明显，也就是说这类股票结束弱势整理、启动上涨行情的过程比较缓慢。

这时候，这类股票从技术角度分析往往不会形成明显的买入信号。只有根据 K 线图的趋势寻找买入信号，即 K 线趋势上出现小幅回调时的止跌回升，才是买入股票的最好时机。期待大幅回调基本上是不可能的，除非是突然爆出看似较大的短期利空消息，这时在股价快速下跌中会形成很好的买点。

需要注意的一点是，如果发现处于缓慢爬升状态的股票涨幅过大，应选择放弃，此时从技术角度分析，后市的调整是不可避免的，即使不出现大幅调整，也会出现较大幅度的震荡。

案例解读

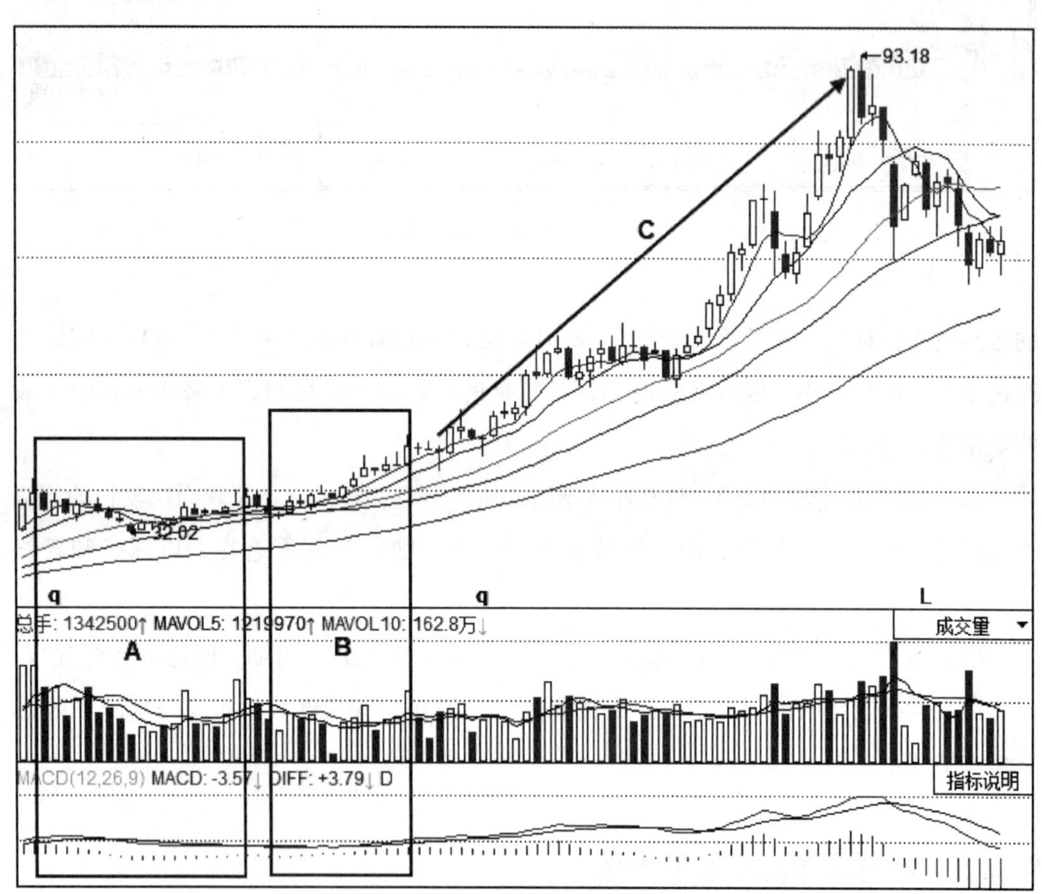


图 9-9 五粮液的周线图

图9－9是五粮液（000858）的周线图，在经过前期小幅上涨后，进入A区域出现MACD双线相距较近的震荡整理。进入B区域后，MACD双线继续震荡，方向略向上，股价也出现小幅的缓慢上涨。五粮液为仅次于贵州茅台的一只白酒龙头股，是当之无愧的白马股，从图中可以看出，从A区域该股便开启了缓慢爬升的长牛行情，此时应果断选择买入股票。其后的C段上涨中，股价上涨幅度几近达到200%。

**实战要点**

（1）在判断缓慢爬升的超级牛股时，必须是白马股或龙头股，尤其是当两者兼有时，后市成为超级牛股的概率可以确认为100%，如图9－9中的五粮液的情况。

（2）当白马股或龙头股出现缓慢爬升的状态时，必须确保此时均线趋势为多头上涨的格局。越是多头初期越可靠，如图9－9中五粮液的缓慢上涨经调整后，再次出现股价与技术指标的缓慢爬升。

### 9.2.4　突然启动的短期翻倍股

短期翻倍股突然启动，是指白马股或龙头股，甚至是市场热点的股票，在经过较长时间的弱势震荡整理后，或是热点渐渐冷却后，本身又因为确实具有市场关注的题材，突然出现各种技术指标的快速上行，成交量也在之前较低水平下出现突然放量。量能的表现为持续阳量放大的特征，当股价也出现持续大幅上涨时，说明这只牛股已经启动短期的快速上涨。这一定是该股对应行业出现了某些政策或行业的拐点，该股对应公司业绩有望得到大幅提升，所以这是超级牛股快速启动时的信号，其后的涨幅往往在短期内会出现翻倍的情况。

**案例解读**

图9－10是天山股份（000877）的周线图，这是一家国有企业，属于新疆板块，具有“一带一路”和“新疆振兴”的题材和概念。虽然在2016年上半年公司业绩不佳，但因“新疆振兴”概念和“央企国资改革”概念是近几年来较为热门的话题，同时该公司是政府大力支持、政策持续扶植的对象，所以具有突然爆发的潜力。如图9－11中这一份券商研报，更是预示了其有望成为市场的热点。

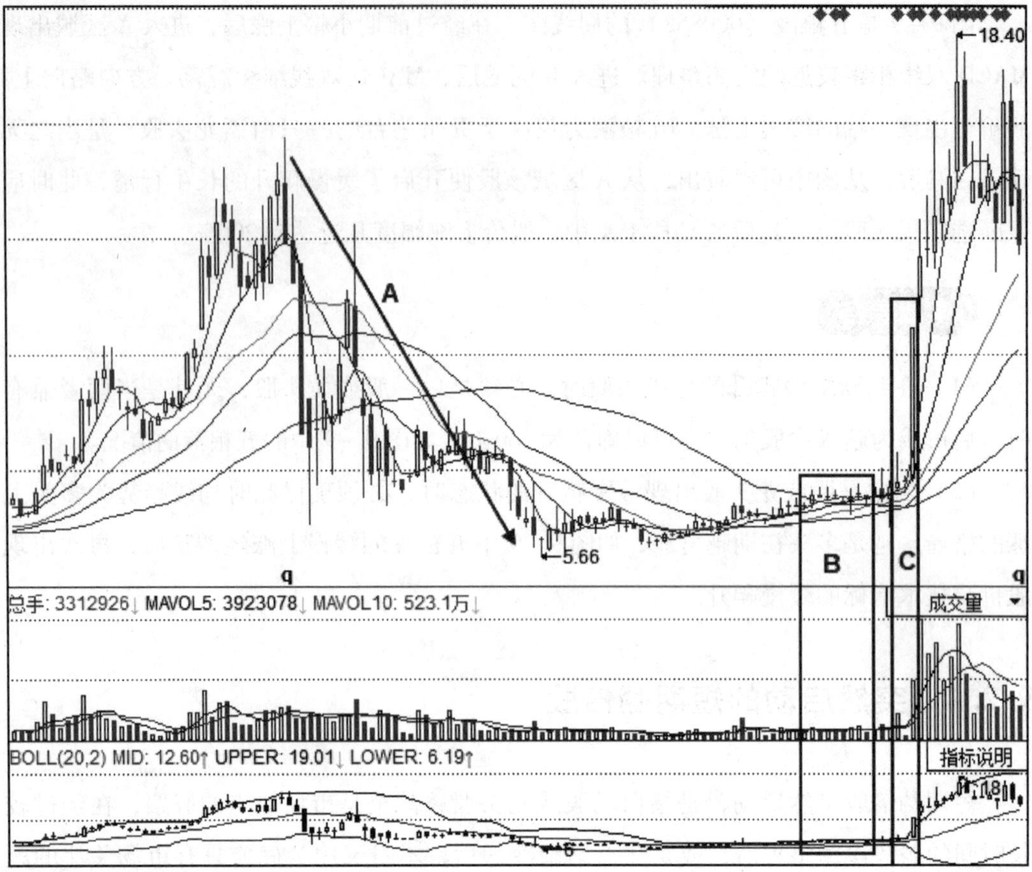

图 9-10 天山股份的周线图

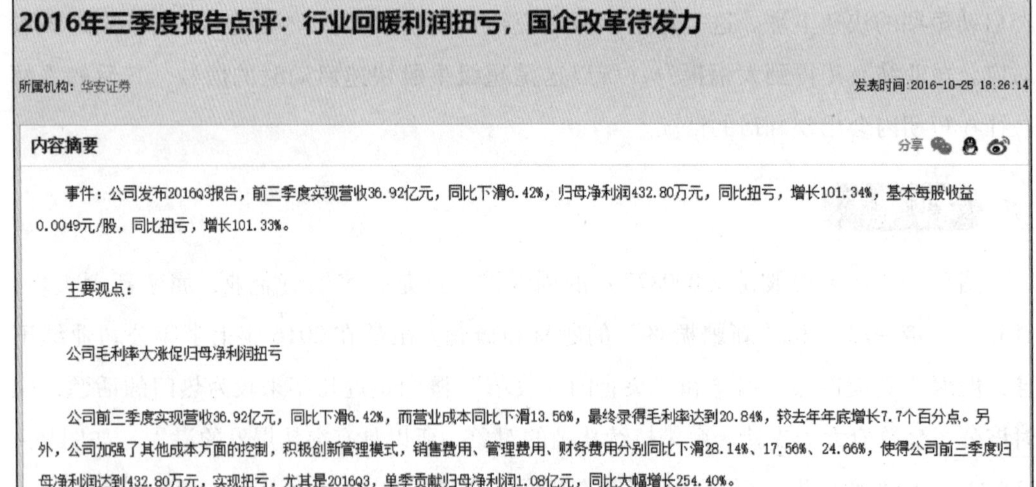

## 2016年三季度报告点评：行业回暖利润扭亏，国企改革待发力

所属机构：华安证券

发表时间:2016-10-25 18:26:14

**内容摘要**

分享

事件：公司发布2016Q3报告，前三季度实现营收36.92亿元，同比下滑6.42%，归母净利润432.80万元，同比扭亏，增长101.34%，基本每股收益0.0049元/股，同比扭亏，增长101.33%。

主要观点：

公司毛利率大涨促归母净利润扭亏

公司前三季度实现营收36.92亿元，同比下滑6.42%，而营业成本同比下滑13.56%，最终录得毛利率达到20.84%，较去年年底增长7.7个百分点。另外，公司加强了其他成本方面的控制，积极创新管理模式，销售费用、管理费用、财务费用分别同比下滑28.14%、17.56%、24.66%，使得公司前三季度归母净利润达到432.80万元，实现扭亏，尤其是2016Q3，单季贡献归母净利润1.08亿元，同比大幅增长254.40%。

房地产拉动水泥行业盈利企稳，公司销售价格提升明显

图 9-11 天山股份的研报

此时，可再回到图 9－10 中的 K 线图上观察，到了 B 区域的 2016 年底至 2017 年初时，股价蓄势待发，各均线渐成多头趋势。虽然布林线指标依然处于布林通道极度收窄状态下的小幅震荡整理状态，但到了 C 区域，成交量突然阳量放大，布林通道形成开口型喇叭口暴涨前的形态，均线形成明显的多头上涨初期排列，说明短期该股即将启动快速上涨行情，此时应果断买入该股。其后短短一个多月的时间，股价涨幅超过 100%。

实战要点

（1）一只股票要成为突然启动的短期翻倍股，必须具有成为市场热点的基因，同时需要结合当前的形势或政策来判断，如图 9－11 中的情况。

（2）当一只股票具有可能成为未来暴发的市场热点时，就要密切关注技术指标的突然变化了，尤其是像图 9－10 中形成布林通道极窄状态下的突然放量上涨，形成开口型喇叭口时，往往是短期暴涨行情的开始。

# 9.3　超级牛股经常爆发的时期

超级牛股的爆发，同样会出现在某些特殊的时期，因为这些时期更有助于这些有着超级牛股基因的股票走出大牛行情。因此，牢记这些特定时期，更容易捕捉到超级牛股的超级行情。

## 9.3.1　暴跌后的反弹行情

当一只股票出现持续的短期的大幅下跌后，尤其是大盘也出现这种情况时，一旦该股出现技术止跌、指标止跌反弹，就会形成报复性的反弹行情，特别是在短期大幅下跌后的首次反弹时捕捉该股，成功的概率更高。

这种报复性反弹，往往更适用于大盘的牛转熊后，只要依据大盘的止跌反弹情况进行对个股情况的判断，几乎可以达到100%的准确率。

但是，毕竟这只是一种反弹，要想通过报复性反弹情况捕捉到涨幅较大的股票，必须确保这只股票前期与大盘一样出现了短期的大幅下跌，同时又是业绩多年良好的白马股或龙头股，如果能够成为当前的市场热点当然更好。至少满足前两个条件后，即可从短线指标的快速变化，来捕捉最先吹响反弹号角的股票。因为这种前期的快速大幅下跌与报复性反弹，属于市场风险的释放和对过度下跌的修整。当满足前两个条件时，这类股票的股价的涨幅容易变大，尤其是具有持续成为热点题材潜质的个股，甚至反弹幅度会达到牛市时的高度，成为报复性反弹行情中的超级牛股。

案例解读

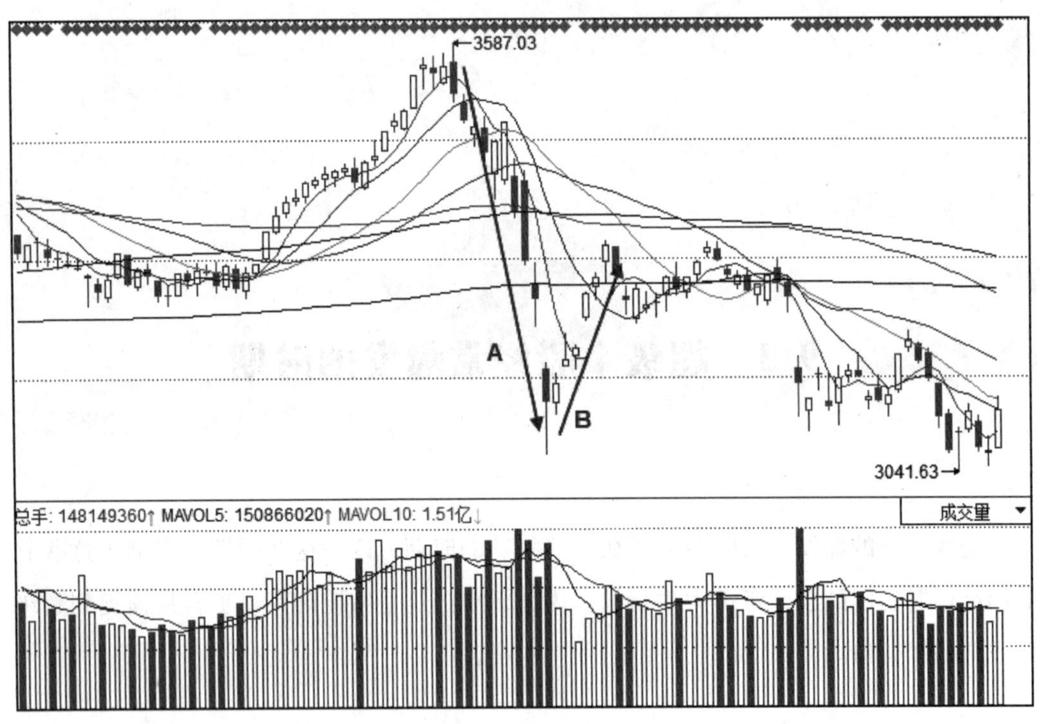


图9－12　上证指数的日线图

图9－12是上证指数（000001）的日线图，在2018年1月底至2月初期间，即A

段区域，上证指数出现一轮快速持续的下跌，在2月12日出现反弹时，可观察盘中率先发起反弹的白马股或龙头股。

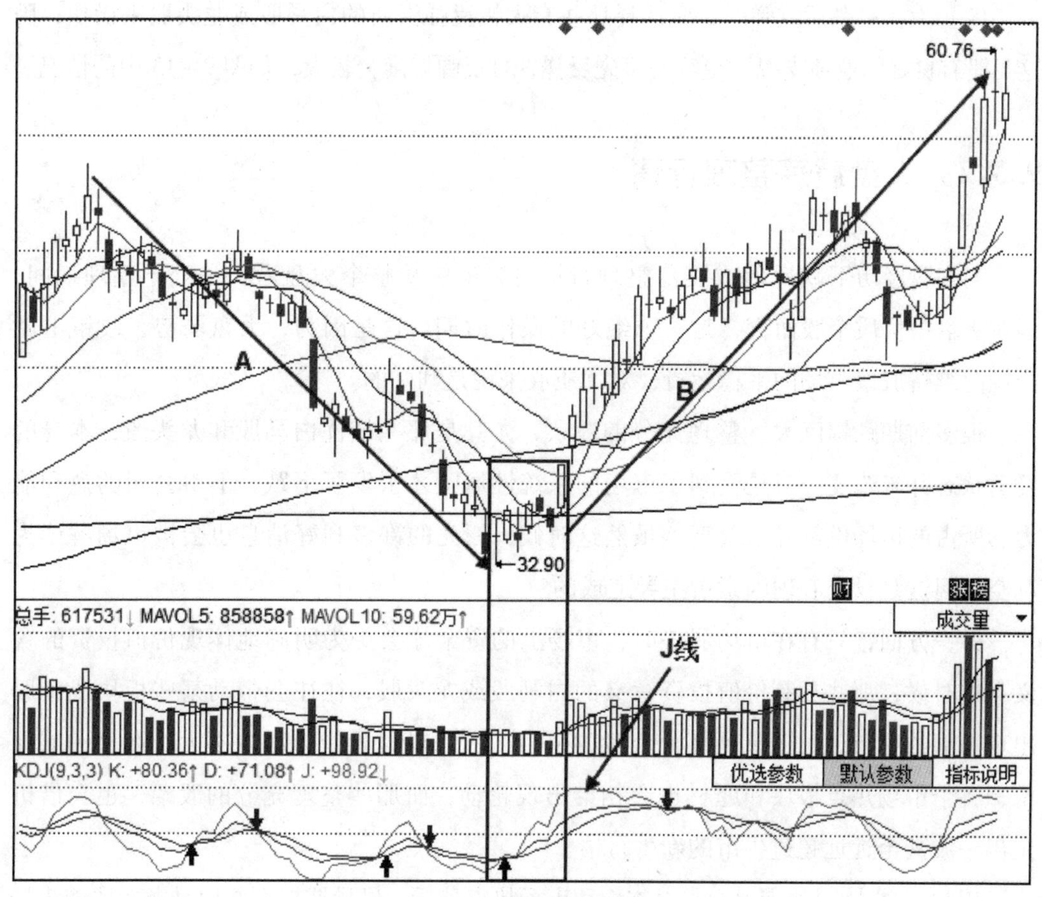


图9-13 紫光国微的日线图

图9-13是紫光国微（002049）的日线图，在上证指数走出暴跌行情时，国产芯片龙头也出现上涨趋势中的持续调整行情。上证指数开始反弹时，紫光国微也出现止跌，成交量呈小阳量持续放大，KDJ出现金叉后J线大角度上行，之后又形成死叉不死后的J线再次大角度上行，说明这只股票率先展开强劲的超跌后的快速反弹，后市行情可期，应果断买入该股票。其后至2018年4月下旬的反弹中，股价上涨幅度接近翻倍。

**实战要点**

（1）暴跌后的个股反弹行情，通常是大盘快速下跌后出现的个股反弹行情才更为可靠，如图9-12中的情况。若只是个股快速下跌，即使下跌幅度大也并不意味着该股即刻会出现反弹。这是因为大盘的暴跌制造的市场恐慌氛围更强烈，个股容易发生超跌，而反弹时易引发资金的报复性抬升行为。

（2）大盘暴跌后反弹时，应选择那些有大幅反弹潜质的白马股或龙头股来操作，因这类股有良好的业绩支撑，更容易率先反弹，且反弹幅度会较大，如图 9－13 中的情况。

## 9.3.2 大盘震荡整理行情

当大盘经历下跌后形成震荡整理行情时，虽然从整个大盘看，是处于整理期间，但对于盘中优质个股而言，是一个绝好的操作时期。这是因为，大盘弱势，政策上就会倾向维持股票市场的平稳运行，对优质股来说是利好的。

很多前期跌幅巨大、整理充分的股票，尤其是那些绩优白马股和龙头股，本身的经营状态并未改变，只是受到了市场的系统性风险才引发了下跌，上市公司的盈利能力和所占的市场份额并未改变。虽然这时候，原先的许多利好消息也会被市场解读为利空，但这是投资心理因素占主导造成的。

另一方面，只有在市场弱势时，市场上的资金才会更为明确地体现价值投资的含义。这时候，那些具有价值投资意义的白马股或龙头股，往往会带动某些板块或个股出现局部的牛市。由于只是部分个股的牛市，所以对大盘指标影响不大。在这一前提下，各个市场热点板块和题材也会相继出现轮动，而那些整理充分的股票，也会借机走出一波甚至远远超过牛市的新牛行情。

因此，这时候主要是从公司基本面和市场热点分析，尽量捕捉那些白马龙头股或市场热点股，再从技术角度寻找股票快速启动的迹象，就可准确捕捉到短期快速上涨的牛股。

**案例解读**

图 9－14 是上证指数（000001）的日线图，在 2018 年 3 月下旬至 4 月下旬期间，即 A 区域，大盘处于弱势震荡整理趋势。此时，即可寻找那些盘中趋势强于大盘的白马股和龙头股来参与。

图 9－15 是紫光股份（000938）的日线图，在大盘震荡弱势开始，紫光股份进入 A 区域时，出现持续阳量状态下的 J 线大角度上行，是股价快速启动的 KDJ 形态，且紫光股份是紫光国微的母公司，为科技股龙头，所以应果断买入该股。其后在短短六七个交易日，股价就持续上行了 20%。

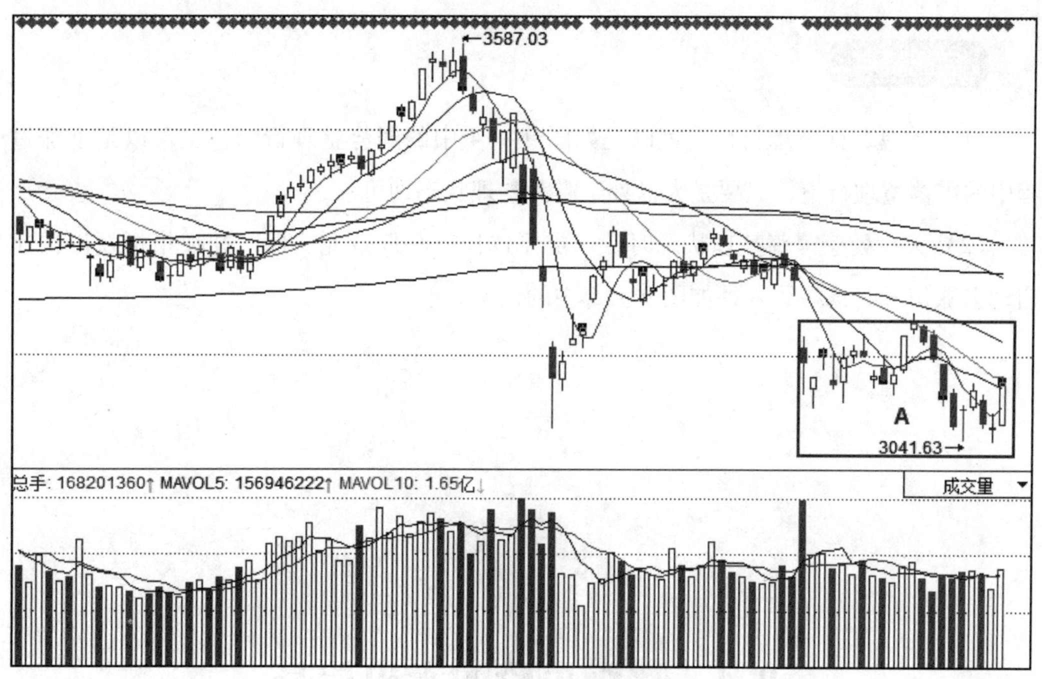


图 9－14　上证指数日线图

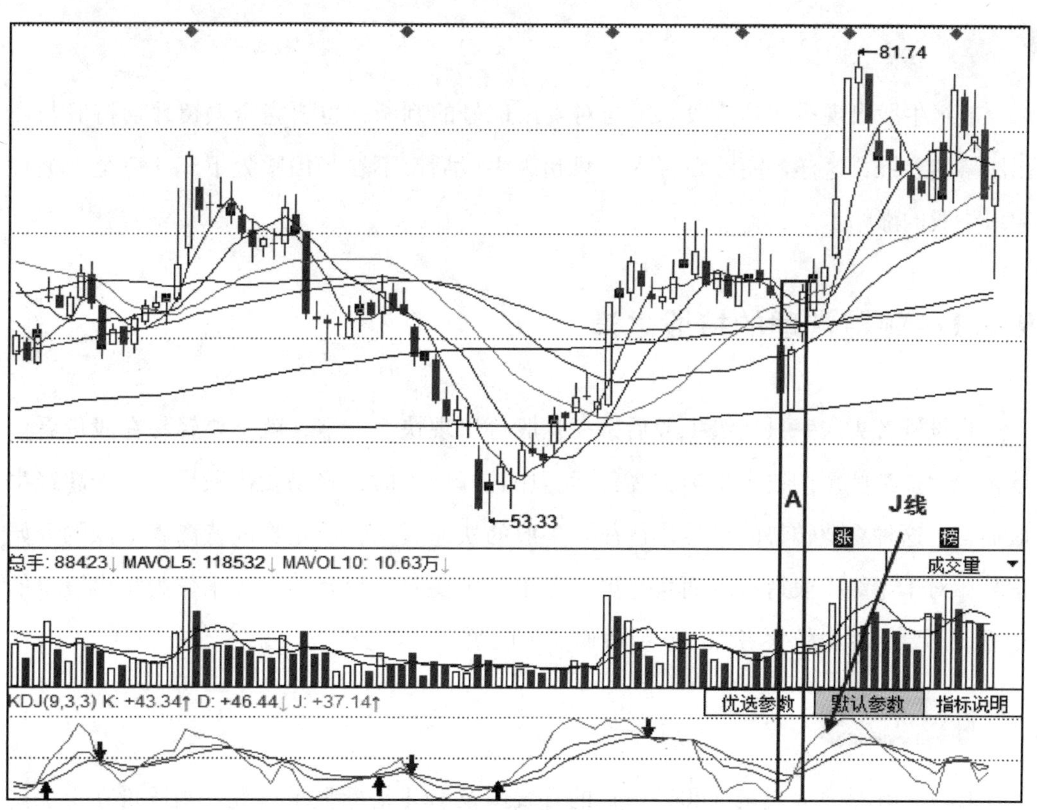


图 9－15　紫光股份的日线图

实战要点

（1）大盘震荡整理行情，可以是如图 9 - 14 中的弱势整理行情，也可以是上涨过程中的震荡整理行情，只要是大盘处于震荡整理状态即可。

（2）大盘处于震荡整理状态时，一定要选择白马股或龙头股，并在指标发出快速启动上涨信号时选择买入，如图 9 - 15 中的情况。

# 9.4 超级牛股的卖出信号

超级牛股出现后，其持股思维与对卖出信号的判断，也要完全颠覆普通持股与卖出股票的思维，这样才能够在买入一只超级牛股后，不在半山腰处下车，完全把握住超级牛股的涨幅。

## 9.4.1 颠覆常理的持股之道

当投资者买入一只超级牛股后，一旦股价出现快速上涨，就不要轻易在股价看似涨幅较大、某些短期技术指标在高位运行中选择向下时，轻易卖出股票。对于超级牛股而言，这种看似转势的信号，往往是牛股的快速震荡，或是形成背离式上涨的开始信号。对于超级牛股持有者而言，更应着眼于主要趋势反转信号，来作为卖出股票的依据，不要因涨幅较大考虑中止持股而卖出股票。

案例解读

图 9 - 16 是方大炭素（600516）的日线图及 CCI 指标显示情况，当股价在上涨趋

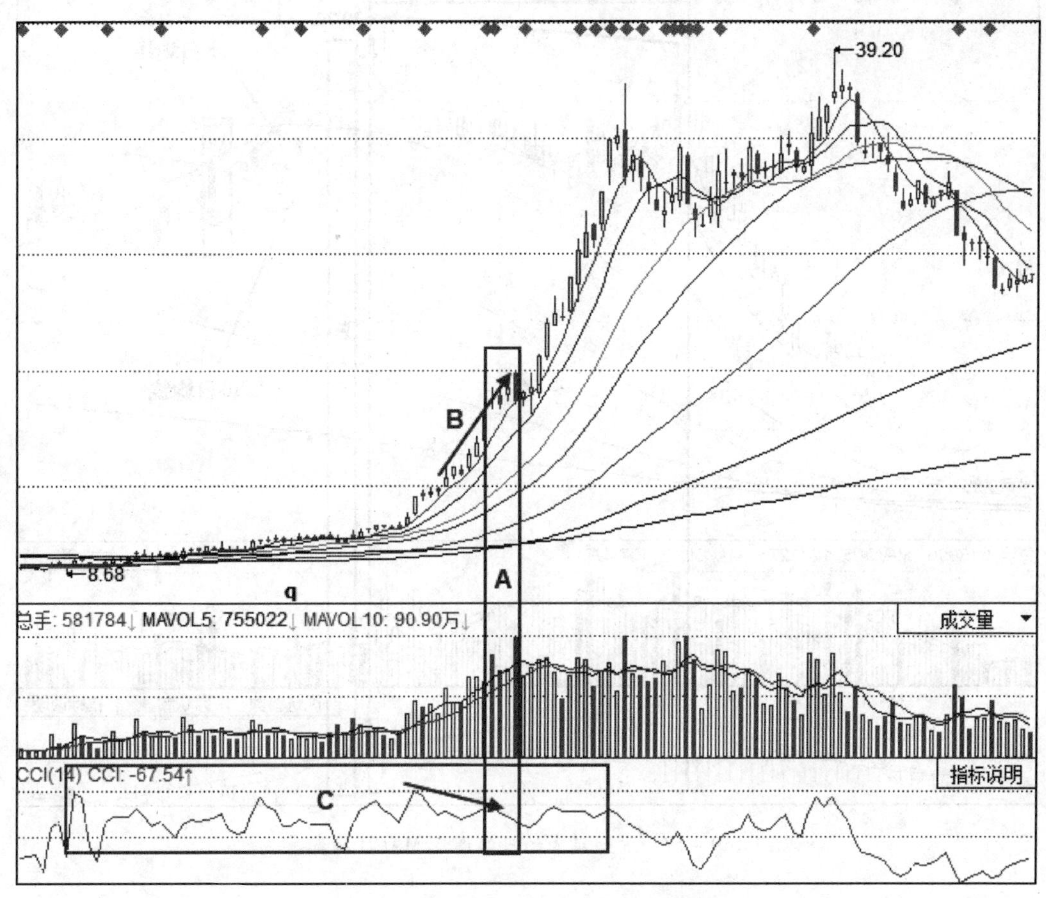


图 9－16 方大炭素的日线图及 CCI 指标

势中进入 A 区域后，股价出现高位震荡滞涨，CCI 指标在此区域与股价的 B 区域形成顶背离，且此时股价实现翻倍，涨幅较大。不过，不能因此时成交量接连出现放大状态的阴量，就判断趋势已反转。就整个主要趋势来观察，均线的多头排列依然十分健康，所以这种背离只是背离式上行的开始，或是局部的背离式调整，CCI 就整个 C 区域而言，始终处于一种强势震荡的状态。

这时，不妨再观察 MACD。因 CCI 对判断短线趋势而言是准确的，所以其反映更多的是短线趋势的波动，再观察图 9－17 中的 MACD 发现，其后上涨到 A 区域，才形成 MACD 背离。B 区域出现股价与 MACD 同步向下，所以 B 区域是 MACD 顶背离的趋势反转初期的卖出信号。通过均线观察，C 区域形成 5 日均线与 60 日均线的死叉，这才真正意味着中期趋势的转弱，是趋势转弱时的卖出信号。

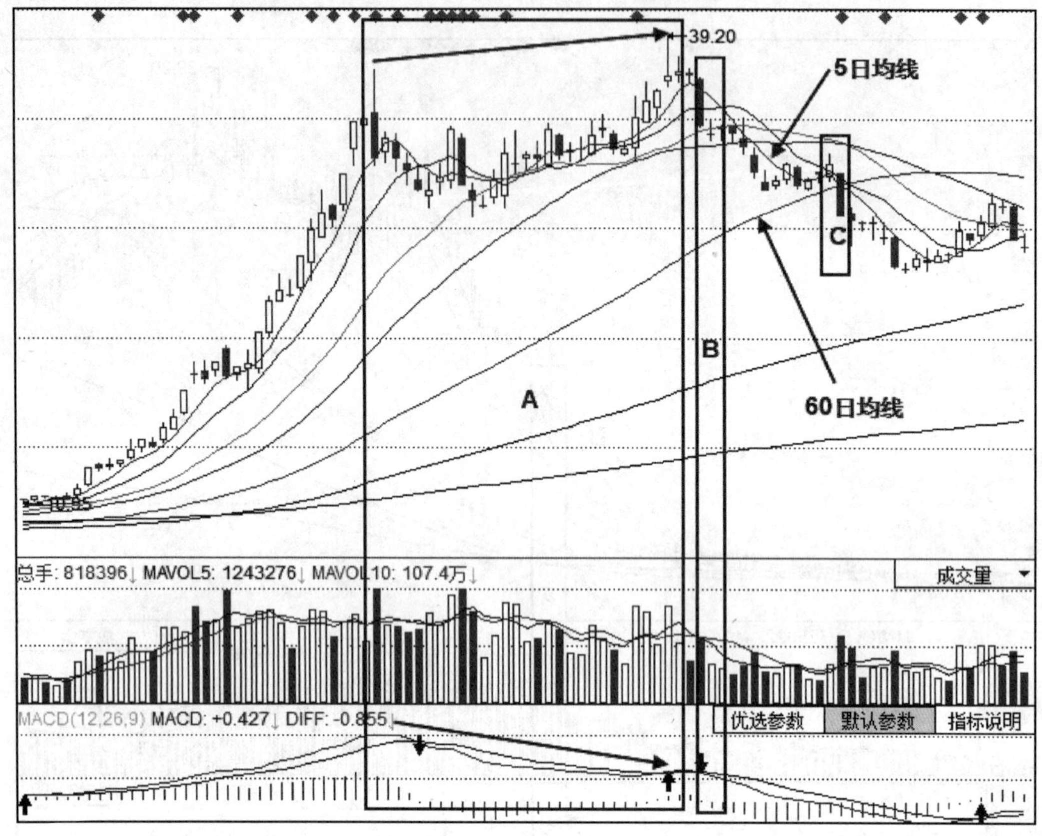


图 9－17　方大炭素的日线图及 MACD 指标

**实战要点**

（1）当投资者持有一只超级牛股后，不能从涨幅较大的角度和趋势短期波动的角度来确认卖出信号，如图 9－16 中的涨幅翻倍和 CCI 指标向下的情况。

（2）超级牛股的表现都是超出预期的，短期翻倍不过是牛股短期快速拉升的结果，尤其是龙头股具有题材成为市场热点时，比如图 9－17 中的方大炭素，属于石墨稀概念的龙头股票。其在上涨期间，正好赶上股票市场对石墨稀概念的关注，方大炭素顺理成章地成为股票市场追逐的热点。

## 9. 4. 2　多技术指标趋势走弱的卖出信号

多技术指标趋势走弱的卖出信号，就是指股价上涨到高位区后，中长期技术指标，如 MACD、TRIX 出现走弱，同时反映短期趋势的指标也出现走弱，即短期趋向类指标与中长期趋向类指标均呈现弱势，再结合量价变化，来判断超级牛股是否形成主要趋势反转时的卖出信号。

案例解读

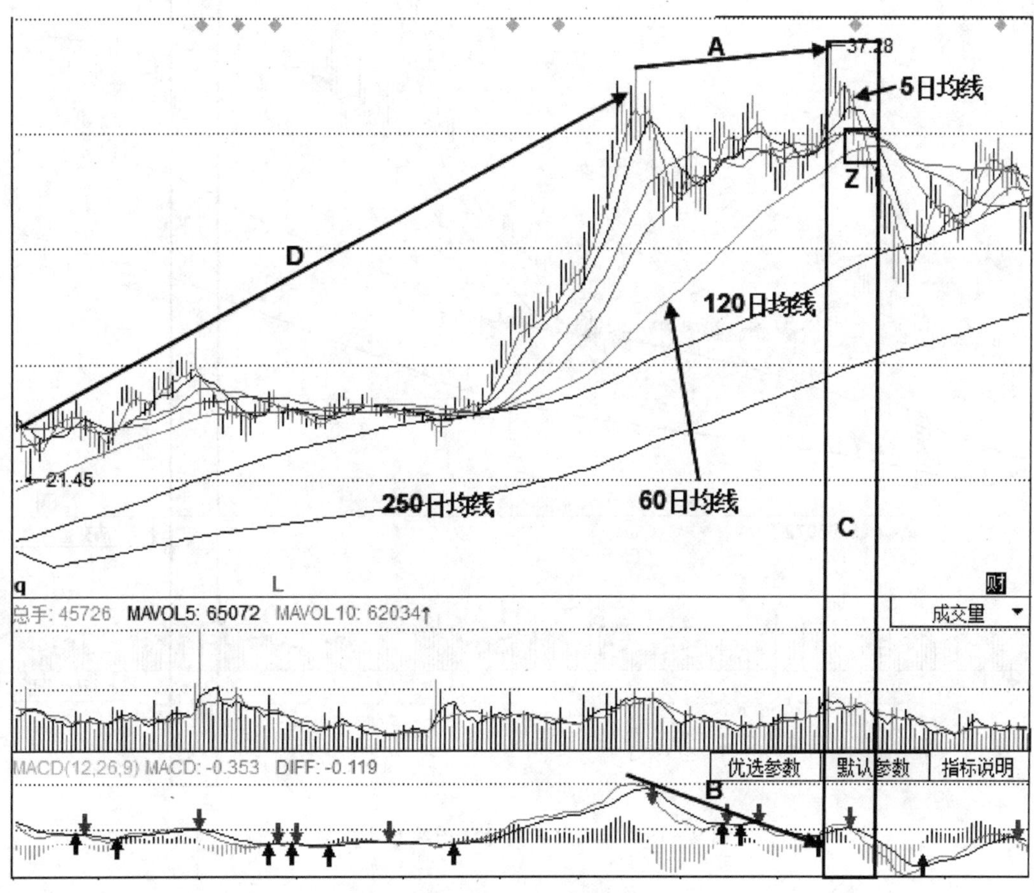


图 9－18　安琪酵母的日线图及 MACD 指标

图 9－18 是安琪酵母（600298）的日线图及 MACD 指标显示情况，由于安琪酵母是其他农产品加工细分行业中位居第一的龙头股，因此在经过 D 段长期的大幅震荡和上涨后，在 A 段与 B 区域形成 MACD 波谷顶背离。进入 C 区域后该股出现 MACD 与股价同步向下的态势，说明其进入趋势反转的初期，且在 Z 区域形成 5 日均线与 60 日均线的死叉，成交量为持续放大状态的阴量。同时图 9－19 中的 F 区域的 CCI 指标也向下运行，表明这只超级牛股形成中期趋势反转。因 5 日均线一直未出现有效跌破长期

均线中的120日均线与250日均线，所以只能确认为中期趋势向下，是中期波段高点的卖出信号。长期均线依然向上，因此基于长线投资，后来股票在长期均线处止跌时，卖出者仍应买入股票。

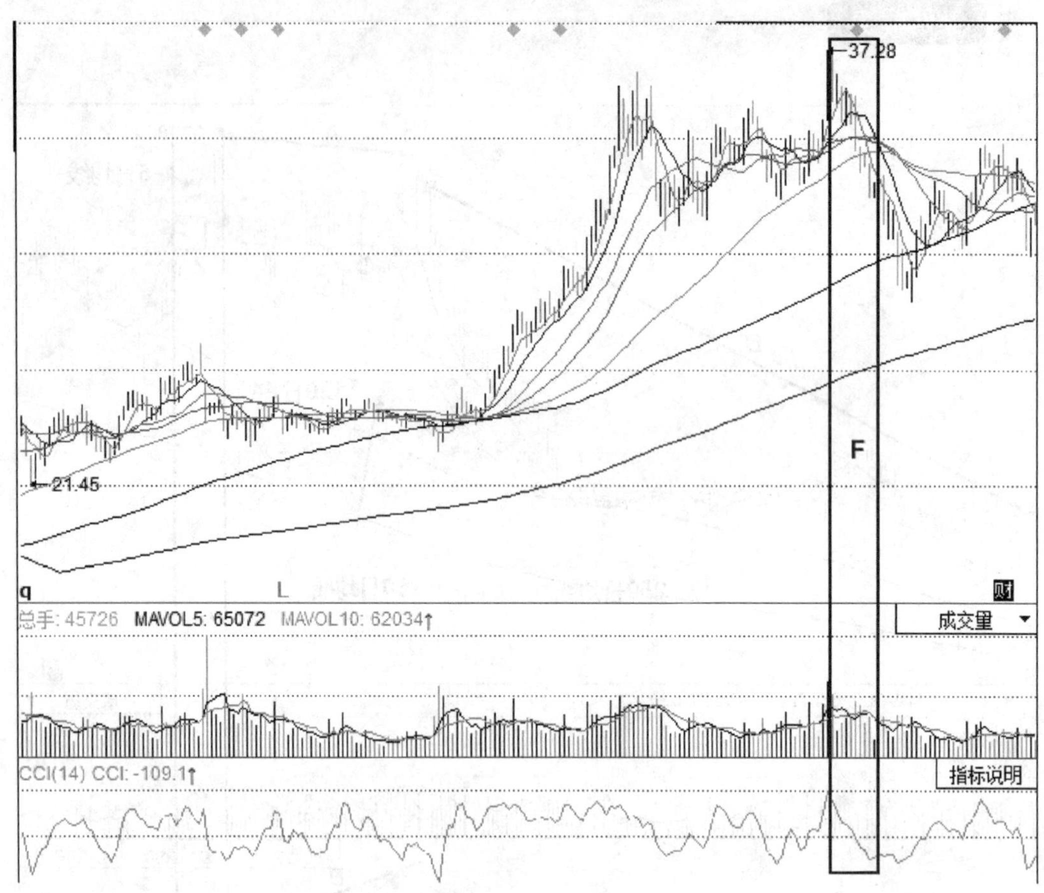


图9－19　安琪酵母的日线图及CCI指标

实战要点

（1）多技术指标趋势的走弱，是观察超级牛股时必不可少的判断卖出信号的方法，即除了对影响股价短期走势的CCI指标进行观察，如图9－19中F区域的CCI指标，同时要对影响股价中长期走势的指标进行观察，如图9－18中的MACD指标。

（2）在根据多项指标分析超级牛股的卖出信号时，均线也是一个重要的技术指标，如图9－18中5日均线跌破60日均线，为中期趋势转弱的象征。其后若未有效跌破长期均线，则意味着这只股票是一只长牛股，前期的卖出只能是中线波段的操作，长线仍应看涨。

## 9.4.3　持续助跌的量价齐跌

量价齐跌是一种典型的短线卖出股票的信号，但是对于超级牛股而言，尤其是那些长线牛股，持续在高点附近的量价齐跌，并不能确认为趋势的反转。只有在高点形成后出现量价齐跌，当次高点形成时，又一次出现量价齐跌，方可确认为中期趋势转弱的信号。这时候，再结合技术指标的情况，即可确认趋势反转的信号。

案例解读

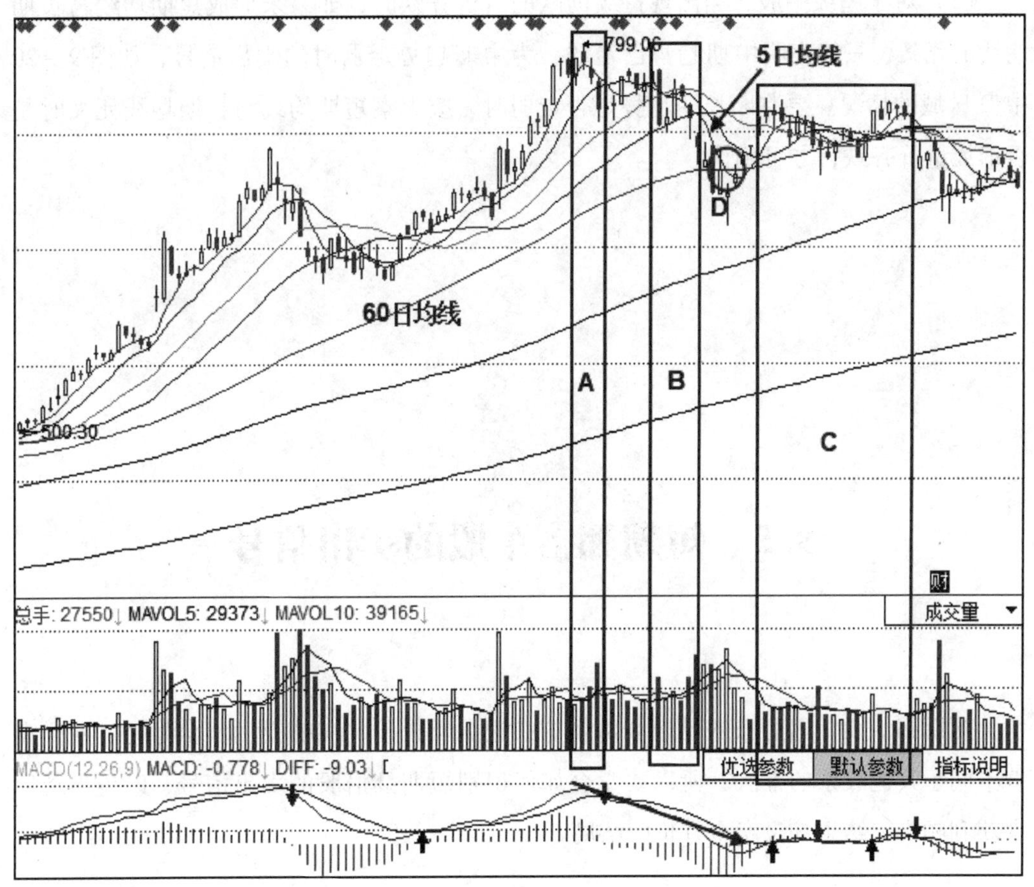


图 9－20　贵州茅台的日线图

图 9－20 是贵州茅台（600519）的日线图，经过长期的大幅上涨后，贵州茅台这只公认的白酒龙头股，在 A 区域创出高点后出现持续阴量放大、股价下跌的量价齐跌。其后在 B 区域和 C 区域，再次出现量价齐跌，股价也一次次震荡走低，且在 D 区域形成 5 日均线向下与 60 日均线的死叉。但其后在 C 区域形成中短期均线的缠绕，说明该股进入中期震荡整理，所以 B 区域只能证明持续助跌的量价齐跌为中期的卖出信号，长线是否走弱应持续观察后决定。

**实战要点**

（1）持续助跌的量价齐跌出现时，必须是在股价创出新高点后，即形成量价齐跌，其后再次震荡走高形成高点时同样出现量价齐跌，且往往第二个高点通常低于第一个高点时，方可确认为卖出信号，如图 9－20 中 A 区域与 B 区域的情况。

（2）对于超级牛股，当出现持续助跌的量价齐跌时，如果未形成短期均线与长期均线的死叉，只能表明中期趋势已走弱，为中期趋势走弱时的卖出信号，如图 9－20 中 D 区域的情况。要判断长期趋势是否走弱时，应观察短期均线与长期均线死叉时是否形成量价齐跌，方可确认。

## 9.5 短期翻倍牛股的卖出信号

短期翻倍股，因上涨的迅速和涨幅的快速大幅提升，在捕捉卖出信号时，同样有着不同于其他股票的方法，所以要学会如何识别短期翻倍股的卖出信号，以免出现原本获利颇丰、结果却没卖个好价的结局。

## 9.5.1　量能突然放大的量价齐跌

在买入短期暴涨股后，卖出股票时的重要信号就是量能突然放大的量价齐跌，即股价在经过短期暴涨后，一旦在量能上出现放大状态的阴量，股价也出现快速的冲高回落走势，就意味着股价的短期上涨动能出现乏力，无力再上涨，因此是重要的卖出信号。这时候，就要结合股价是否跌破 5 日均线的情况和短期趋向类指标是否向下运行来进一步观察和判断短期趋势的变化。

案例解读

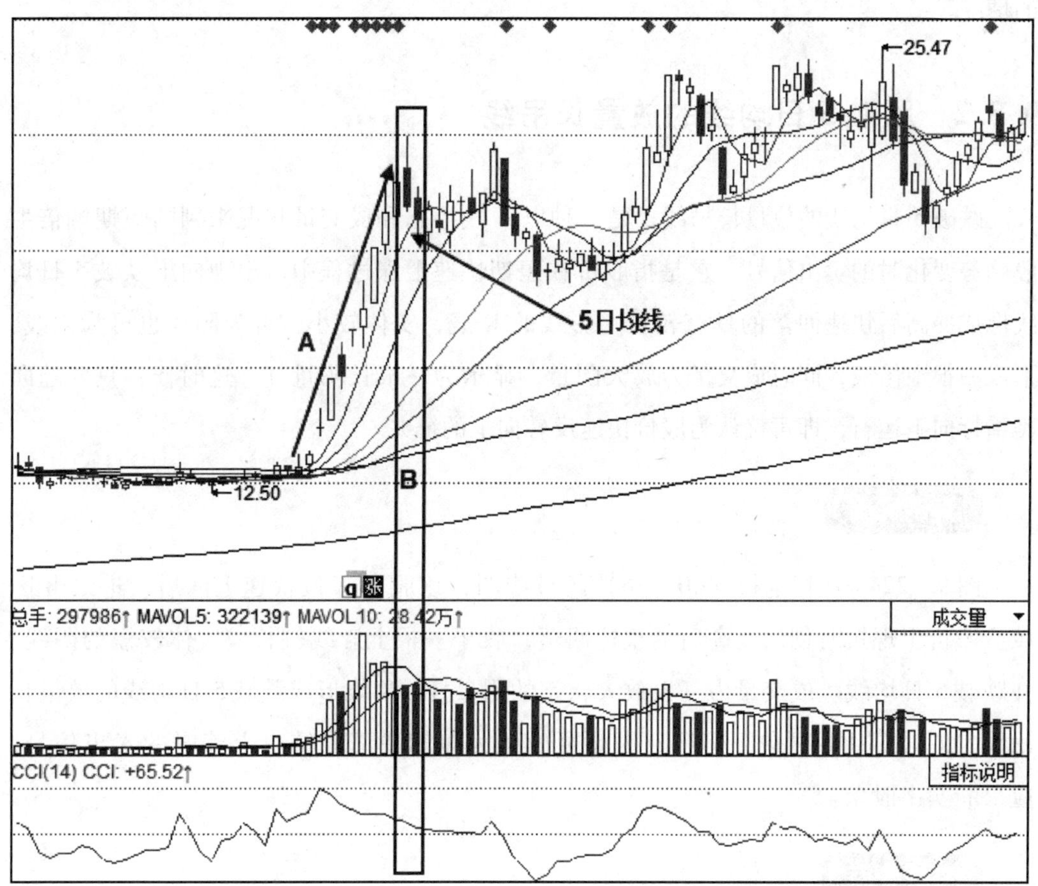


图 9－21　三钢闽光的日线图

图9－21是三钢闽光（002110）的日线图，该股经过A段的快速上涨后，当股价运行到B区域时，接连出现放大状态的阴量，K线呈阴线跌破5日均线，结束了之前沿5日均线上行的状态，CCI指标向下运行，形成短期上涨趋势结束的征兆，是快速上涨结束时的卖出信号，应果断卖出股票。

**实战要点**

（1）量能突然放大的量价齐跌出现前，股价必须经过短期较大幅度的快速上涨，如图9－21中A区域的情况，并不一定要求出现翻倍，只要是在快速上涨之后即可。

（2）量能突然放大的量价齐跌出现时，成交量必须转为阴量，并保持当前较高的量能水平，股价必须有效跌破5日均线，即收盘在5日均线之下，如图9－21中B区域的情况。

### 9.5.2 跌破5日均线的放量长吊线

跌破5日均线的放量长吊线，是一种以K线形态和成交量状况来判断短期翻倍牛股趋势变化时的卖出信号。它是指股价在短期快速上涨过程中，出现向下跌破5日均线形成冲高后快速回落的具有较长上影线的K线，实体较小，可为阴线也可为阳线，形成一根上吊线，同时成交量为放大阴量，显示为一根长阴量柱。这时候，只要趋向类指标向下运行，即可确认为股价快速反转向下的征兆。

**案例解读**

图9－22是江特电机（002176）的日线图，该股在A段快速上涨后，进入B区域，股价出现短时创出新高后的快速回落，收于一根上影线较长、实体较短的阴线，并跌破5日均线。成交量为一根放大状态的阴量柱，K线形成跌破5日均线的放量长吊线，同时CCI明显向下运行，因此可确认为短期暴涨股结束上涨时的卖出信号，应果断卖出股票。

**实战要点**

（1）跌破5日均线的放量长吊线出现前，股价必须经历一段快速上涨，短期涨幅较大，但不一定出现翻倍的行情，如图9－22中A段的情况。

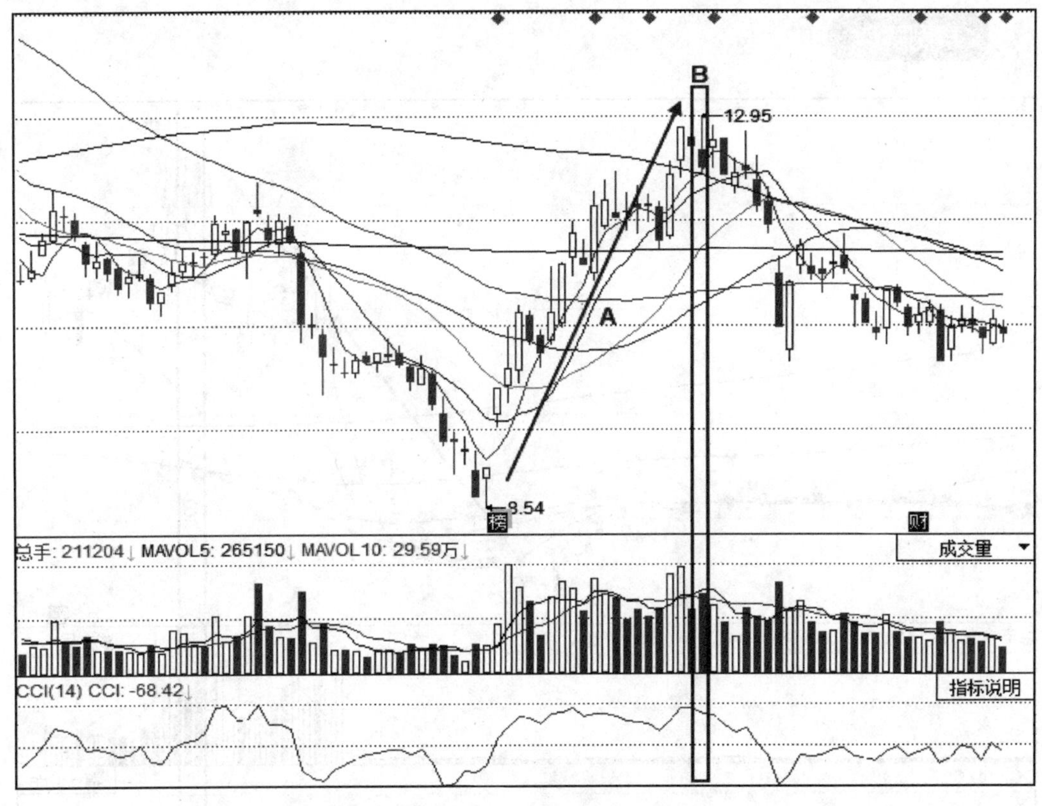


图9－22　江特电机的日线图

（2）跌破5日均线的放量长吊线出现时，K线上形成一根上影线较长、实体较短的上吊线，成交量为阴量放大状态，短期趋向类指标呈向下运行形态，方可确认为卖出信号，如图9－22中B区域的情况。

## 9.5.3　快速下行的技术指标

在买入短期暴涨股后，由于是相对短线的操作，捕捉的是快速上涨的股票，所以，这时候以量价关系和短期均线的判断为主要依据，就是前两小节谈到的两点内容，技术指标的辅助参考，应以短期趋向类指标为主，如CCI指标，只要方向向下，即可确认为卖出信号。如果是以KDJ指标来作辅助判断，那么应以J线大角度向下形态为准。然而，KDJ或是MACD等指标在极强势行情状态下，极易出现高位钝化，或是形成背离式上涨，所以相对来说以CCI指标来判断更为准确。

## 案例解读

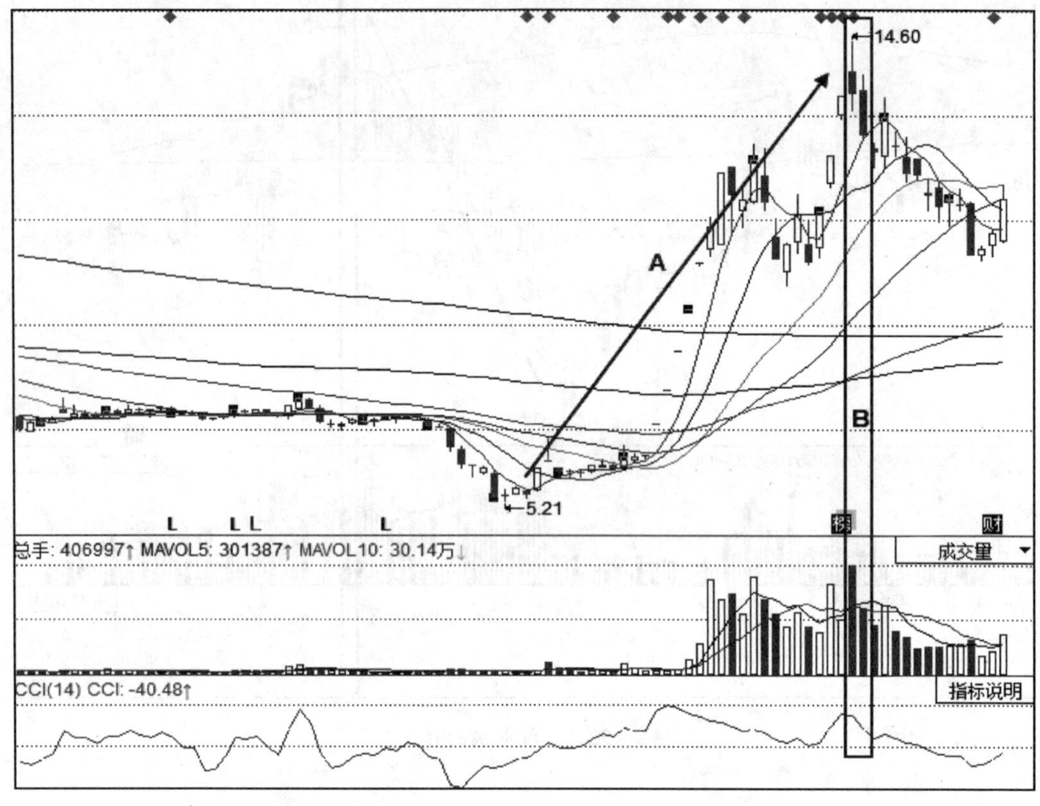


图 9－23　麦达数字的日线图

图 9－23 是麦达数字（002137）的日线图，该股经过 A 段的快速上涨后，在股价短期涨幅较大的情况下，进入 B 区域后，K 线上收于接连两根阴线，且成交量为放大状态的阴量，呈量价齐跌状态。此时 CCI 指标呈明显的下行状态，说明短期趋势已经结束上涨，应果断卖出股票。

## 实战要点

（1）在判断趋势快速反转向下时，快速下行的技术指标不能作为判断趋势反转的主要依据，因股价出现背离式上涨时，指标也会出现下行，因此只能作为辅助判断的依据。

（2）在利用快速下行的技术指标判断趋势反转向下时，股票必须出现量价齐跌状态，方可根据技术指标的快速下行来确认为卖出股票的信号，如图 9－23 中 B 区域的情况。